高职高专“十二五”经济管理系列规划教材

统计学基础

（第2版）

岂爱妮　史翠云◎主　编
杜　品　高海霞◎副主编

電子工業出版社
Publishing House of Electronics Industry
北京 • BEIJING

内 容 简 介

本书是高职高专财经基础课系列规划教材之一，根据高等职业教育人才培养要求而编写。全书共8章，内容包括：总论、统计调查、统计整理、综合指标、动态数列、统计指数、抽样推断分析、相关分析与回归分析。书中使用了近年来的社会经济统计信息资料及经济生活中常见的实例，使学生充分感受统计学的实用性；加入了引导案例、检查点、讨论等特色栏目，引导学生积极思考；每章都有题型丰富的评估练习和实训题目，以增强学生的动手能力和解决实际问题的能力。

本书配套开发了免费教学资料包，含电子课件、评估练习和实训的答案。下载网址：http://www.hxedu.com.cn。

本书可作为高职院校财经类、管理类各专业的统计学课程教材，可也作为企业统计人员培训和其他人员的自学教材。

图书在版编目（CIP）数据

统计学基础 / 岂爱妮，史翠云主编．—2版．—北京：电子工业出版社，2014.1
高职高专“十二五”经济管理系列规划教材
ISBN 978-7-121-22430-0

Ⅰ．①统…　Ⅱ．①岂…　②史…　Ⅲ．①统计学—高等职业教育—教材　Ⅳ．①C8

中国版本图书馆 CIP 数据核字（2014）第017505号

策划编辑：姜淑晶
责任编辑：张　京
印　　刷：涿州市京南印刷厂
装　　订：涿州市京南印刷厂
出版发行：电子工业出版社
　　　　　北京市海淀区万寿路173信箱　邮编 100036
开　　本：787×1092　1/16　印张：13.5　字数：345.6千字
版　　次：2014年1月第1版
印　　次：2015年12月第2次印刷
定　　价：35.00元

凡所购买电子工业出版社图书有缺损问题，请向购买书店调换。若书店售缺，请与本社发行部联系，联系及邮购电话：（010）88254888。

质量投诉请发邮件至 zlts@phei.com.cn，盗版侵权举报请发邮件至 dbqq@phei.com.cn。

服务热线：（010）88258888。

第2版前言

本书以高等职业教育人才培养目标为中心确定编写内容，充分吸收本学科的最新研究成果，注重实用性，突出学生实践能力的培养，力求结构完整清晰、概念表述准确、知识深度适宜、文字流畅精练，充分体现高职高专教育特色。

本书第1版已出版3年有余，经3次印刷，对统计教学起到了很好的作用。本书编写体现以下几个特点。

（1）实用性、操作性强。教材编写针对高职高专院校人才培养的特点，简化了有关统计理论和概念的阐述，省略了繁杂的公式推导过程，以应用为主、会用为度，突出实用性。每章最后安排评估练习和实训材料，可操作性强，有利于提高学生的分析能力和实践能力。

（2）突出新颖性。教材编写注重吸收本学科的最新研究成果，引用社会经济领域的最新统计数据，紧跟时代步伐。

（3）加入特色栏目，增强趣味性和互动性。在教材编写体例上，设置了学习目标、引导案例、检查点、讨论、相关链接、案例等特色栏目，丰富了知识内容，引导学生积极思考，增强了学习的趣味性和互动性。

（4）介绍Excel在统计中的应用。Excel是应用最广泛的办公自动化软件之一，具有较强的统计功能，在统计工作实践中应用普遍。本书在第3～8章分别介绍了Excel在统计中的应用，从而有利于提高学生应用计算机进行统计分析、解决实际问题的能力。

本书由河北交通职业技术学院岂爱妮、史翠云两位老师担任主编，河北交通职业技术学院杜品老师、石家庄职业技术学院高海霞老师担任副主编。岂爱妮老师负责整体结构的设计和安排，拟定编写提纲。具体分工如下：岂爱妮（第1章、第3章的3.6节、第4章及附录A），史翠云（第2章、第3章的3.1～3.5节及附录B），杜品（第7、8章），高海霞（第5、6章）。全书由岂爱妮、史翠云修改定稿，最后由岂爱妮统稿。

在本书编写过程中，参考了有关教材和某些网站的资料，吸纳了来自一线师生的意见和建议，得到了河北交通职业技术学院经济管理系主任杨印山教授的帮助，以及电子工业出版社的大力支持，在此一并表示感谢！

由于编者能力和水平有限，加之时间仓促，书中难免有疏漏和不足之处，恳请同行专家和读者批评指正。

编　者

目 录

第1章 总论

学习目标

① 了解统计学的研究对象、研究方法和统计的基本职能；

② 了解统计的工作过程和应用领域；

③ 掌握统计的含义、统计学中常用的几个基本概念；

④ 知道如何采用大量观察法进行统计研究，能结合实际问题说明什么是统计总体、总体单位、标志、指标、变异和变量。

关键术语

统计　统计总体　总体单位　标志　指标　变异　变量

引导案例

体育锻炼对青少年的生长发育会有怎样的影响呢？研究表明，一般男性在20～24岁、女性在19～23岁时，身高就停止增长了。影响青少年生长发育的因素很多，如遗传、营养、体育运动、环境、生活习惯、种族、医学进步等。在诸多影响因素中，最积极而又有效的因素是体育运动。国内外大量调查资料表明，经常坚持体育锻炼的青少年与不运动或缺少运动的同龄人相比，其胸围、肺活量、握力分别会增加5～8厘米、500～1 500毫升、4.6～5.7千克。可见，体育锻炼不仅会影响青少年身体机能的改善与运动能力的提高，还有助于青少年的生长发育，甚至还能促使一个人长高。

思考题：在这个案例中，统计总体和总体单位是什么？采用的研究方法有哪些？统计指标有哪些？

1.1　统计的含义、研究对象和研究方法

1.1.1　统计的含义

统计是人类社会不可缺少的一种社会实践活动，已有几千年的历史。在现实生活中，我们经常会接触到“统计”这一术语，会看到或听到这样一些叙述，例如，今天温差可真大呀，早上还是 12℃，中午就升到了 23℃；小赵是一名统计师，别人问他是做什么工作的，他会说“我是做统计工作的”；据统计，2012 年山东省城镇居民人均可支配收入 25 755 元，农民人均纯收入 9 446 元，分别比上年增长 13.0%和 13.2%。以上论述中都有统计，统计的具体含义到底是怎样的呢？

现代统计的含义包括 3 方面：统计工作、统计资料和统计学，这 3 种含义适用于不同的场合。

1．统计工作

统计工作是指对社会经济现象和自然现象的数据资料进行收集、整理、分析和研究的过程，是一种实践活动。例如，为了探明资源储量进行自然资源统计；为了保护环境进行环境质量统计。可以说，统计工作从人类一产生就已经开始了，“结绳记事”就是最早的统计工作。随着统计工作的发展，人们积累的经验也越来越丰富，这无疑为统计学的产生和发展奠定了坚实的基础。

2．统计资料

统计资料是指统计实践活动中所取得的各项数字资料和其他实际资料的总称，是统计工作的成果和产品，用来反映研究对象的数量特征及其规律性。例如，报纸、杂志上刊登的居民消费支出的数据是说明居民生活水平的统计资料；某地区工业增加值的数据是说明该地区工业企业生产过程中新增加价值的统计资料。随着信息技术的发展及网络应用的普及，统计资料的载体不仅限于纸质，大量的电子数据，可以方便地从各国官方统计网站上获取。

3．统计学

统计学是阐明如何收集、整理和分析统计资料、指导统计工作的理论与方法的科学，是系统化的知识体系。统计学是一门方法论科学，统计方法作为认识客观世界的工具，已经渗透到自然、社会、经济各个领域。由于统计学自身研究方向的不同，衍生出多种学科门类，包括应用统计学、理论统计学、描述统计学、推断统计学等。

《大不列颠百科全书》对统计学的定义为：“统计学是关于收集和分析数据的科学和艺术。”这里提到的“艺术”是指统计方法的应用具有技巧性和技术性。

统计工作是一项复杂的工作，进行这项工作必须要有一套科学的理论和方法，才能获得准确、及时和全面的统计资料，完成工作任务。因此，统计的 3 种含义之间虽有区别，但又

有密切的联系：统计资料是统计工作的成果，统计资料与统计工作之间是工作成果与工作过程的关系；统计学与统计工作是理论与实践的关系，统计工作无疑是统计实践活动；统计学是对统计工作的经验总结和理论概括，是统计理论，统计理论对统计实践具有指导作用，从而保证统计资料的准确可靠。由此不难看出，统计是统计工作、统计资料和统计学的统一体。

1.1.2 统计的研究对象

社会经济统计的研究对象是大量社会经济现象总体的数量方面。社会经济现象所涉及的内容是非常广泛的，诸如劳动力资源、社会生产和建设、商品流通、国民收入分配、金融、信贷、保险事业、科学技术的进步与发展等，这些有关国民经济和社会发展的社会经济现象总体的数量方面，都是社会经济统计的研究对象。

1.1.3 社会经济统计的特点

1．数量性

数量性特点是由社会经济统计学的研究对象所决定的，是社会经济统计的基本特点。人们常说“数字是统计的语言”，指的就是统计的数量性特点。数量性具体包括3方面内容：数量多少、现象间的数量关系、数量界限。

（1）数量多少

数量多少即社会经济现象的规模大小、水平高低等。例如，根据河北省2012年国民经济和社会发展统计公报的资料显示，河北省农业生产形势稳定，粮食生产再获丰收。全年粮食播种面积630.2万公顷，总产量3 246.6万吨；棉花播种面积57.8万公顷，总产量56.4万吨；油料播种面积45.4万公顷，总产量142.8万吨；蔬菜播种面积120.3万公顷，总产量7 695.1万吨；畜牧业、渔业保持平稳发展。

（2）现象间的数量关系

现象间的数量关系即社会经济现象之间的数量关系，包括内部结构、比例关系、相关关系等。例如，2010年，我国男性人口数占全国人口总数的51.27%，而女性占48.73%，男女性别比例为105.20∶100；企业的劳动生产率与产品单位成本之间存在着一定的依存关系，一般来讲，随着劳动生产率的提高，产品单位成本会随之下降，这种现象之间的关系就是相关关系。

（3）数量界限

数量界限即社会经济现象质与量互变的界限。例如，某企业2013年产值计划是5 000万元，到年底该计划是完成还是未完成呢，这是有质的区别的，计划完成程度100%就是这两者质与量互变的界限。

在这里，需要注意的是，由于社会经济现象的质与量是密不可分的，在研究事物的量时，决不能脱离事物的质，应以对事物的本质分析为基础来确定事物数量表现的特定范围。例如，要统计国内生产总值指标，首先要确定国内生产总值的质，包括该指标的含义，与其他总值指标的区别等定性问题，在认识其质的基础上，再来统计国内生产总值的数量才是可行的。

> **提示**
>
> 社会经济统计的数量性特点是在质与量的辩证关系中显现出来的，定性研究是基础，定量研究是目的，这体现了统计工作中质与量的辩证关系。

另外，由于社会经济现象是极其复杂的，个别或少量现象不能正确反映出总体的特征。所以，只有通过对大量社会经济现象的观察分析，才能综合表现社会经济现象总体的特征和规律。因此，统计研究的量是大量的，而不是个别的或少量的。

2．总体性

社会经济统计的研究对象是社会经济现象总体的数量方面，而不是个别事物的数量表现。例如，进行人口普查，其目的不是要了解张三或李四的有关情况，而是要反映一个国家、一个省、一个地区的人口情况，包括有多少人口，男、女各是多少，各年龄、各职业、各民族的人口有多少，出生率、死亡率是多少，人口是如何变化的等，也就是把一个国家或一个地区的人口作为一个总体来看待。客观事物的个别现象具有特殊性和偶然性，而总体现象是相对稳定的，是有规律可循的。

当然，统计研究要表现总体的数量特征，必须首先取得个体的数量资料，然后进行整理、汇总，计算出综合指标，从而得出对总体数量特征的认识。

> **提示**
>
> 统计对现象的认识过程，是一个从个别到一般、从个别认识到总体认识的过程，是从总体着眼、从个体入手的总体与个体的辩证统一关系。

3．具体性

社会经济统计的研究对象是具体事物的数量方面。统计研究的量，是在具体时间、地点和条件下所发生的量，总和现象的质紧密地联系在一起。离开具体的时间、地点和条件，是无法说明社会经济现象的本质及其运行规律的。例如，某企业 2013 年第 1 季度实现销售额 3 000 万元，某高校经济管理系 2013 年年初学生人数为 3 000 人。如果在统计中仅有一个孤立的数字 3 000，没有具体的时间、地点和条件的明确规定，是没有任何意义的，是不能说明问题的。

数学研究的是抽象数量，而统计研究的是具体数量，二者有质的区别，但统计并不排斥数学。在统计中要遵循数学规则，要借助抽象的数学方法进行统计分析。

> **提示**
>
> 统计工作是以抽象方法为手段，以具体数量为目的，体现了统计工作中具体和抽象的辩证关系。

4．社会性

统计是通过对社会经济现象总体的调查研究来认识社会经济现象的，而社会经济现象无外乎是人类社会活动的条件、过程和结果，包括生产、分配、流通和消费等，都具有社会性特征。同时，统计活动本身也是一种社会实践活动，是为一定的政治集团服务的，这一点在世界各国都一样。各国政府都非常重视统计工作的开展，把统计数字、统计分析结果作为制定社会经济政策的依据，或表明社会经济发展状况，或预测社会经济发展前景，这些都充分体现了统计的社会性特点。

1.1.4 统计的研究方法

统计在各个工作阶段，需要采用专门的研究方法，这些方法主要有大量观察法、统计分组法、综合指标法、抽样推断法和统计模型法。

1. 大量观察法

大量观察法是指统计在研究社会经济现象及其发展过程中，要从总体上加以观察，要对现象总体的全部单位或足够多数的个体单位进行调查研究并综合分析，从而反映现象总体的数量特征。

统计研究之所以要运用大量观察法，是由统计活动的对象、特点及现象的复杂性所决定的。复杂的社会经现象是在诸多因素的错综作用下形成的，每个个体的特征及其数量表现会有很大的差别。如果只对其中个别单位或少数单位进行观察，得出的结论往往是片面的、不正确的。要揭示现象的本质，要表明总体数量关系的统计规律，就必须在对所研究现象进行分析的基础上，观察现象总体的全部单位或足够多的单位，才能使次要因素、偶然因素的影响相互抵消，显现出现象的稳定性质。统计调查中的许多方法，如统计报表、普查、抽样调查、重点调查等，都是通过观察研究对象的大量单位，来了解社会经济现象的发展情况、探究其发展规律的。例如，要了解某地区居民的收入水平，不是仅调查一家或几家居民的收入情况就能说明问题的，而是通过观察大量的数据表现出来的。

提示

统计对大量观察法的运用，并不排斥对个别单位进行典型调查，作为对大量观察总体的补充，以便深入细致地说明社会经济现象的特征。

2. 统计分组法

统计分组法是统计中最常用、最基本的研究方法之一，是根据统计研究的目的、任务和现象总体的内在特点，按照某一标志，将总体划分为性质不同的若干部分或组别的一种统计研究方法。分组的结果使组与组之间保持差异性，而同一组内的单位则保持相对的同质性，分组便于进一步研究总体的内部构成和数量关系。例如，人口按年龄分组、农户按拥有农用机械的数量分组、教师按职称分组、工人按技术等级分组等，都是统计分组法的具体运用。

3. 综合指标法

综合指标法是运用各种综合指标来反映现象总体的一般数量特征和数量关系的研究方法。常用的综合指标有四类：总量指标、相对指标、平均指标和变异指标，这些指标从不同角度对总体特征进行说明。

统计分组法和综合指标法是密切联系、相互依存的，二者经常结合在一起运用。统计分组如果没有综合指标来反映现象的规模大小、相对水平、集中趋势和变异程度，就不能表明现象总体的数量特征；而综合指标如果没有科学的统计分组做基础，就不能划分事物变化的数量界限，就会掩盖现象内部的矛盾和差异，成为笼统的指标。只有二者结合应用，在科学分组的基础上，合理地设置统计指标和指标体系，才能正确地反映出现象总体的数量特征和规律性。

4. 抽样推断法

抽样推断法是根据部分样本资料来推断总体数量特征的一种统计分析方法。这种方法主要用于不能进行全面调查或没必要进行全面调查的现象，如棉花纤维长度检验、灯管耐用时数检验、居民户均持币量调查等。抽样推断法在各种非全面调查方法中居于主导地位，广泛应用于经济、医疗卫生、科研等众多领域。这种方法既可用于对总体进行参数估计，也可用于对总体的某种假设进行检验。

5. 统计模型法

统计模型法是根据一定的经济理论和假定条件，用数学方程式去模拟现象之间相互关系的一种研究方法。利用这种方法可以对社会经济现象和过程中存在的数量关系进行近似的和比较完整的描述，进而简化客观存在的复杂关系，以便利用模型对社会经济现象的变化进行数量上的估计和预测。

1.2 统计的应用领域

众所周知，任何事物都有其数量特征，且量变决定质变。统计通过数字反映和描述事物的发展过程及发展规律，所以统计无疑会渗透到自然、经济和社会生活的各个领域。

1.2.1 统计在生活中的应用

从收集资料到处理、分析资料，转换成有用的信息，成为知识经济时代最重要的生产力要素之一。在现代社会，无论从事什么工作、做任何决策，都会遇到以下问题：如何收集有价值的资料，对收集到的资料如何进行整理、分析并得出正确的结论，这一结论的可信度有多高等。而这些都是统计应用的主要范畴，从资料收集、分析到得出结论的整个过程，需要具备相关的统计知识作为保证。

人类社会已经进入信息化时代，而信息的一种最常见的形式就是数据资料。在现代社会中，人们的工作和生活不可避免地要从大量繁杂的数据中找出事物的规律，做出科学的决策，以便采取正确的行动。如何保证这一过程的正确性呢？答案就是通过统计。统计正是这样一种通过数据分析而得出正确结论的技术。统计能帮助我们认识事物的发展规律，也利于我们在生活中适应规律，而不是逆规律而动。

【实例 1-1】

随着因特网的普及，上网用户也越来越多。那我们在什么时间上网才是最佳选择呢？换句话说，什么时间网速最快呢？

从图 1-1 中，可以清楚地看到：晚上八九点钟是上网的高峰，上网人数最多；而凌晨五六点钟上网的人数最少。这提示我们，为了享受在网上飞驰的感觉，我们应该改变习惯——早起上网，而不是像大多数人一样，夜晚上网。

1.2.2 统计在企业管理中的应用

企业管理涉及方方面面，包括企业战略、服务质量、人力资源、前景预测、营销策划、财务分析、市场分析、产品创新等。企业的生产经营活动离不开统计。例如，企业要进行市场分析，就必须进行广泛的市场调查，取得相关的数据信息，再进行科学的分析研究，这些都需要统计的支持。统计知识是企业的管理者和经营者所必须具备的知识，是认识市场、研究市场、适应市场、驾驭市场的有力武器。掌握和科学运用统计知识，是企业在激烈的市场竞争中提升竞争能力、获取竞争优势的有效手段。

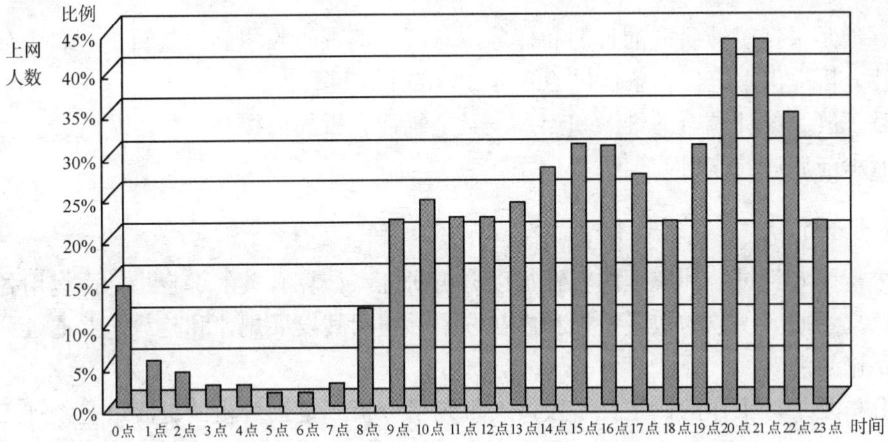

图 1-1 因特网各时段的使用比例

1.3 统计的工作过程和基本职能

1.3.1 统计的工作过程

统计的工作过程一般由统计设计、统计调查、统计整理和统计分析 4 个阶段组成。

1．统计设计

统计设计是统计工作过程的第一阶段，贯穿统计工作全过程。统计设计是对统计工作的各个方面和各个环节进行通盘考虑和适当安排的活动，其结果就是形成各种统计设计方案。

统计设计方案的内容主要包括统计分类目录的设计、统计指标和统计指标体系的设计、统计报表的设计、统计资料收集方法的确定、整理方案的设计、各阶段的工作进度和安排、各阶段和各部门的协调与联系、落实经费来源与物资保障等。

统计设计是统一行动的依据。只有事先制定好各种设计方案，才能统一行动步骤，保证各种统计活动的顺利进行。

2．统计调查

统计调查是根据统计设计的要求，依照研究的目的和任务，运用科学的调查方法，有计划、有组织地向调查单位收集资料的工作过程。

统计调查是统计工作的基础，是实际统计工作的开始，是认识事物的起点。这一阶段的工作直接关系到能否获取准确、及时、全面的原始资料，会直接影响到统计整理乃至统计分析的结果，关系到统计工作质量的高低。

3．统计整理

统计整理是根据统计研究的目的和任务，对统计调查所收集到的资料进行科学分类和汇总，为统计分析提供系统化、条理化的综合资料的工作过程。

统计整理既是统计调查的继续和深入，又是统计分析的前提和条件，是统计工作的中间阶段，起着承前启后的作用。

4．统计分析

统计分析是对经过统计整理的资料加以分析研究，计算有关的综合指标，运用各种统计分析方法，揭示研究现象的数量特征和内在联系，阐明其发展规律和趋势，并通过分析研究得出科学结论的活动。

统计分析是统计工作的决定性阶段，实现定量分析到定性分析的过渡，是统计工作目的的最终体现。

提示

统计工作的各个工作阶段是一个相互影响、紧密联系、不可分割的有机整体。在实际的统计工作中，在不同的阶段，既要有所侧重，又要统筹安排，注重衔接，以保证统计工作质量，更好地实现统计研究目的。

1.3.2 统计的基本职能

统计包括信息、咨询、监督三大基本职能，其中信息是最基本的职能，咨询和监督是信息职能的进一步深化和拓展。

1．统计信息职能

统计信息职能是指根据科学的统计指标体系和统计调查方法，系统地收集、整理和提供大量统计信息的职能。统计资料本身就是一种重要的信息源，是社会经济信息的主体。数量性和总体性是统计信息的主要特征。

2．统计咨询职能

统计咨询职能是指统计具有提供咨询意见和决策建议的功能。具体来讲，就是利用已经掌握的丰富的统计信息资源，运用科学的分析方法和先进的技术手段，进行深入的分析研究，为宏观和微观决策及科学管理提供各种咨询意见、决策建议及对策方案等，辅助决策和管理。通过各种统计服务方式，统计部门可以为社会各行业、各企业及消费者个人提供统计咨询服务。例如，企业要想在市场中利于不败之地，制定正确的经营策略，进行科学决策是至关重要的，而企业经营策略、科学决策的做出都有赖于统计咨询职能的顺利发挥。

相关链接

统计局咨询中心职能范围

统计局咨询中心负责社会经济、科技信息收集、咨询及服务工作；负责经济景气预警预测工作；负责社会性各类调查及方法制度的指导与服务；负责社会化信息采集与有偿服务；负责国家正式调查以外的城市化调查项目；负责收集国内外重要的社会科技和经济信息，并提供服务。

（资料来源：大连西岗政府网站）

3．统计监督职能

统计监督职能是指通过信息反馈，从总体上反映社会经济现象的运行状态，并对其进行全面、系统的定量检查、监测和预警，以揭示运行过程中的偏差及产生的原因，同时发出预警信号，并提出对策和措施，以保证国民经济、社会生产、企业经营等持续、稳定、协调发展，符合客观经济规律的发展要求。

【实例 1-2】

古田县统计局从三方面加强统计监测，发挥统计监督职能

2008 年以来，古田县统计局抓住党政领导、社会各界关注的热点、重点和经济、社会发展中的一些突出问题，从 3 个方面加强统计监测工作，努力发挥统计监督职能。

一是通过审核国民经济主要指标计划草案、参与政府绩效考评等平台，加强对计划、规划执行和日常经济运行的常规监测；二是参与县委、县政府重点课题的研究，加强对重点问题和特色经济、社会发展的热点监测；三是配合做好省市有关部门组织的专项调查或公众评议调查工作，加强对群众关注的热点和经济、社会发展中遇到的难点问题的监测，充分发挥统计的监督职能。

（资料来源：福建省统计局外部信息网）

统计的上述 3 种职能是相互联系、相辅相成的。这 3 种职能构成一个有机整体。

1.4 统计学中的几个基本概念

统计学中的概念较多，其中一些是最基本的，也是以后各章都要用到的。学习统计学的基本理论和方法，必须首先掌握这几个基本概念。

1.4.1 统计总体和总体单位

1. 统计总体

（1）统计总体的概念

统计总体简称总体，是统计调查研究的对象，是由客观存在的、具有某种共同性质的许多个体所组成的整体。通常用“所有的……”或“全部……”来表示。例如，要研究某市工业企业的基本情况，每一个工业企业都是客观存在的，而且具有共同性质，此时该市所有的工业企业就构成一个总体。又如，要研究某高校全体新生的英语学习成绩，该校的全部新生就构成统计总体，各系新生均在校注册这一共同特征成为构成这个总体的前提条件。

可见，现实中总体的类型是多种多样的，它既可以是企业，也可以是学生，还可以是机器设备等，与之相对应的总体称为企业总体、学生总体或机器设备总体。

（2）统计总体的划分

1）有限总体。有限总体是指总体的范围能够明确确定、所包含的单位是有限的、是可以计数的，如工业企业总体、学生总体等。社会经济统计研究的总体，绝大部分都是有限总体。

2）无限总体。无限总体是指总体范围不明确、所包含的单位是无限的、是不可以计数的。例如，水库中投放的鱼苗、生产线上大量连续生产的某种小件产品等，其构成的总体由于所包含的单位是无限的、是不可以计数的，二者均是无限总体。

把总体划分为有限总体和无限总体，直接关系到适用的统计调查方法。在统计调查中，对无限总体不能进行全面调查，只能用非全面调查中的抽样调查方法收集其统计资料；而对于有限总体，既可运用全面调查、也可以运用各种非全面调查方法收集统计资料。

检查点

我国地域辽阔，人口众多。全国人口总体是有限总体还是无限总体？

（3）统计总体的特征

1）大量性。大量性是指总体应包含足够多的单位数，是由许多个体在某种相同性质基础上组合起来的整体，仅仅由个别单位或为数极少的单位组合不足以构成总体。大量性是组成总体的基本前提。

总体的大量性特征是由统计的研究对象决定的。统计的研究对象是大量社会经济现象总体的数量方面，如果只对个别单位或为数极少的单位进行观察，其结果难以反映总体的内在规律。所以，总体必须由足够多的单位组成，使个别单位某些偶然因素的影响相互抵消，从而反映总体的本质和规律性。例如，要了解某企业工人月工资的情况，该企业所有工人就构成一个总体，如果只调查几个工人的月工资来说明该企业所有工人的工资情况一般是不可行的，因为这极少数工人的月工资可能偏高或偏低。要想正确反映该企业工人月工资的情况，就必须调查足够多数的工人，符合大量性的要求。

当然，总体的大量性有一定的相对性。大量性数量的多少取决于两点：一是和统计研究的精确度有关，很明显，调查要求精确程度越高，就需要尽可能多地增加个别单位；二是和总体中个别单位之间的差别程度有关，如果总体中个别单位之间有显著性差别，就需要尽可能多地增加个别单位，以减少偏差，取得准确可靠的结果。

2）同质性。同质性是指构成总体的每个单位，必须至少在某一方面具有共同性质，正是这个共同性质才使得这些个体组成一个整体。同质性是构成总体的基础。例如，某地区工业企业作为总体，是因为每个工业企业都是从事生产制造的个体，具有相同的经济职能，各个工业企业统计的销售额、利润额等都是有意义的，反映的是该地区工业企业的生产经营状况。但如果将一些服务企业也加进来，此时就不再是工业企业总体所能涵盖的了。如果把服务企业的销售额、利润额也统计上，那么该合计数也就不能正确反映工业企业的生产经营状况。

提示

如果每个个体，在任何一方面都不相同，即在任何一方面都不具有共同性质，这些个体就不能构成一个总体。

3）差异性。差异性是指构成总体的每个个体，除了至少在某一方面具有共同性质外，在其他方面则或多或少、或大或小存在着差异，即在更多方面表现不同，或是质上的差别或是量上的变化。对于总体来讲，统计研究的重点恰恰是差异性的所在。差异性是总体研究的主要内容。例如，在某地区工业企业总体中，除了都是该地区的工业企业这一共同性质之外，各企业在职工人数、企业规模、年实现的利税总额等方面存在差异；研究某校学生的基本情况，同质性的具体体现就是所有学生都是在该校注册的学生，而在其他方面，包括性别、专业、年龄、年级、学习成绩等方面，则存在差异。

如果总体中每个个体在所有方面均具有共同性质，即没有一点差异，那也就没有必要对许多个体进行统计调查了，而只要研究其中一个个体单位，就可以说明总体特征。实际上，这种情况几乎不可能出现。

2. 总体单位

构成总体的每个个体就是总体单位，它是总体的基本单位。通常用“每……”来表示。例如，要研究某市工业企业的基本情况，该市所有的工业企业就构成一个总体，而每个工业企业则是总体单位；要研究某高校全体新生的英语学习成绩，各系的所有新生就构成统计总体，而每个新生则是总体单位。

3. 总体与总体单位的关系

（1）总体与总体单位相互依存、密切联系

一方面，总体是总体单位的集合，没有总体单位就不能构成总体；同时，总体单位的性质和特征也决定着总体的特征；另一方面，总体单位也不能离开总体，不符合总体要求的单位不能构成该总体的单位。例如，服务企业不属于工业企业构成的总体。

（2）总体与总体单位不是一成不变的

总体与总体单位的划分不是绝对的，是相对于统计研究目的而言的。随着研究目的的变化，总体与总体单位也可能发生变化。例如，在研究河北省所有高校的教育教学情况时，河北省所有高校是统计总体，其中的每所高校是总体单位。河北工业职业技术学院是河北省所有高校中的一个个体，它是总体单位；但为了研究某一典型学校的内部问题时，则被选作典型的某一学校又可作为一个总体来认识。此时若选择河北工业职业技术学院作为典型，则它是总体。

讨论

对某地区物流企业职工的某月工资情况进行调查。总体和总体单位是什么？该总体是有限总体还是无限总体？同质性是如何体现的？差异性又是如何体现的？

1.4.2 标志、指标和指标体系

1．标志

（1）标志的概念

标志又称统计标志，是说明总体单位属性或特征的名称。例如，在某高校教师总体中，每个教师是总体单位，张老师是一名男老师，王老师是一名女老师，这种不同的属性可以用“性别”做出说明，性别就是表明总体单位属性的名称，是标志。同理，在教师总体中，文化程度、民族、身高、年龄等都是用来说明总体单位的属性或特征的名称，都是标志。在企业总体中，企业的经济类型、所属行业、职工人数、工资总额、产值、成本、利润等，也都是用来说明总体单位的属性或特征的名称，都是标志。

当然，一个具体单位的属性和特征可能有许多，如在工人总体中，有的工人有文艺特长，有的工人有体育天分，但这些并不是每个工人都具备的特征，所以不能作为总体单位的标志。

（2）标志表现

标志表现是指在标志的名称之后所列示的具体属性或数值。例如，男、女是性别标志的标志表现；25岁、35岁、40岁是年龄标志的标志表现。

在某高校教师总体中，对每个教师来说，工作单位和职业两个标志的标志表现是相同的，这也是构成总体的基础——同质性；而其他标志如性别、职称、年龄、工龄、月工资等的标志表现就不会完全相同了，这是差异性的具体表现，也是需要调查研究的内容所在。可见，有差异才有统计的必要。

（3）标志的分类

1）标志按性质不同，分为品质标志和数量标志。

① 品质标志是表明事物属性特征的，其标志表现只能用文字说明，不能用数值表示，即品质标志的标志表现体现为文字。例如，性别标志的标志表现为男、女；职称标志的标志表现为教授、副教授、讲师、助理讲师等；企业经济类型标志的标志表现为国有经济、集体经济、个体经济、联营经济、股份制经济等。性别、职称和企业经济类型这三个标志都是品质标志。

② 数量标志是表明事物数量特征的，其标志表现是用数值来表示的。例如，年龄、工龄、月工资、职工人数、产值、成本、利润等都是数量标志。数量标志的标志表现称为标志值或变量值。例如，年龄这一数量标志的具体表现有 25 岁、35 岁、40 岁等，25 岁、35 岁、40 岁就是年龄数量标志的标志值或变量值；产值这一数量标志，其具体表现有 300 万元、500 万元、1 000 万元等，300 万元、500 万元、1 000 万元就是产值数量标志的标志值或变量值。

在这里一定要注意，标志只有一个，而对应的标志值却可以有若干个。

讨论

某企业某生产组有 5 名工人，日产零件数分别为 68 件、69 件、70 件、71 件和 72 件，这些数值是 5 个数量标志。这句话正确与否？为什么？

以一等品、二等品、三等品来衡量某产品的质量高低，此时产品等级是品质标志还是数量标志？为什么？如果不使用一、二、三，而是用 1、2、3 来表示呢，产品等级的标志性质是否发生变化？为什么？

如果用 1 代表男性、2 代表女性，能否说性别就是数量标志？为什么？

2）标志按变异情况不同，分为不变标志和可变标志。

① 不变标志是指在一个总体中，对于某一个标志来说，如果标志的具体表现在所有的单位都相同的，则该标志就是不变标志。例如，在工业企业总体中，每个单位在企业性质上都表现为工业，此时企业性质就是不变标志；在某高校教师总体中，对每个教师来说，工作单位和职业所对应的标志表现也都是相同的，因此，工作单位和职业这两个标志也都是不变标志。显然，对于总体来讲，每个总体单位至少要有一个不变标志，正是这个不变标志，使总体才具备同质性。

② 可变标志又称变异标志，是指在一个总体中，某一个标志在总体各单位具有不同即不完全相同的标志表现，则这个标志称为可变标志。例如，在教师总体中，教师的性别、职称、年龄、工龄、月工资等的标志表现在各单位不相同，因此，这些标志都是可变标志；在工业企业总体中，企业的经济类型、所属行业、职工人数、工资总额、产值、成本、利润等的标志表现在各单位不相同，这些标志也都是可变标志。显然，对于总体来讲，每个总体单位除了至少要有一个不变标志之外，更多的特征则要通过可变标志来表现，这是总体差异性的具体体现。

检查点

2013 年年初，某高职院校有学生 9 600 人，现在要对该校学生的专业构成情况进行调查研究。在学生总体中，按两种分类标准说明：专业是什么标志？而在会计专业学生总体中，专业又是什么标志？

2. 指标

（1）指标的概念

指标是统计中一个极为重要的概念。指标又称统计指标，是说明总体特征的。对于指标的概念，有两种不同的理解，这两种不同的理解有不同的使用范围。

1）第一种理解认为指标是反映总体数量特征的概念名称。这种理解适用于统计理论和统计设计阶段，此时的指标包含3个要素：指标的含义、指标的计算范围和指标的计算方法。例如，宏观经济所涉及的主要经济指标：国内生产总值、国民总收入、通货膨胀率和失业率等。

2）第二种理解认为指标是反映总体数量特征的概念名称再加上具体数值。这种理解用于统计调查、统计整理及统计分析阶段。此时指标包含6个要素，除了指标的含义、指标的计算范围和指标的计算方法3个要素外，还包括指标所属的时间、指标所属的空间、指标数值及计量单位，这是一个完整的统计指标的概念。例如，根据北京统计信息网公布的数据显示，2013年1—2月，北京市社会消费品零售总额为13 613 251万元，同比增长10.2%。这里的“消费品零售总额”指标就是一个完整的统计指标的概念。

（2）指标的分类

1）数量指标。数量指标又称总量指标或绝对数，是反映社会经济现象总规模、总水平或工作总量的统计指标，如人口总数、库存量、工资总额、企业个数等指标是汇总后直接得到的总量，其数值表现形式是绝对数。

2）质量指标。质量指标是反映社会经济现象间的数量关系的统计指标，如平均工资、劳动生产率、出勤率、人均粮食产量等指标，这类指标一般是由两个数量指标对比计算得来的，其数值表现形式是相对数或平均数。

讨论

2012年，全国房地产开发投资71 804亿元，比上年增长16.2%。其中，住宅投资49 374亿元，比上年增长11.4%，占房地产开发投资的比重为68.76%。资料中哪几个是数量指标？哪几个是质量指标？如何区分这两类指标？

（3）标志和指标的关系

1）二者的区别。

① 标志是说明总体单位特征的，而指标是说明总体特征的。例如，要研究某企业工人工资水平的高低，通过调查得知，张华的月工资为3 600元、李力的月工资为3 700元……这里的“工资”是说明每个工人的特征的名称，即标志；而该企业工人的月平均工资为3 678元，这里的“月平均工资”则是说明总体特征的，即指标。

② 标志有能用数值表示的数量标志和不能用数值表示的品质标志两种；而所有的指标都能用数值表示。当然，指标的数值表现形式不相同，数量指标的数值表现形式是绝对数，质量指标的数值表现形式是相对数或平均数。

2）二者的联系。

① 汇总数量标志的标志值能得到某些指标数值。例如，某企业有职工1 200人，在职工总体中，每个职工是总体单位，工资是说明总体单位数量特征的名称，是数量标志。而1 200名职工的工资总额要通过对每个职工的工资额即数量标志的标志值进行汇总得到，使其成为说明总体特征的指标即工资总额。可见，总体特征是由单位特征综合汇总得来的，所以没有标志也就没有指标。

② 指标和标志之间不是固定不变的，二者之间存在变换关系。当研究目的改变时，如原来的总体变为总体单位，则相应的指标和标志也随之发生变化。

检查点

要调查某地区1 000户养鸡专业户的养殖经营情况，在养鸡专业户的户数、每一养鸡专业户的养鸡数、养鸡专业户的养鸡总数、每一养鸡户的年收入中，哪些是可选用的指标？哪些不是？说明理由。

3. 指标体系

单个统计指标只能从一个侧面反映现象总体的数量特征，说明某一方面的情况。要反映所研究对象各个方面的相互依存和制约关系、反映总体的全貌，就要通过设立统计指标体系来实现。

由若干个相互联系、相互补充的统计指标结合在一起形成的整体就构成统计指标体系。例如，目前国内外上市公司经营业绩评价可以运用财务管理绩效评价指标体系来进行，包括净资产收益率、总资产收益率、每股收益、管理费用与主营业务利润比率、主营业务增长率、净资产增长率、负债比率、营业净利润现金比率等。这是各统计指标之间存在互补关系的情形。还有一种情形是统计指标之间的关系是通过数学表达式来表现的，例如，商品销售额=商品销售量×商品价格、农作物收获量=播种面积×单位面积产量等。

1.4.3 变异和变量

1. 变异

（1）变异的概念

变异是指标志的具体表现在总体各单位间的差异。变异是总体研究的主要内容。如果没有变异即总体各单位的具体表现都完全相同，那就用不着统计了。当然，这种现象在现实中是不可能发生的。

（2）变异的种类

由于标志的具体表现有不能用数值来表示的和能用数值来表示的两种，故而变异也分为两种——品质变异和数量变异。

1）品质变异。标志的具体表现在总体各单位之间的差异只能用文字来表示，这种变异就叫做品质变异。例如，在某经济类高校学生总体中，所学专业这一品质标志，其具体表现有报关专业、理财专业、会计专业等；在农业生产经营户总体中，所属行业这一品质标志，其具体表现有农作物种植业、林业、畜牧业、渔业和农林牧渔服务业等。

2）数量变异。标志的具体表现在总体各单位之间的差异只能用数值来表示，这种变异就叫做数量变异。例如，某地区家庭人均月收入有2 000元、2 600元、3 000元、3 300元等；企业实现的年利税额有60万元、100万元、300万元、500万元等，这些都是数量变异。

2. 变量

（1）变量的概念

在总体各单位之间的具体表现不相同的数量标志叫做可变的数量标志。可变的数量标志和所有的统计指标称做变量。变量总是可以用数值形式来表现的。

与变量相对应，变量的具体取值叫做变量值。例如，在企业总体中，企业的职工人数是变量，甲企业 200 人、乙企业 260 人、丙企业 300 人等都是职工人数这一数量标志的具体取值，都是变量值。而在企业总体中，若所有企业的职工总人数是 50 000 人，职工总人数是反映总体特征的，是指标，其具体取值一般称为指标值。当然，指标也是变量，指标值也可称为变量值。

检查点

某企业 3 名职工的工资分别为 3 200 元、3 400 元和 3 600 元。此时变量是什么？这三个数值是什么？

（2）变量的种类

1）按变量值是否连续，变量分为离散型变量和连续型变量。

① 离散型变量是指变量的各个变量值都是以整数位断开的，如企业数、设备台数、学生人数等。离散型变量只能以整数计数，不可能有小数，其变量值通常用计数的方法取得。

② 连续型变量是指变量的各个变量值是连续不断的，在任意两个数值之间可能有无限个数值、可以做无限分割，如人的身高、体重、某农作物的产量等，既可以取整数，也可以取小数，其变量值只能用测量或计算的方法取得，而不能通过计数的方法取得。测量的仪器越精密，变量值就会越精确。

在个别情况下，有些属于连续型变量的现象，但通常按整数取值，即把它当做离散型变量来处理，如年龄。

2）按变量性质不同，变量分为确定性变量和随机性变量。

① 确定性变量是指变量受某种确定性因素的影响，其变动方向是明确的，呈上升或下降的趋势。例如，产品总成本的变化是受产品产量和单位成本两个因素的影响，而这两者都是人为可以控制的确定性因素，对总成本影响的大小和方向也是确定的；社会劳动生产率随着科学技术的不断进步和发展呈增长趋势。这里的产品总成本和社会劳动生产率均是确定性变量。

② 随机性变量是指变量受随机性因素的影响，这种因素对变量影响的大小和方向都是不确定的，使变量的变动方向呈现偶然性。例如，工业企业生产的产品，虽然都是从一条生产线上下来的标准化产品，但其质量也会有差异，因为电压、温度、湿度等随机因素都可能对产品的质量产生影响。

本章小结

本章介绍了统计的含义、研究对象、研究方法和基本职能、统计工作过程及统计学中常用的几个基本概念。统计学作为一门方法论科学，广泛应用于自然科学和社会科学等众多领域。

现代统计的含义包括 3 方面：统计工作、统计资料和统计学。社会经济统计具有数量性、总体性、具体性、社会性的特点。统计在各个工作阶段，需要采用各种专门的研究方法。统计工作过程一般由统计设计、统计调查、统计整理和统计分析四个阶段组成。统计的基本职能包括信息、咨询、监督三大职能。统计学中有一些常用的基本概念，包括统计总体、总体单位、标志、指标、指标体系、变异和变量。

本章评估练习

1. 填空题

（1）现代统计的含义包括3方面：__________、__________和__________。

（2）统计资料与统计工作之间是____________的关系；统计学与统计工作是__________关系，统计学是对统计工作的____________，统计理论对统计实践具有________作用，从而保证统计资料的准确可靠。

（3）构成总体的每个个体称作__________，它是组成总体的__________。

（4）统计的职能有__________、__________和__________。

（5）一个完整的统计工作过程可以分为4个阶段，即__________、__________、__________和__________。

2. 单项选择题

（1）要了解某企业职工的年龄情况，则总体单位是（　　）。

A．该企业的全部职工　　B．该企业的每个职工

C．该企业每个职工的年龄　　D．该企业全部职工的年龄

（2）某班5名学生英语的考试成绩分别是76分、80分、85分、90分和92分，这里的“考试成绩”是（　　）。

A．数量指标　　B．质量指标　　C．数量标志　　D．品质标志

（3）某生产班组4名工人月工资收入分别是2 160元、2 860元、2 950元和3 100元，这4个数值是（　　）。

A．变量　　B．变量值　　C．数量标志　　D．数量指标

（4）某地区有1 000家商业企业，研究这些商业企业的经营情况，则总体是（　　）。

A．每个商业企业　　B．所有的商业企业

C．每名员工　　D．所有商业企业的员工

（5）根据第六次全国人口普查主要数据公报显示，2010年全国总人口为137 054万人，这里的人口总数是（　　）。

A．总体　　B．总体单位　　C．标志　　D．指标

3. 多项选择题

（1）总体、总体单位、标志、指标这几个概念间的相互关系表现为（　　）。

A．没有总体单位，也就没有总体，总体单位不能离开总体而独立存在

B．总体单位是标志的承担者

C．总体随统计任务的改变而改变

D．指标是说明总体特征的，标志是说明总体单位特征的

（2）下列变量中，属于连续型变量的是（　　）。

A．学生成绩　　B．学生身高　　C．学生人数　　D．学生体重

（3）下列变量中，属于离散型变量的是（　　）。

A．职工人数　　B．设备台数　　C．商品库存额　　D．船舶只数

（4）在全国人口普查中，下列说法正确的是（　　）。

A．国籍是不变标志　　B．全国男性人口数是统计指标

C．男性是品质标志　　D．人的年龄是变量

（5）下列指标中，属于质量指标的是（　　）。

A．劳动生产率　　B．单位产品成本　　C．利税额　　D．设备利用台数

4．判断题

（1）在对某省工业企业设备进行普查中，该省工业企业设备总数是统计总体，每台工业企业设备是总体单位。（　　）

（2）统计具有信息、咨询和监督三大职能，其中咨询是最基本的职能，信息和监督是咨询职能的进一步深化和拓展。（　　）

（3）统计的研究方法主要有大量观察法、统计分组法、综合指标法、抽样推断法和统计模型法等。（　　）

（4）用文字表示的统计指标是质量指标；用数值表示的统计指标是数量指标。（　　）

（5）男、女是“性别”这个品质标志的标志表现。（　　）

5．简答题

（1）统计的含义及三者之间的关系是怎样的？

（2）社会经济统计学的研究对象是什么？社会经济统计的特点有哪些？

（3）举例说明什么是总体和总体单位。

（4）什么是标志？什么是指标？两者的区别与联系是什么？

（5）举例说明什么是变异和变量。

实训材料

2012年国民经济和社会发展统计公报
——人口构成情况

2012年年末，全国大陆总人口为135 404万人，比上年末增加669万人，其中城镇人口为71 182万人，占总人口比重为52.6%，比上年末提高1.3个百分点（百分点是指不同时期以百分数形式表示的相对指标的变动幅度，常用于两个百分数相减的场合）。全年出生人口1 635万人，出生率为12.10‰；死亡人口966万人，死亡率为7.15‰；自然增长率为4.95‰。出生人口性别比为117.70:100。0～14岁（含不满15周岁）人口22 287万人，占总人口的16.5%，比上年末提高0.01个百分点；15～59岁（含不满60周岁）劳动年龄人口93 727万人，比上年末减少345万人，占总人口的69.2%，比上年末下降0.60个百分点；60周岁及以上人口19 390万人，占总人口的14.3%，比上年末提高0.59个百分点。全国人户分离的人口为2.79亿人，其中流动人口为2.36亿人。人

口构成情况，如表 1-1 所示。

表 1-1 人口构成情况

	年末数（万人）	比重（%）
全国总人口	135 404	100.0
其中：城镇	71 182	52.6
乡村	64 222	47.4
其中：男性	69 395	51.3
女性	66 009	48.7
其中：0～14 岁（含不满 15 周岁）	22 287	16.5
15～59 岁（含不满 60 周岁）	93 727	69.2
60 周岁及以上	19 390	14.3

（资料来源：中华人民共和国国家统计局）

根据资料，回答下列问题。

材料中总体是什么？采用哪些标志对总体进行了分类？有哪些指标？其中，哪些是数量指标，哪些是质量指标？

第 2 章

统计调查

学习目标

① 了解统计调查的概念和基本要求；
② 了解普查的意义和组织方式、统计调查误差的种类及控制问题；
③ 掌握统计调查的分类、统计调查方案的设计和统计调查方法；
④ 能根据调查目的和客观实际情况，正确地采用调查方法，准确、及时地收集统计资料。

关键术语

统计调查　调查方案　调查方法　调查对象　调查单位　调查时间

引导案例

CPI 调查工作，是经济社会统计调查工作中的一个重要组成部分，主要任务是运用科学的统计调查方法，系统地调查、收集和整理主要商品、服务项目的价格及消费额资料，编制居民消费价格指数。目前，在国家统计局制定的调查方案中，CPI 的调查内容按用途划分为 8 个大类，包括食品、烟酒、衣着、家庭设备用品及维修服务、医疗保健和个人用品、交通和通信、娱乐教育文化用品及服务、居住。根据全国城乡 13 万户居民家庭消费支出调查资料中的项目以及居民消费习惯，又具体确定了 262 个基本分类。按照国家统计调查制度规定，全国各个省（自治区、直辖市）CPI 调查的大、中、小类是统一的，但各个省（自治区、直辖市）结合自身实际，选择商品和服务项目的代表规格品不尽相同，有所差异。

（资料来源：国家统计局网站——CPI 编制解读）

思考题：什么是统计调查？什么是统计调查方案？统计调查方案应该包括哪些主要内容？在 CPI 调查工作中，采用了全面调查方法，还是非全面调查方法？

2.1 统计调查的概念和分类

2.1.1 统计调查的概念和基本要求

从统计工作的全过程来看，统计调查是收集丰富而合乎实际的统计资料、获得对研究对象的感性认识的阶段。它既是对社会经济现象总体认识的开始，也是统计整理和统计分析的前提。统计调查工作的质量如何，直接影响到整个统计工作的质量。

1. 统计调查的概念

统计调查和一般的社会调查一样，同属于调查研究活动。统计调查是根据研究的目的和任务，运用科学的调查方法，有计划、有组织地向调查单位收集资料的工作过程。统计调查所收集的资料主要是原始资料，也包括一些次级资料。原始资料是指向调查单位收集的、尚需汇总整理而使之系统化、条理化的第一手资料，是从对社会经济现象个体特征的认识过渡到对总体特征的认识所不可缺少的资料。次级资料是指已经经过一定的加工整理，能够在一定程度上说明总体的特征，但还需要进一步加工整理的资料。次级资料是由原始资料过渡来的。

统计调查的基本任务就是要取得反映被研究现象的原始资料，而这些原始资料又是以数字资料为主体的。统计整理和统计分析是在收集原始资料的基础上进行的。只有搞好统计调查，才能取得真实的反映社会经济现象的原始资料，才能对原始资料进行整理和分析，达到对社会经济现象规律性的认识，并进而预测未来。

2. 统计调查的基本要求

统计资料是编制计划、制定政策的依据，也是检查和监督计划、政策执行情况的依据。收集统计资料必须做到准确、及时，这是对统计调查的基本要求。

（1）准确性

统计资料的准确性是指各项统计数字要真实可靠，能够如实反映客观情况。准确性是统计工作的生命线，但要求数字绝对准确是不可能的，因为有些误差难于避免。在调查过程中的各个环节上，应该以科学的方法、严谨的态度开展工作，争取把调查误差控制在最小限度内，使统计资料最大可能地反映实际情况。

（2）及时性

统计资料的及时性也就是时效性。它是指调查资料要在统计调查方案规定的调查期限内收集并报送完毕。统计资料的准确与否、收集与上报的及时与否，直接影响到整个统计工作的质量，关系到统计工作的成败，也关系到统计资料能否充分发挥作用，所以准确性和及时性也成为衡量统计工作质量的重要标志。

2.1.2 统计调查的分类

社会经济现象错综复杂、千变万化，选择怎样的调查方法进行调查，主要取决于统计调查的目的和调查对象的特点。统计调查的方法有多种，各有不同的特点和作用。

1. 按组织形式分，统计调查可分为统计报表和专门调查

（1）统计报表

统计报表是以原始记录为依据，按照一定的表格形式、时间要求和报送程序，定期向上级主管部门或国家统计部门提供基本统计资料的一种调查方法。统计报表以全面统计报表为主，主要用于国家统计部门和各业务主管部门定期取得系统而全面的基本统计资料，掌握国民经济和社会发展的基本情况。统计报表作为统计调查的一种方法，其调查目的、调查范围、调查内容及表式等均在统计报表制度中加以规定。

相关链接

我国现行的统计报表制度有工业统计报表制度、农林牧渔业统计报表制度、能源统计报表制度、成品油批发和零售统计报表制度、固定资产投资统计报表制度、科技综合统计报表制度、高技术产业综合统计报表制度等。

（2）专门调查

专门调查是为研究某种特定情况或问题，由进行调查的单位专门组织的调查。这种调查大多属于一次性调查，主要包括普查、抽样调查、重点调查和典型调查。

2. 按调查对象的范围分，统计调查可分为全面调查和非全面调查

（1）全面调查

全面调查是对构成被研究现象总体的所有单位都进行调查，包括全面统计报表和普查。例如，各年度、季度、月份的定期全面统计报表属于全面调查；全国人口普查、经济普查、第三产业普查、基本单位普查等，也都属于全面调查。全面调查是我国长期以来获得基本统计信息的调查方式。

（2）非全面调查

非全面调查是对构成被研究现象总体的一部分单位进行调查，主要包括抽样调查、重点调查和典型调查。例如，为掌握我国高职高专院校教育教学的基本情况，从中选择一部分重点院校进行调查；为了解某地区居民家庭的网上购物情况，从该地区的居民家庭中，随机抽取出一部分家庭进行调查，这些都属于非全面调查。虽然非全面调查不能够取得全面资料，但是，因为调查单位少，所以可以节省人力、物力和时间，可以灵活、深入地对现象进行调查研究，在有些情况下，能够取得费力小、收效大的效果。非全面调查的优越性已经被人们所认识，并在许多领域广泛应用。

3. 按调查资料的登记时间是否连续分，统计调查可分为经常性调查和一次性调查

（1）经常性调查

经常性调查是随着被研究现象情况的发展变化，将变化情况进行连续不断的登记。经常性调查的资料可以说明现象发展变化的过程，体现现象在一段时期的总量。例如，为得知生产车间在某个月内各种原材料的消耗量，就要在这一个月的时间内，对各种原材料的消耗情况进行连续不断的登记；为掌握某地区 2013 年惠农补贴资金的发放额度，就要对该地区在 2013 年期间惠农补贴资金的发放情况进行连续不断的登记。当然，对于进行调查的单位或部

门来讲，往往要经过一段时间（如按月、按旬）才向调查单位收集资料，但对于提供资料的各基层单位来说，仍需要对调查项目的承担者（调查单位）的发展变化情况进行连续不断的登记，才能提供准确的数据。

（2）一次性调查

一次性调查是间隔一定时间而进行的调查。一次性调查的资料主要反映现象在一定时点上的状况。例如，工业普查、人口普查及对春节联欢晚会收视率的调查等，都属于一次性调查。一次性调查并不是意味着只对某种现象调查一次，以后不再调查，而是指对某种现象的调查登记是通过一次性登记完成的，而不必要经常不断地登记。一次性调查可以是定期的，也可以是不定期的。例如，每 10 年进行一次的全国人口普查、全国第三产业普查属于定期的，而科技普查一般属于不定期的。

4．按调查资料的来源分，统计调查可分为直接观察法、凭证法和采访法

（1）直接观察法

直接观察法是由调查人员亲自到现场，直接对被调查现象的情况进行登记。例如，调查人员对库存商品的质量进行抽检、对农作物的产量进行实收实测、对存栏的牲畜进行清点计数等，都属于直接观察法。由于调查人员亲自到现场进行调查，直接观察法可以提高调查资料的真实性和准确性。但因为消耗的人力、物力和时间比较多，这种方法的应用具有一定的局限性。

（2）凭证法

凭证法是以各种原始记录为依据，由基层单位按照隶属系统，逐级提供统计资料的方法。我国现行的统计报表制度就采用了这种方法。由于以原始记录为依据，凭证法可以保证调查资料的准确性，但也需要耗费大量的人力和时间。

（3）采访法

采访法是通过被调查者回答调查项目来收集调查资料的方法，包括询问法和被调查者自填法。

1）询问法。询问法是由调查人员对被调查者逐一提出所要了解的问题，根据被调查者的回答取得调查资料。这种调查方法可以使双方直接接触、逐项问答，在一定程度上保证了资料的准确性，但需要投入较多的人力和时间。

2）被调查者自填法。被调查者自填法是指调查人员把调查表交给被调查者，由被调查者按照正确的方法，根据实际情况填写，然后由调查人员或调查机关统一收回调查表的一种方法。被调查者自填法和询问法相比，可以节省人力和时间，但要注意及时收回调查表，以确保调查资料的及时性。

以上对统计调查所做的各种分类并不是相互排斥的。就某种调查方法来讲，从不同的角度分类可以将其归入不同的类型组。例如，从组织形式角度分，普查属于专门调查，而如果按调查对象的范围分，它又属于全面调查。调查人员只有熟悉统计调查的各种方法和类型，并根据调查对象的特点和调查任务的要求加以运用，才能收集到符合研究目的的统计资料。

2.2 统计调查方案的设计

统计调查是一项复杂而细致的工作，一项全国性的调查往往需要成千上万的人共同参与才能完成。为保证参加调查的人员统一认识、统一行动、统一内容、统一方法，使调查任务顺利进行、顺利完成，在调查开始之前，必须设计一个科学而周密的统计调查方案。一个完整的统计调查方案，通常应包括以下基本内容。

2.2.1 调查目的

设计调查方案的首要问题是明确调查目的。明确调查目的就是要明确调查要解决的问题是什么。只有明确了调查目的，才能确定向谁调查，调查什么，以及用什么样的方法进行调查等问题，才能在调查工作中有的放矢。否则，调查得到的资料可能并不都是需要的，或者需要的资料却没能得到，在人力、物力和时间方面造成不必要的浪费，并影响整个统计工作的进程。

【实例2-1】

固定资产投资价格调查的目的在于：及时、准确地反映全社会及各类工程固定资产投资中涉及的各类投资品和取费项目价格的变动趋势和变动幅度，消除按现价计算的固定资产投资指标中的价格变动因素，真实地反映全社会及各类工程固定资产投资的规模、速度、结构和效益，为国家及各部门科学地制定、检查固定资产投资计划和进行国民经济核算提供科学的、可靠的依据。

（资料来源：国家统计局网站——价格统计报表制度）

2.2.2 调查对象和调查单位

确定调查对象和调查单位，是为了回答向谁调查，由谁来提供具体的调查资料等问题。

1．调查对象和调查单位的概念

调查对象是根据调查目的确定的、需要进行调查的某种社会经济现象的总体，它是由许多调查单位组成的。调查单位是构成调查对象的个体，是所要调查的具体单位。例如，我国工业普查的普查对象（调查对象）是全部工业企业，调查单位是每家工业企业；当对某城市所有中学的基本情况进行调查时，调查对象是该市所有的中学，调查单位是其中的每所中学。又如，我国农村住户固定资产投资抽样调查的调查对象是调查村的住户，其中的每一住户便是调查单位。

检查点

如果对某城市所有中学学生的健康状况进行调查，调查对象是什么？调查单位又是什么？

2．确定调查对象的意义和关键

针对错综复杂的社会经济现象，科学地确定调查对象具有十分重要的意义。确定调查对象就是要确定有关社会经济现象总体的范围和界限，避免因界限不清而导致调查登记的重复或遗漏，保证资料的准确性。

确定调查对象的关键是从质的方面划分现象的类别，明确现象之间质的界限，从而确定调查对象的范围。例如，在对某省规模以上工业企业进行全面调查时，以该省所有的规模以上工业企业为调查对象，关键要把规模以上工业企业和规模以下工业企业区别开。按照国家规定，规模以上工业企业是指年主营业务收入在 500 万元及以上的工业企业。又如，为全面了解某地区农村居民的生产、收入、消费、积累和社会活动等情况，进行农村住户调查，以该地区所有的农村常住户为调查对象，除明确农村的范围之外，还要划分农村住户和城镇住户之间的界限、常住户和暂住户之间的界限。

3. 调查单位和填报单位之间的关系

填报单位是指按规定的时间和表式，负责提交调查资料的单位，一般是基层企事业单位或社团组织等。在许多调查中，调查单位与填报单位是一致的，但有时是不一致的。例如，在全面调查某省钢铁工业企业的能源消耗情况时，该省的每家钢铁工业企业既是调查单位，也是填报单位。但如果要调查这些企业中职工的工资情况，调查单位是这些企业中的每位职工，而填报单位依然是每家企业，此时调查单位与填报单位则是不一致的。

4. 调查单位和总体单位之间的关系

在全面调查中，所有的总体单位同时也是调查单位，总体单位和调查单位是一致的。而在非全面调查中，仅有一部分总体单位是调查单位，二者是不一致的。例如，当我们全面调查某地区房地产开发企业的基本情况时，该地区的每家房地产开发企业既是总体单位，也是调查单位。而如果我们只是对其中的一部分企业进行调查，调查单位只是被调查的每家企业。

2.2.3　调查项目和调查表

1. 调查项目

（1）调查项目的概念

调查项目是指对调查单位所要调查的主要内容，或者说是所要调查的主要事项的名称。通常以调查单位的有关标志为调查项目，有些情况下用某种标志把调查对象划分为若干个组，以说明各组特征的名称为调查项目。调查单位是调查项目的承担者。

【实例 2-2】

我国劳动力调查制度规定，劳动力调查项目分为按户填报的项目和按人填报的项目。按户填报的项目有户编号、户别、本户常住人口数、本户常住人口中 16 岁及以上人口数、本户常住人口中 16 岁以下人口数等 5 个项目。按人填报的项目有姓名、与户主关系、性别、出生年月、户口性质、受教育程度、婚姻状况、是否为取得收入而工作、工作单位或经营活动类型等 21 个项目。

（资料来源：国家统计局网站——劳动力调查制度）

（2）确定调查项目应注意的问题

在确定调查项目时，除了要依据调查目的和被研究现象的特点之外，还应该注意以下几个问题。

1）需要与可能相结合。确定的调查项目应当既是调查任务所需要的，又是能够取得确切资料的项目。对于不必要的项目，或者虽然需要但不可能取得资料的项目，应当加以限制。

2）调查项目要有确切的含义、统一的解释。每个调查项目都应该有确切的含义和统一的解释，避免调查者或被调查者对调查项目有各自不同的理解，使调查结果无法汇总。

3）调查项目之间要相互联系和衔接。各调查项目之间应该尽可能相互联系和衔接，这样便于从整体上研究调查对象的特征，也便于有关项目之间相互核对，保证调查资料的质量。

4）调查项目之间要有连贯性。现行的调查项目与过去同类的调查项目之间要有连贯性，便于进行动态对比，有利于研究现象发展变化的规律性。

2. 调查表

（1）调查表的概念

调查表是把调查项目按一定的顺序加以排列而形成的表格，是统计调查中收集原始资料的重要工具。调查人员利用调查表这一工具进行调查，不仅便于条理清晰地填写调查资料，而且便于调查后对资料进行整理汇总。

（2）调查表的形式

调查表主要有单一表和一览表两种形式。单一表是在一份表上只登记一个调查单位的项目，而一览表则是在一份表上登记多个调查单位的项目。通常情况下，在调查项目较多时，使用单一表；在调查项目不多时，使用一览表。单一表容纳了较多的调查项目，便于在汇总整理时按多种标志进行分组；一览表中包括了许多调查单位共同的调查项目，不仅在填表时省时省力，而且便于对调查单位之间的资料进行比较，便于检查资料的正确性。

（3）注意事项

为了使填表者能够正确填写调查表，必须附有填表说明和项目解释。填表说明用以提示填表时应注意的事项；项目解释则是说明调查表中某些项目的含义、包括的范围和计算方法等。填表说明和项目解释必须以国家制定的统一标准为依据，以保证统计调查中分类目录、统计编码和计算方法等方面的标准化。

2.2.4 调查时间和调查期限

1. 调查时间

调查时间是指调查资料所属的时间（时期或者时点）。为确保调查资料的准确性，避免资料的重复和遗漏，必须明确规定调查时间。如果要调查的是时期现象，调查时间就是指调查资料所属的时期。例如，在调查公路运输企业2013年完成的旅客运输量时，调查时间是一个时期（一年），也就是从2013年的1月1日至12月31日，调查所得的旅客运输量应该是企业在2013年期间累计完成的旅客运输量。如果要调查的是时点现象，调查时间就是指调查资料所属的时点，这一时点是统一的标准调查时点。例如，第六次全国人口普查的标准时点为2010年11月1日零时，那么，对于所有的时点性调查项目，就应该以2010年11月1日零时的资料为准。

2. 调查期限

调查期限是进行调查工作的期限，包括收集资料和报送资料在内的整个调查工作过程所需要的时间。例如，某城市规定，本市批发零售业单位 2012 年年报表在 2013 年 1 月 15 日前报送，则调查期限为 15 天。为保证调查资料的及时性，应尽可能缩短调查期限。

2.2.5 调查工作的组织实施计划

为保证统计调查工作的顺利进行，必须制定严密而细致的组织实施计划。组织实施计划应包括调查机构、调查地点、调查的组织形式、调查前的准备工作 4 方面。

1. 调查机构

调查机构是进行统计调查并对调查工作负责的机关、单位或组织。根据调查任务、调查范围和调查对象的不同，调查机构可以是国家统计局、省（市）统计局、业务主管部门的统计机构或者某一社会团体，也可以是专门组织的非常设机构，如人口普查办公室。在组织实施计划中，应规定各级调查机构的权力、职责及彼此之间的关系。

2. 调查地点

调查地点是指登记调查资料的地点。一般情况下，调查地点和调查单位所在地是一致的。例如，执行统计报表制度的企事业单位都是在单位的所在地填报统计报表的。当调查单位的所在地有变化时，则应专门指定调查地点。

检查点

在第六次全国人口普查中，普查人员入户登记人口情况，是采用按现住地登记的原则，还是按户口登记地登记的原则?

3. 调查的组织形式

调查的组织形式主要有定期统计报表和专门调查两大类。明确调查的组织形式，就是要明确是用定期统计报表的形式，还是用专门调查的形式来进行调查。由于社会经济现象十分复杂，又不断发展变化，统计活动必须适应新情况、新问题，根据调查对象和人力、物力条件的不同，灵活地运用多种不同的组织形式。

4. 调查前的准备工作

在调查工作的组织实施计划中，对调查前的准备工作也应做出具体规定。这些准备工作主要包括宣传教育、文件印刷、调查人员培训、调查经费开支预算等。对于规模较大而又缺少经验的统计调查，在调查正式开始之前，往往需要做试点调查。根据试点调查中出现的新情况、新问题，对统计调查方案进行必要的修正和补充。还可以通过试点调查，积累制定和实施统计调查方案的经验，提高调查人员的业务能力，确保圆满完成统计调查任务。

2.3 统计调查方法

2.3.1 统计报表

1. 统计报表的特点

由于统计报表的内容、格式、报送时间和程序等方面都有统一规定，这使得用统计报表收集资料具有一致性；通常情况下，统计报表要按既定的时间间隔、不断地填制并报送，这使得统计报表在填报时间方面具有周期性；统计报表主要以原始记录、统计台账和内部报表为资料来源，这又使得统计报表在资料来源方面具有相对的可靠性。

2. 统计报表的作用

统计报表的作用与其特点是分不开的：① 统计报表提供的资料可以反映国民经济和社会发展的基本情况，是国家制定和检查国民经济与社会发展计划的重要依据；② 定期提供的、系统的报表资料，便于进行动态对比和分析，为总结经济建设经验，研究经济发展变化的规律性提供依据；③ 由于统计报表层层上报、层层汇总，各级业务部门或主管系统的报表又成为指导生产、经营、管理和决策的重要工具和手段。

3. 统计报表的种类

（1）按主管系统分，统计报表可分为国家统计报表、部门统计报表和地方统计报表

1）国家统计报表。国家统计报表是国家统计部门根据国家的有关调查计划和调查项目制定的报表，用以反映国民经济和社会发展的基本情况，也称为国民经济基本统计报表。这种统计报表从国民经济的角度出发，按国民经济的部门分类，并在全国范围内实行。例如，我国现行的农林牧渔业统计报表、建筑业统计报表、运输邮电业统计报表、能源统计报表和劳动统计报表等，都属于国家统计报表。国家统计报表是统计报表体系的基本组成部分。

2）部门统计报表。部门统计报表是为适应本部门业务管理的需要，根据本部门的调查计划和调查项目制定的统计报表，一般用以收集各级业务主管部门所需要的专业资料，在本业务部门系统内实行。例如，农业部的全国种子行业统计报表、商务部的酒类流通行业信息监测统计报表、工业和信息化部的全国监控化学品统计报表等，都属于部门统计报表。

3）地方统计报表。地方统计报表是为满足地区计划和管理的需要，针对本地区的特点而补充制定的地区性统计报表。地方统计报表和部门统计报表对国家统计报表起补充作用。

（2）按报送周期的长短分，统计报表可分为日报、旬报、月报、季报、半年报和年报

报送周期的长短直接影响到人力、物力和时间的耗费，也影响到报表中调查项目的繁简程度。通常情况下，报送周期短的，调查项目应少一些、粗一些；而报送周期长的，调查项目则应多一些、细一些。日报和旬报主要是为了及时掌握重要事项的进展情况而制定的报表，也叫做进度报表，一般仅限于填列少数的、较为重要的调查项目；月报、季报和半年报主要用以反映部门的生产经营动态，检查计划执行情况；年报是具有一定总结性的报表，报送周期最长，指标项目最多，内容也最为详尽。

（3）按调查对象的范围分，统计报表可分为全面统计报表和非全面统计报表

1）全面统计报表。全面统计报表是被研究现象总体中的所有单位都要填报的报表。我国大多数统计报表是全面统计报表。例如，我国运输邮电部门的所有企业都要填报的运输邮电业综合统计年报表就是一种全面统计报表。

相关链接

我国运输邮电业统计报表制度规定，运输邮电业综合统计年报的范围是，全部铁路、公路、水路、港口、民航、管道运输企业、城市公交企业及邮电通信运营企业。

（资料来源：国家统计局网站——运输邮电业统计报表制度）

2）非全面统计报表。非全面统计报表是由被研究现象总体中的一部分单位填报的报表。在我国的统计实践中，统计报表可以和抽样调查、重点调查、典型调查结合运用，也就是说，在进行抽样调查、重点调查或者典型调查时，可以配合使用统计报表来收集资料。例如，按照我国种植业抽样调查制度规定，在农村抽样调查网点内的调查单位要填报种植业抽样调查表。这说明，在进行种植业抽样调查时，使用了统计报表调查方式，但由于只需要被调查的样本单位填报种植业抽样调查表，所以抽样调查表为非全面统计报表。

（4）按填报单位分，统计报表可分为基层报表和综合报表

基层报表是由基层企事业单位填报的报表。综合报表是由业务主管部门或统计部门根据基层报表逐级汇总填报的报表。综合的层次越高，综合报表所对应的调查单位就越多，对应的调查范围也就越广。

4. 统计报表的资料来源

（1）原始记录

原始记录是基层单位通过一定的表格形式，对生产经营活动的过程和成果所做的最初记载，是尚未加工整理的第一手材料。例如，公路运输企业中的行车路单、加油记录、轮胎使用情况卡；工业企业中的工人出勤记录、产品产量记录、原材料消耗记录；商业企业中的现金收支凭证、商品销售记录等，这些都属于原始记录。

统计报表中的各项指标都是以原始记录为基础的，原始记录制度是否健全、原始记录是否真实，直接影响到统计报表资料的可靠性和真实性。基层单位应该从生产经营管理的需要和统计报表制度的要求出发，使原始记录的格式和内容，既要与本单位生产经营的特点、经营范围、管理水平等相适应，又要与统计报表制度规定的调查项目相适应，并随着企业生产经营情况的变化和管理的需要而不断改进和完善。

（2）统计台账

统计台账是基层单位根据填报统计报表和经营管理的需要，将分散的原始记录按时间顺序加以整理而形成的一种表册。例如，公路运输企业的单车生产情况台账，工业企业的班组统计台账、车间统计台账等。台账的设置主要以满足经营管理的需要和报表的填制为目的，便于及时汇总原始记录，检查原始记录的准确性。在期末时，以统计台账中经过汇总整理的资料作为填制报表的依据，可以节省统计报表的填制时间，提高统计报表的时效性。

讨论

在同一行业内，不同企业的统计台账在格式和内容上是否必须相同？为什么？

（3）企业内部报表

企业内部报表主要用于反映本企业在一定时期内的生产经营情况，作为制定本企业生产经营计划、检查计划执行情况和填制统计报表的依据。例如，公路运输企业的汽（挂）车报废轮胎行驶里程统计表、车辆运用情况统计表就属于企业内部报表。企业内部报表中的资料主要来源于统计台账，也有的来源于原始记录。

2.3.2 普查

1. 普查的意义

普查是专门组织的、一次性的全面调查。它通常在全国范围内进行，主要用来收集某些不能够或不适合用定期的全面统计报表收集的资料，以摸清一个国家的国情和国力，了解人力、物力和财力的现状及其利用情况，对于党和国家制定政策、编制计划，特别是对于制定经济和社会发展的长期规划，安排好人民物质和文化生活具有重要意义。

普查是一种重要的统计调查方法。通过统计报表，虽然可以收集全面的基本统计资料，但它不能代替普查。因为对有些社会经济现象，如农村基础设施、农村居民迁移、农村劳动力资源与就业状况、农业土地利用及农户土地经营状况；工业企业财务状况、工业企业劳动情况及主要工业生产设备技术状况等，不可能也不需要用定期的全面统计报表进行调查，而国家要管理社会经济，又必须掌握这方面比较全面、详细的资料，这就需要通过普查来解决。普查与全面统计报表相比，能够取得更加详细的全面资料，但耗费的人力、物力和时间比较多，因而不宜经常进行。

相关链接

我国曾分期分批地进行过多次专项普查。例如，1993 年进行了第一次全国第三产业普查，1995 年进行了第三次全国工业普查，2000 年进行了第五次全国人口普查，2003 年进行了第二次全国第三产业普查，2004 年进行了第一次全国经济普查，2006 年进行了第二次全国农业普查，2008 年进行了第二次全国经济普查，2010 年进行了第六次全国人口普查。

2. 普查的特点

（1）普查是一种专门调查

普查是为某种特定的任务和目的而专门组织的调查。

（2）普查是一种全面调查

普查是对被研究现象总体中的所有单位都进行调查，并且调查内容较多，可以提供全面而系统的资料，反映国情国力方面的基本情况。

（3）普查是一种一次性调查

普查所取得的资料主要反映现象在一定时点上的情况。由于时点现象的量和时点之间间隔的长短、时间的推移没有必然关系，它有可能随时间的推移而增大，也有可能随时间的推移而减小，并且绝大多数时点现象的量在一段时间内变化不大，所以对于时点现象的量，没有必要经常不断地进行登记，只需要一次性登记就可以了。

【实例 2-3】

人口普查就是在国家统一规定的时间内，按照统一的方法、统一的项目、统一的调查表和统一的标准时间，对全国人口普遍地、逐户逐人地进行的一次性调查登记。人口普查工作包括对人口普查资料的收集、数据汇总、资料评价、分析研究、编辑出版等全部过程。

通过人口普查，可以查清全国人口的数量、结构和分布等基本情况，还可以查清人口的社会特征、家庭特征、教育特征、经济特征、住房状况以及普查标准时间前一年人口的出生死亡状况等。目前，世界各国的人口普查在时间、内容、方法上逐渐趋向一致，使人口普查资料更具有可比性。

（资料来源：国家统计局网站——普查知识）

应该注意的是，虽然普查是一种一次性调查，但它并不排斥属于时期现象的调查项目。例如，全国工业普查涉及了生产、销售、成本、费用和赢利等方面的时期性调查项目；全国农业普查项目中也包括了从事农业时间、播种面积等时期性项目。

3．普查的组织方式

从调查资料的来源看，普查的组织方式主要有两种，一种是组织专门的普查机构，配备一定数量的普查人员，对调查单位直接进行登记，如人口普查；另一种是由基层企事业单位在原始记录和核算资料的基础上，按照普查表填写调查资料，报送组织普查的机构，如经济普查、工业普查等。

4．普查方案

（1）普查方案的内容

普查方案通常包括普查的目的、普查的组织领导机构、普查对象和范围、普查时间、普查的主要内容及表式、普查用标准目录、普查登记和报送原则、普查方法、普查的组织实施原则等主要内容，有的普查方案还包括单位清查、普查工作的进度安排、普查的数据处理和质量控制、数据的公布与开发利用等内容。制定普查方案主要是为了保证普查工作在上述各方面的一致性。

（2）制定普查方案应注意的问题

1）普查时间问题。在制定普查方案和进行普查工作的过程中，尤其应该注意普查的时间问题。普查时间涉及普查时点（标准时点）和普查时期。普查时点是指调查者在对时点现象进行登记时所依据的标准时点。规定普查的标准时点是为了避免调查资料的重复或遗漏。普查时期则是指调查者在对时期现象进行登记时所依据的标准时期。时期性调查项目的资料应该是现象在普查时期内的有关资料。在普查方案中，规定普查时间就是规定一个时间点（时点）或者一个时间段（时期），无论普查人员何时进行实际的调查工作，填报的都是现象在这个时间点或时间段的情况。

【实例 2-4】

《第六次全国人口普查方案》规定人口普查的标准时间是 2010 年 11 月 1 日零时。

所谓人口普查的标准时间，就是规定一个时间点，无论普查员入户登记在哪一天进行，登记的人口及其各种特征都是反映那个时间点上的情况。根据上述规定，不管普查员在哪天进行入户登记，普查对象所申报的都应该是 2010 年 11 月 1 日零时的情况。通过这个标准时间，所有普查员普查登记完成后，经过汇总就可以得到 2010 年 11 月 1 日全国人口的总数和各种人口状况的数据。

2）普查工作进度问题。进行全国性普查往往需要耗费相当长的时间，为保证调查资料在规定的期限内收集并报送完毕，在普查方案中一般还要规定普查的工作进度。例如，第二次全国农业普查方案规定，第二次全国农业普查分为以下几个阶段：培训阶段为 2006 年 6 月—2006 年 11 月；现场工作准备阶段为 2006 年 9 月—2006 年 12 月；登记阶段为 2007 年 1 月—2007 年 4 月；数据处理阶段为 2007 年 4 月—2007 年 12 月；资料开发和总结阶段为 2007 年 12 月—2008 年 12 月。规定普查工作进度，有利于普查的统一、顺利进行。

2.3.3 抽样调查

1．抽样调查的概念

抽样调查是专门组织的一种非全面调查。它是按照随机原则，从被研究现象总体中抽取出一部分单位作为样本，根据对样本的观察结果来推断总体数量特征的一种调查方法。在社会经济领域，对许多现象不能够或不必要进行全面调查，如对全国粮食产量的调查、对社区家庭网上购物情况的调查、对产品质量的检测等，可采用抽样调查。

2．抽样调查的特点

按随机原则抽样是抽样调查的一个显著特点。随机原则也称同等可能性原则。在按照随机原则抽样的前提下，总体中的每一个单位被抽中的机会（可能性）是均等的，或者说，总体单位被抽中与否不受人们主观因素的影响。

用样本指标数值来推断总体指标数值是抽样调查的另一个特点。因为按随机原则抽样可以更大可能地保证样本和总体有类似的结构，提高了样本对总体的代表性，使样本的数量特征更加近似地反映总体的数量特征，所以可以用样本的指标数值对总体的指标数值做出推断。

3．抽样调查的优点

（1）经济性

由于抽样调查是从总体中随机抽取一部分单位进行调查，所以可以大大减轻调查、登记和汇总等方面的工作，节约人力、物力、费用和时间，使抽样调查具有较高的经济性。

（2）灵活性

组织抽样调查方便、灵活，调查范围可大可小，调查项目可繁可简，使抽样调查具有很强的灵活性。

（3）时效性

调查人员直接到现场取样、观测和登记，减少了中间环节，使抽样调查具有较强的时效性。

（4）准确性

按随机原则抽取样本单位，排除了调查人员主观因素的影响，保证了样本对总体有足够的代表性，使抽样调查的结果具有较高的准确性。

抽样调查的种种优点使其被广泛应用于社会经济领域和科学实验中，发挥着十分重要的作用。关于抽样调查的详细论述，详见本书第7章抽样推断分析。

2.3.4 重点调查

1. 重点调查的概念

重点调查也是专门组织的一种非全面调查。它是从总体中选择一部分重点单位进行的调查。所谓重点单位，是指在总体中具有举足轻重地位的单位。这些单位虽然数目不多，但就调查的数量标志来讲，这些单位的数量标志值在总体标志总量中都占有相当大的比重，能够反映出总体的基本情况。

2. 重点调查适用的情况

通常情况下，当只要求掌握总体的基本情况，而部分单位又能够比较集中地反映所要调查的有关项目、总体的基本情况时，比较适宜采用重点调查。例如，为了解我国软件行业生产经营的基本情况，可选择重点软件企业进行调查。虽然作为重点单位的软件企业在全国所有的软件企业中只是少数，但重点软件企业在出口额及比重、年营业收入、相关领域的销售收入等具体条件方面在总体中占有较大的比重。可见，重点单位的选择取决于总体单位的标志值在总体标志总量中所占的比重，而不是取决于调查者的主观判断或倾向性的选择。

讨论

引导案例中对CPI进行的调查，采取的调查方法有哪些？

3. 选择重点单位时应该注意的问题

根据调查目的和任务的不同，重点单位可能是一些行业、企业，也可能是一些地区或者城市。在选择重点单位时应当注意，某个单位在这一问题上是重点，在另一问题上不一定是重点；在这一调查对象中是重点，在另一调查对象中不一定是重点；在这一时期是重点，在另一时期不一定是重点；另外，重点之中还可能有重点。

检查点

如果某单位因技术先进、管理卓越等原因而被列为重点单位进行管理，但是其主要标志值在总体标志总量中占不到足够大的比重，在进行重点调查时能被列为重点单位吗？为什么？

4．重点调查的优缺点

由于重点单位的管理体制一般比较健全，管理水平较高，统计基础工作较好，调查资料容易取得且质量较高，所以重点调查成为节省人力和时间、效果较好的一种调查方式。同时，由于重点单位比较少，可以拟定较多的调查项目，所以可以收集到较为详细的统计资料。但是，由于总体的结构和数量特征不可能通过这些重点单位较为准确地反映出来，所以重点单位对总体没有足够的代表性，不能利用重点单位的观察结果推断总体的指标数值，只能够了解总体的基本情况。

2.3.5 典型调查

1．典型调查的概念

典型调查也是一种非全面调查。它是根据统计调查的目的和任务，在对被研究现象总体进行全面分析的基础上，有意识地选择若干个具有代表性的单位作为典型，进行深入细致的调查研究，借以认识现象的特征及其发展变化的规律性的一种调查方法。

根据认识社会经济现象的需要，典型调查可以注重对现象的量及量与量之间关系的分析，也可以从质的方面分析数量及数量关系形成的原因；可以通过对少数单位的调查研究，了解某一问题的历史和现状，从纵向方面进行研究，也可以就该问题从横向方面进行探讨。可见，典型调查是一种较为灵活的调查方法。

2．典型调查的特点

典型调查有两个主要特点：① 典型调查比其他方式的调查更为深入、细致。由于被选中的典型单位是总体中的极少部分，因而调查项目可以设置得多一些、细一些，以利于对某些专门问题进行深入、细致的研究；② 典型单位是在对被研究现象进行全面分析的基础上，有意识地选择出来的，也就是说，典型单位的选择更多地取决于调查者的主观判断。

3．典型调查的方法

典型调查的方法主要有两种：一种是通过对个别典型单位的调查研究，说明事物的一般情况或规律，称为解剖麻雀式调查；另一种是在情况差异悬殊的条件下，按与研究目的有关的主要标志，把总体划分为几个类型组，再在各类型组中选择典型单位进行调查，称为划类选典式调查。

利用典型单位的调查结果推断总体的数量特征，其可靠程度取决于典型单位对总体的代表性。当总体各单位之间标志值差异较小时，典型单位的代表性相对较高，用极少数典型单位的资料便可以对总体的数量特征做出推断，宜采用解剖麻雀式调查；当总体各单位之间标志值差异较大时，宜采用划类选典式调查。

4．典型调查的作用

典型调查从实质上来说是深入实际的调查研究活动。它通过派出调查人员对典型单位采用实地调查、开调查会等方式，对所研究的问题做系统而周密的调查，可以详细了解事物发展变化的过程和结果，了解这种过程和结果的成因及与有关方面的联系，对存在的问题提出解决办法等。例如，为研究粮食作物和经济作物的种植比例问题，不需要进行全面调查，也不需要进行重点调查或抽样调查，只需要选择若干个具有代表性的地区作为典型，测量、计算典型地区这两种作物的种植比例，研究种植比例是否合理，存在什么问题，进一步提出解决问题的办法即可。

典型调查体现了由点到面、由个别到一般的认识方法。在统计实践中，经常把典型调查和全面调查结合起来，用典型调查弥补全面调查反映问题不够深入、细致的不足。

讨论

重点单位的选择和典型单位的选择有何不同？

以上介绍的各种统计调查方法各有优缺点。在统计工作中，仅用一种调查方法往往不能较好、较全面地反映社会经济现象，应注意根据调查对象的特点和调查的客观条件，将多种调查方法结合运用。例如，在同一项调查中，如果把全面统计报表和典型调查结合运用，就可以把全面的统计资料和个别典型单位的统计资料结合起来，有助于发现和解决报表中存在的问题。又如，将抽样调查和普查相结合，不仅可以用抽样调查收集到一些用普查的方法不能取得的资料，而且可以用抽样调查的结果来检查普查资料的准确性，并可以对普查的结果进行修正。总之，在统计调查中，要充分考虑各种调查方法的优缺点，用灵活多样的调查方法取得所需要的各种统计资料。

2.4　统计调查误差

2.4.1　统计调查误差的含义和种类

1. 统计调查误差的含义

统计调查误差是指调查所得的统计数字与调查对象的实际数字之间的离差。例如，对某省某年度的进出口贸易情况进行调查，调查得知该省的进出口总值为 382.15 亿美元，而该省实际的进出口总值为 384.19 亿美元，那么统计调查误差就是 2.04 亿美元。

2. 统计调查误差的种类

（1）登记性误差

1）登记性误差的概念。登记性误差是由于调查人员错误地判断事实或者错误地登记事实而产生的误差。不管是全面调查还是非全面调查，都可能由于调查过程中各个环节上的不准确或者不严密而产生登记性误差。

2）产生登记性误差的原因。产生登记性误差的主要原因是计量错误、记录错误、计算错误、抄录错误、在逐级上报过程中汇总错误、被调查者有意虚报或瞒报及调查方案中的各项规定不够明确等。由于登记性误差大多是由主观因素造成的，所以可以通过加强对调查工作的检查、监督，提高调查人员的综合素质和业务能力，完善统计调查方案等，把登记性误差控制在最小限度内。

3）登记性误差的种类。

① 偶然登记误差。偶然登记误差可能因调查人员注意力不集中或技能不够过硬所发生的遗忘、笔误、错填而引起，也可能因被调查者回答不当而引起。偶然登记误差往往不具有倾向性，在数量上不是固定地偏向某一方（偏大或者偏小），现象的量可能被夸大，也可能被缩小，在对大量统计资料进行整理时，通常会相互抵消。

② 系统登记误差。系统登记误差则具有明显的倾向性，在数量上固定地偏向某一方，导致现象的量增加或者减少，所以也叫做偏差。例如，使用没有调整好的测量工具进行测量，使测量的结果连续偏大或者偏小；因调查项目不明确而造成调查结果普遍夸大或者缩小；因有意歪曲事实而出现虚报或者瞒报等，这些原因造成的误差都属于系统登记误差。系统登记误差较偶然登记误差造成的后果更为严重。

（2）代表性误差

代表性误差是非全面调查所固有的。它是在进行非全面调查时，由于从总体中抽取出一部分单位进行调查，并根据这部分单位的调查结果来估计总体的指标数值而导致的总体指标的估计值与实际值之间的离差。在非全面调查中，因为只有抽样调查可以计算代表性误差，所以通常所说的代表性误差是针对抽样调查来讲的。

2.4.2 统计调查误差的控制

为了使统计调查的结果能够真实地反映被研究现象的实际情况，必须采取各种有效措施，加强有关环节的工作，避免有可能引起误差的现象发生，把误差控制在最小限度内。

1．登记性误差的控制

（1）正确设计统计调查方案

在设计统计调查方案时，要考虑调查方案是否切实可行，要对调查对象、调查单位、调查时间、调查地点、调查项目和计算方法等做出必要的详细说明，使调查人员或填报人员能够准确理解，避免因误解而产生差错。

（2）加强对调查人员的培训

加强对调查人员的培训，提高调查人员的业务能力，保证每个调查人员都能够准确理解调查方案中的各项内容，并严格执行调查方案中的各项规定。

（3）加强对统计资料准确性的检查

主要包括计算检查和逻辑检查。计算检查是要检查调查表中的各项数字在计算口径、计算方法和计算结果上有没有差错，计算单位有没有与规定的单位不一致的；而逻辑检查则是要检查调查资料的内容是否合理、在逻辑上是否存在矛盾，调查项目之间是否存在矛盾等。

对于检查发现的不正确的统计资料或者可疑之处，应采取相应的方法进行处理。具体处理方法详见本书第3章3.1统计整理的意义和步骤。

（4）加强基层单位的统计基础工作

主要包括完善统计制度、配备统计人员及建立健全原始记录、统计台账和班组核算资料等工作，使统计资料的来源具有可靠性。

2．代表性误差的控制

调查方法不同则代表性误差的控制方法也不同。如果要进行典型调查，在调查开始之前就应当结合研究目的，对总体及其各单位的有关特征加以分析和研究，并广泛征求多方面的意见，使选出的典型单位对总体具有较高的代表性，从而减小误差；如果要进行重点调查，则应该确定与研究目的有关的主要标志，以各单位的数量标志值占总体标志总量的比重作为选择重点单位的客观标准，排除主观因素的影响，以减小代表性误差；如果要进行抽样调查，则应该严格遵守随机原则，并结合总体中各单位数量标志值的差异程度、抽样方法、抽样的组织方式、必要抽样数目、把握程度等，确定并控制抽样误差。关于抽样误差的控制，将在第 7 章中详细论述。

本章小结

本章主要介绍了统计调查的概念和分类、统计调查方案的设计、统计调查方法及统计调查误差的种类和控制。

统计调查是根据统计研究的目的和任务，运用科学的调查方法，有计划、有组织地向调查单位收集资料的工作过程。一个完整的统计调查方案主要包括调查目的、调查对象和调查单位、调查项目和调查表、调查时间和调查期限、调查工作的组织实施计划等内容。常用的统计调查方法有统计报表、普查、抽样调查、重点调查和典型调查。统计调查误差主要包括登记性误差和代表性误差，而登记性误差又可以分为偶然登记误差和系统登记误差。为了使统计调查的结果能够真实地反映社会经济现象的实际情况，必须采取有效措施，把调查误差控制在最小限度内。

本章评估练习

1．填空题

（1）全面调查包括__________和__________；非全面调查主要包括__________、__________和__________。

（2）调查表是把调查项目按一定顺序加以排列而形成的表格，主要有__________和__________两种形式。

（3）按主管系统分，统计报表可分为__________、__________和__________；按调查对象的范围分，统计报表可分为__________和__________；按填报单位分，统计报表可分为__________和__________。

（4）如果要调查某地区中学教师的工资情况，调查对象是__________，调查单位是__________，填报单位是__________。

（5）统计调查误差主要有两种，即__________和__________，其中__________是非全面调查所固有的。

2. 单项选择题

（1）对某地区工业企业的生产经营情况进行调查，调查对象是（　　）。

A．该地区的每家工业企业　　B．该地区工业企业中的所有产品

C．该地区全部工业企业　　D．该地区工业企业中的每件产品

（2）下列调查中，最适合采用重点调查的是（　　）。

A．了解全国钢铁生产的基本情况　　B．了解全国人口总数

C．了解北京市居民家庭的收支情况　　D．了解某校学生的健康状况

（3）下列调查中，调查单位与填报单位一致的是（　　）。

A．工业企业设备调查　　B．人口普查

C．运输企业现状调查　　D．产品质量检测

（4）全国人口普查规定标准时点是为了（　　）。

A．确定调查期限　　B．确定调查对象的范围

C．确定调查单位　　D．避免资料的重复或遗漏

（5）要了解某企业职工的年龄情况，则调查单位是（　　）。

A．该企业的全部职工　　B．该企业的每个职工

C．该企业每个职工的年龄　　D．该企业全部职工的年龄

3. 多项选择题

（1）设计一个完整的统计调查方案应该确定以下问题（　　）。

A．调查目的和调查对象　　B．调查单位和填报单位

C．调查资料的使用范围　　D．调查项目和调查表

E．调查时间和调查期限

（2）对下列情况进行调查，属于经常性调查的是（　　）。

A．某种原材料的期末库存量　　B．公路运输企业的旅客运输量

C．某地区年新生人口数　　D．企业的固定资产价值

E．交通事故次数

（3）以下几种对调查单位的解释，不正确的有（　　）。

A．调查项目的承担者　　B．需要调查的某种社会经济现象的总体

C．负责报告调查资料的单位　　D．需要调查的社会经济现象总体中的个体

E．调查对象所包括的每个单位

（4）在工业设备普查中（　　）。

A．调查范围内的工业企业是调查对象

B．每家工业企业是填报单位

C．调查范围内的工业企业的全部设备是调查对象

D．每台设备是填报单位

E．每台设备是调查单位

（5）通过对几个大型的煤炭生产企业进行调查，了解我国煤炭行业的基本情况，这种调查属

于（　　）。

A．典型调查　　B．抽样调查

C．重点调查　　D．非全面调查

E．全面调查

4．判断题

（1）我国的第三产业普查每 10 年进行一次，因此这是一种经常性调查。（　　）

（2）重点调查中的重点单位是根据经济工作重点来确定的。（　　）

（3）填报单位和调查单位有时一致，有时不一致。（　　）

（4）典型调查既可以注重现象量的方面的分析，也可以从质的方面分析数量及数量关系形成的原因。（　　）

（5）不管在全面调查中还是在非全面调查中，都有可能产生系统性误差。（　　）

5．简答题

（1）什么是普查？普查是否可以被全面统计报表所替代？为什么？

（2）抽样调查、重点调查和典型调查之间有何不同？

（3）为什么要设计统计调查方案？一个完整的统计调查方案通常包括哪些主要内容？

（4）举例说明调查对象与调查单位之间的关系，调查单位与填报单位之间的关系。

（5）统计调查误差有哪几种？怎样控制统计调查误差？

实训材料

2012 年全国房地产开发和销售情况

1．房地产开发投资完成情况

2012 年，全国房地产开发投资 71 804 亿元，比上年名义增长 16.2%（扣除价格因素实际增长 14.9%），增速比 1—11 月份回落 0.5 个百分点，比 2011 年回落 11.9 个百分点。其中，住宅投资 49 374 亿元，增长 11.4%，增速比 1—11 月份回落 0.5 个百分点，占房地产开发投资的比重为 68.8%。

2012 年，东部地区房地产开发投资 40 541 亿元，比上年增长 13.9%，增速比 1—11 月份回落 0.9 个百分点；中部地区房地产开发投资 15 763 亿元，增长 18.3%，增速回落 1.1 个百分点；西部地区房地产开发投资 15 500 亿元，增长 20.4%，增速提高 0.9 个百分点。

2012 年，房地产开发企业房屋施工面积 573 418 万平方米，比上年增长 13.2%，增速比 1—11 月份回落 0.1 个百分点；其中，住宅施工面积 428 964 万平方米，增长 10.6%。房屋新开工面积 177 334 万平方米，下降 7.3%，降幅比 1—11 月份扩大 0.1 个百分点；其中，住宅新开工面积 130 695 万平方米，下降 11.2%。房屋竣工面积 99 425 万平方米，增长 7.3%，增速比 1—11 月份回落 6.8 个百分点；其中，住宅竣工面积 79 043 万平方米，增长 6.4%。

2012 年，房地产开发企业土地购置面积 35 667 万平方米，比上年下降 19.5%，降幅比 1—11 月份扩大 4.7 个百分点；土地成交价款 7 410 亿元，下降 16.7%，降幅扩大 6.4 个百分点。

2. 商品房销售和待售情况

2012 年，商品房销售面积 111 304 万平方米，比上年增长 1.8%，增幅比 1—11 月份回落 0.6 个百分点，比 2011 年回落 2.6 个百分点。其中，住宅销售面积增长 2%，办公楼销售面积增长 12.4%，商业营业用房销售面积下降 1.4%。商品房销售额 64 456 亿元，增长 10%，增速比 1—11 月份提高 0.9 个百分点，比 2011 年回落 1.1 个百分点；其中，住宅销售额增长 10.9%，办公楼销售额增长 12.2%，商业营业用房销售额增长 4.8%。

2012 年，东部地区商品房销售面积 53 224 万平方米，比上年增长 5.7%，增速比 1—11 月份提高 0.7 个百分点；销售额 38 413 亿元，增长 12.9%，增速提高 2.7 个百分点。中部地区商品房销售面积 30 140 万平方米，增长 2%，增速回落 1.8 个百分点；销售额 13 020 亿元，增长 8.5%，增速回落 2.8 个百分点。西部地区商品房销售面积 27 940 万平方米，下降 5.3%，降幅扩大 1.8 个百分点；销售额 13 023 亿元，增长 3.7%，增速回落 0.5 个百分点。

12 月末，商品房待售面积 36 460 万平方米，比 11 月末增加 2 893 万平方米，比 2011 年末增加 7 752 万平方米。其中，住宅待售面积比 11 月末增加 2 166 万平方米，办公楼待售面积增加 122 万平方米，商业营业用房待售面积增加 348 万平方米。

（资料来源：国家统计局网站）

根据资料，并借助于统计局网站，回答下列问题。

（1）全国房地产开发和销售情况统计调查的范围是什么？

（2）本项调查属于全面调查，还是非全面调查？

（3）在我国，东、中、西部地区是如何划分的？

第 3 章 统计整理

学习目标

① 了解统计整理、统计分组和分布数列的概念；
② 了解统计整理的步骤、统计分组的作用和种类、分布数列的构成要素和种类；
③ 掌握统计分组的方法、变量数列的编制方法；
④ 认识统计整理在统计研究中所起的重要作用；
⑤ 能够根据调查资料编制统计表、绘制统计图，用统计表和统计图来表现统计整理的结果；
⑥ 能熟练应用 Excel 进行统计整理。

关键术语

统计整理　统计分组　分布数列　变量数列　统计表　统计图

引导案例

以下是某班 50 名同学的英语考试成绩：

66	89	78	84	87	86	75	73	72	68	82	75	81	97	53	79
56	76	95	75	71	63	92	68	79	75	78	86	88	93	65	59
76	84	79	77	72	63	75	86	88	73	91	65	74	81	77	69
52	83														

学校规定：60 分以下的为不及格，60～70 分的为及格，70～80 分的为中等，80～90 分的为良好，90～100 分的为优秀。

思考题：就以上列举的 50 名同学的英语考试成绩来看，全班同学整体上英语成绩如何？其中，有多少同学的成绩达到了优秀水平，有多少同学不及格，处于中等和良好水平的同学又有多少？每个分数段的人数在全班总人数中所占的比重有多大？50 名同学在各个分数段的分布状况是否符合正态分布？单就英语成绩来看，某位同学在全班同学中的位置如何？

3.1 统计整理的意义和步骤

3.1.1 统计整理的意义

统计整理是根据统计研究的目的和任务，对统计调查所收集到的资料进行科学分类和汇总，为统计分析提供系统化、条理化的综合资料的工作过程。从广义上来讲，统计整理也包括对次级资料的再加工、再整理，但作为一个独立的统计工作阶段，统计整理主要是指对原始资料的整理。

统计调查所收集的资料主要是原始资料，也包括一些次级资料，这些资料是从各调查单位收集而来的，大多是零星的、分散的、不系统的，只能说明各调查单位的特征。而社会经济统计的研究对象是大量社会经济现象总体的数量方面，要想从总体上认识和分析社会经济现象的总量、数量关系及质、量互变的数量界限等，就必须对这些零星、分散的调查资料进行分类、汇总等一系列的加工整理，使调查资料系统化、条理化，从而得出各种综合指标，通过综合指标来说明总体的数量特征。

统计整理是从对社会经济现象个体特征的认识过渡到对社会经济现象总体特征的认识的连接点，是统计调查的继续，也是统计分析的前提，在统计工作中起着承前启后的作用。只有对调查资料进行科学的整理，才能使统计在认识社会经济现象的过程中，实现由个体到总体、由特殊到一般、由感性认识到理性认识的转化，才能从整体上反映社会经济现象的数量特征，否则，即使统计调查取得的资料十分丰富而准确，也往往会失去其使用价值，也会使统计分析毫无意义。

提示

从引导案例看，如果对 50 名同学的英语成绩不加任何统计整理，我们只能知道每名同学的成绩如何，而不能知道全班同学整体上成绩情况怎样。要想了解全班同学英语成绩的整体情况，必须对 50 名同学的成绩资料进行整理。

3.1.2 统计整理的步骤

1. 对调查资料进行审核

在汇总调查资料之前，必须先对其进行审核，以便及时发现问题、及时纠正，确保用于统计分析的资料是高质量的资料。对调查资料的审核通常包括以下几个方面。

（1）完整性审核

完整性审核主要是审核应该调查的单位是否有遗漏，上报的调查表的份数是否齐全，调查表中应该填写的调查项目是否已经按规定填写完毕等。如果发现调查单位有遗漏、上报的调查表份数不齐全或者调查表中应该填写的项目没有填写完整，应该及时催报、补报。

（2）准确性审核

准确性审核就是要审核调查资料是否正确可靠。基层单位主要审核原始记录和调查表中的相关资料是否一致，综合单位主要审核下属单位上报的资料是否正确。

准确性审核主要包括计算审核和逻辑审核两方面。

1）计算审核。计算审核就是要审核调查资料的计算范围、计算方法和计量单位等方面是否符合要求，审核计算结果是否正确、是否符合调查单位的实际情况。例如，可以通过计算，审核调查表中各行、各栏的数字是否正确，审核相关栏次数字之间的关系是否成立。应当注意，在复合分组的情况下，各行（栏）的数字之和应该等于小计，各项小计之和应该等于合计，各项合计之和应该等于总计。

2）逻辑审核。逻辑审核就是要从理论上或者根据常识来判断调查资料的内容是否合理、调查项目之间是否存在矛盾等。例如，在审核人口普查表时，如果发现某人的年龄是8岁，而在相应的“受教育程度”一栏中却填写了“研究生”，这是明显的逻辑上的差错，可以肯定其中至少有一项资料是错误的。又如，某商场在夏季时棉鞋的销售量数字相当大，这显然不符合商品销售的季节性规律，说明棉鞋的销售量数字有误。再如，某公司某月的商品销售收入为1 580万元，而利润总额却为1 630万元，这两个数字之间的关系显然是不合理的，可以肯定出现了错误。

（3）及时性审核

及时性审核就是要审核填报单位是否按规定时间报送了有关资料，对于没有按规定时间报送的应及时催报，以防影响整个汇总工作的进程。

在对调查资料进行审核的过程中，如果发现了问题，首先应检查出现问题的原因，然后根据具体情况，采取有针对性的措施：对于可以肯定的明显差错，能更正的，应及时更正，并将更正后的情况通知填报单位或调查单位，要求他们做同样的更正；对于可疑之处或者有错误但无法更正的，应要求填报单位或者调查单位审查，并在审查后更正；对于已经发现的有些单位出现的错误，估计其他单位也有可能出现的，应及时通报，防止类似情况发生；对于有严重错误的，应重新组织调查，或者要求填报单位重新填报。

讨论

在全国农产量抽样调查中，要填写一份“全年分品种粮食产量表”，表中“全年粮食”这一项目下分设“谷物”、“豆类”和“薯类”3个小项目，而其中的“谷物”小项目下又分设“稻谷”、“小麦”、“玉米”、“谷子”、“高粱”和“其他谷物”6个细目。

问题：各细目的产量和小项目产量之间、各小项目产量和全年粮食产量之间存在什么关系？如果在审核调查表时发现，全年粮食产量小于其中的谷物产量，那么，这种差错首先属于逻辑差错，还是计算差错？对发现的此类问题应该怎样解决？

2．统计分组

统计分组是统计整理的主要方法，也是统计整理的关键。统计调查所取得的大量资料类型多样、错综复杂，只有根据统计研究的任务和研究现象的特点把这些资料分组，才能区分社会经济现象的类型，进而研究总体的内在结构和各部分之间的数量关系。

统计分组的关键问题是选择分组标志。选择的分组标志一定要符合研究目的，并能够反映出总体的本质特征。如果按数量标志分组，分组标志还应该与设计的统计指标相对应。

3. 统计汇总

统计汇总是在统计分组的基础上，采用一定的汇总手段（手工汇总或者计算机汇总），把符合各组情况的总体单位和标志值归纳到各个组，并进一步计算出各组的单位数和各组的标志总量的统计工作过程。

从组织形式上看，统计汇总主要有以下3种。

（1）逐级汇总

逐级汇总是按照隶属关系，自下而上地逐级汇总下属单位报送的资料。目前，我国对于用定期统计报表收集的资料采用逐级汇总的形式。逐级汇总便于满足各级综合单位对统计资料的需求，便于就地审核资料中存在的问题并及时解决这些问题。但汇总的层次太多，过录的次数太多，也会增大出现差错的可能性，而且耗费的时间长，影响资料的时效性。

（2）集中汇总

集中汇总是把全部的调查资料集中到组织调查的最高一级机关，直接进行汇总。在快速普查中，通常采用集中汇总的形式。集中汇总可以减少中间环节，缩短汇总时间，提高资料的时效性，并且可以减少汇总过程中出现差错的次数。但是，这种汇总形式不利于满足各级部门对统计资料的需求，也不利于就地发现并更正资料中存在的差错。

（3）逐级汇总和集中汇总相结合

这种汇总形式一方面对一些最基本的调查资料逐级汇总，另一方面又对全部的调查资料集中汇总。在全国人口普查中就采用了逐级汇总和集中汇总相结合的汇总形式。两种汇总形式结合运用，既可以及时满足各级业务部门对基本统计资料的需要，又可以保证组织调查的最高一级机关对全部统计资料进行全面、系统的分析研究，但两种汇总形式结合运用往往要耗费更多的人力、物力和财力。

4. 编制统计表

统计表是用纵横交叉的线条绘制而成的表格，是用来表现统计资料的一种形式。编制统计表就是把统计资料按一定的顺序表现在表格中。在统计工作中的各个阶段都会用到统计表，这里所讲的编制统计表，主要是指编制整理表，也就是把经过汇总整理的资料在统计表中加以表现。把经过汇总整理的资料集中表现在统计表中，增强了统计资料的系统性，可以使人们在阅读这些资料时一目了然，并便于对资料进行对比和分析。

3.2 统计分组

3.2.1 统计分组的概念和作用

1. 统计分组的概念

统计分组是根据统计研究的目的和总体的特点，采用某种标志，把总体划分为性质不同又有联系的若干个组成部分的一种统计研究方法。统计分组时采用的分组标志可以是数量标志，也可以是品质标志。

统计分组具有两方面的含义：对总体而言有“分”的含义，也就是把总体划分为若干个性质不同的组成部分，把性质不同的单位区别开来；对总体单位而言有“合”的含义，也就是把具有某种共同性质的总体单位组合在一起。统计分组实质上是在总体内部进行的一种定性分类，它把总体划分成了若干个性质不同的、范围更小的总体。

统计分组的结果表现为同一组的总体单位之间具有某种同质性，不同组的总体单位之间具有某种差异性。例如，对全国农业普查资料进行整理时，把农业生产经营户按行业分组，分为农作物种植业、林业、畜牧业、渔业和农林牧渔服务业 5 个类型组。在同一组的农户，其主营业务就行业来说是相同的，而在不同组的农户，其主营业务就行业来说则是不同的。

检查点

以学生按成绩分组为例，解释统计分组的含义和统计分组的结果。

社会经济现象类型多样、错综复杂，同一总体的不同总体单位在同质性的基础上，也有差异性。总体单位之间的同质性是这些单位组成统计总体的基础，而差异性又是统计研究的主要内容。只有经过科学的统计分组，才能把同质总体中具有不同性质的总体单位划分为不同的类型组，并依据各组的特点、组与组之间的区别与联系，正确认识总体现象的本质特征及其发展变化的规律性。因此，统计分组是统计整理的基础和关键，没有统计分组就无法进行统计整理，也就无法进行科学的统计分析。统计分组贯穿于统计研究的始终，统计分组和统计指标共同构成统计研究的两个基本要素。

2．统计分组的作用

统计分组的根本作用在于将社会经济现象总体按照统计分析的基本要求区分为若干个性质不同的组成部分。统计分组在统计研究中可以发挥以下主要作用。

（1）区分社会经济现象的类型

统计分组的过程就是区分社会经济现象类型的过程。例如，就人口普查来讲，如果只是笼统地掌握我国的人口总数，就很难发现和研究我国的人口问题，但如果把我国总人口按地区、性别、年龄、民族、受教育程度及城乡等一系列标志进行分组，不仅可以从多种不同的角度把人口加以区分，观察各类人口在全国总人口中所占的比重，而且可以进一步全面而深入地研究我国人口的特征及其发展变化的规律。

（2）研究总体的内在结构

在把总体按某种标志分组并汇总各组单位数的基础上，就可以进一步研究总体的内在结构。对总体内在结构的研究，主要是通过计算各组单位数占总体单位总数的比重，以及各组的标志总量占总体标志总量的比重来完成的。通过计算各组数字占总体数字的比重，可以反映出总体的构成情况和总体的特征，并可以通过有关数字在各个时期的变化情况，研究总体发展变化的趋势和规律性。

【实例3-1】

我国2012年年末人口数及人口构成情况如表3-1所示。

表3-1　我国2012年年末人口数及人口构成

指　标	年末数（万人）	比重（%）
全国总人口	135 404	100.0
其中：城镇	71 182	52.6
乡村	64 222	47.4
其中：男性	69 395	51.3
女性	66 009	48.7
其中：0～15岁	22 287	16.5
15～60岁	93 727	69.2
60岁及以上	19 390	14.3

（资料来源：2012年国民经济和社会发展统计公报）

从表3-1可以看出，2012年年末全国总人口为135 404万人，把全国总人口分别按城乡、性别、年龄等标志进行分组，从不同角度反映了我国人口的构成情况。

【实例3-2】

2008—2012年我国年末人口年龄结构如表3-2所示。

表3-2　2008—2012年我国年末人口年龄结构

年　份	0～15岁人口（%）	15～60岁人口（%）	60岁及以上人口（%）	合计（%）
2008	19.00	69.00	12.00	100.00
2009	18.50	69.00	12.50	100.00
2010	…	…	…	100.00
2011	16.50	69.80	13.70	100.00
2012	16.50	69.20	14.30	100.00

（资料来源：国民经济和社会发展统计公报）

从表3-2可以看出，在我国年末总人口中，0～15岁的人口所占的比重由2008年的19.00%下降到了2012年的16.50%；相反，60岁及以上人口所占的比重则由2008年的12.00%上升到2012年的14.30%。这说明，少年儿童人口有下降的趋势，人口老龄化的趋势则更为明显。

（3）研究社会经济现象之间的依存关系

一切社会经济现象都不是孤立存在的，现象之间存在着相互联系、相互依存的关系。例如，施肥量和农产量之间、劳动生产率和产品产量之间、单位产品成本和原材料消耗量之间等，都存在一定的依存关系。只有研究经济现象之间的这种依存关系，才能揭示现象发展变化的原因和规律。对现象之间依存关系的研究可以通过统计分组来进行。

【实例 3-3】

某年某地区商品流通企业的商品销售额和流通费用率之间的关系如表 3-3 所示。

表 3-3　某年某地区商品流通企业的商品销售额和流通费用率之间的关系

商品销售额（万元）	企业数（家）	商品流通费用率（%）
500 以下	15	13.80
500～800	32	11.50
800～1 100	58	9.80
1 100～1 400	29	8.20
1 400 以上	11	7.50

从表 3-3 可以看出，商品流通费用率随商品销售额的增加而不断降低，两种现象之间呈负相关关系。

3.2.2　分组标志的选择

分组标志的选择是统计分组的关键所在。分组标志是统计分组时区分组与组之间差别的标准。分组标志一经确定，必将突出总体单位在这一标志下的性质差异，而掩盖在其他标志下的性质差异。选择不同的分组标志，就会有不同的分组结果，也会得出不同的结论。如果分组标志选择不当，不仅不能正确反映总体的本质特征，还会影响到统计分析结果的真实性。因此，在选择分组标志时，一定要遵循以下原则来进行。

1．根据研究目的选择分组标志

研究对象中的每个单位都有许多特征，也就有许多标志，采用什么标志作为分组标志首先取决于研究目的。研究目的不同，所选择的分组标志也不同。例如，研究企业的规模，就要选择职工人数、固定资产价值等标志作为分组标志；研究企业生产经营的成果，则应选择产品销售收入、利润总额等标志作为分组标志；研究工业经济的类型结构，就要选择经济类型作为分组标志；研究工业产业结构，则应把轻重工业作为分组标志。

2．选择能够反映事物本质特征的标志作为分组标志

符合研究目的的标志可能有很多，其中，有些标志是具有本质特征的主要标志，对揭示研究现象的本质特征起主要作用，而有些标志则是不具有本质特征的次要标志。在统计分组时，只有选择具有本质特征的主要标志作为分组标志，才能从根本上揭示研究现象的本质特征。例如，在研究全国第三产业的财务收支状况时，将第三产业的企业按行业分组或按经济类型分组；在进行全国污染源普查时，将普查对象按污染源类别分组或按地区分组等，所采用的分组标志都是可以反映事物本质特征的标志。

相关链接

在进行全国污染源普查时，将普查对象按污染源类别分组，可分为 4 组，即工业污染源、农业污染源、生活污染源和集中式污染治理设施。

3．结合现象所处的历史条件和经济条件选择分组标志

在众多的、可供选择的分组标志中，衡量哪一个标志是最能够反映现象本质特征的标志，往往离不开现象所处的历史条件和经济条件。例如，可以反映企业规模的标志有很多，包括职工人数、固定资产价值、占地面积等，究竟应该把哪一个标志作为分组标志，还要考虑企业所处的历史条件和经济条件。

在经济落后的年代，许多企业生产力水平比较低，工人以半手工甚至手工劳动为主，企业的规模主要用职工人数来衡量，所以应该把职工人数作为最主要的分组标志。而在经济发达的条件下，通常企业规模越大，技术就越先进，装备也越精良，而职工人数却相对较少，此时职工人数不再是衡量企业规模的最主要标志，取而代之的应该是固定资产价值。

3.2.3 统计分组的种类

1．根据分组标志的多少，统计分组可分为简单分组和复合分组

（1）简单分组

简单分组是只按一个标志对总体进行分组。例如，对农村从业人员只按产业分组；对人口只按文化程度分组；对耕地只按类别分组；对学生只按考试成绩分组等，这些都属于简单分组。简单分组的结果只能说明总体在某一方面的构成情况，说明不同组的总体单位之间在某一方面的差异情况。

（2）复合分组

复合分组是用两个或者两个以上的标志对总体进行层叠式的分组。例如，在进行全国农业普查时，为研究我国的耕地情况，先把耕地按地区分组，分为东部地区、中部地区、西部地区和东北地区 4 个组；在此基础上，再按照类别分组，每一组又可以分为水田、水浇地和旱地 3 个组，最终形成 12 个组，这种分组就属于复合分组。

复合分组可以深入细致地分析总体的构成情况和总体的特征，但采用的分组标志越多，形成的组数也就越多，各组的单位数也就越少，每个组的特征、组与组之间的差异也就越难于表现出来。因此，复合分组通常在总体单位很多的情况下采用。

提示

复合分组时，第二个标志分组是在第一个标志分组的基础上进行的，第三个标志分组是在前两个标志分组的基础上进行的，以此类推。

对总体是采用简单分组，还是采用复合分组，要根据统计研究的任务和研究对象的特点而定。

2．根据分组标志的特征，统计分组可分为品质标志分组和数量标志分组

（1）品质标志分组

品质标志分组是根据研究目的，选择能够反映事物质的差别的品质标志对总体进行分组。例如，人口按民族分组；劳动力按文化程度分组；企业按经济类型分组；农业生产经营户按行业（细分行业）分组；学生按成绩等级分组等，这些都属于品质标志分组。

以上这些品质标志分组相对比较简单，主要是因为分组后出现的组数不太多，组与组之间的界限比较容易划分。但是，在统计实践中，按品质标志分组在许多情况下相当复杂。例如，在全国经济普查中，把内资企业按登记注册类型分组，可以分为国有企业、集体企业、股份合作企业、联营企业、有限责任公司、股份有限公司、私营企业和其他企业等类型组，这种分组不仅形成的组数很多，而且组与组之间的界限不容易划分。为便于正确分组，国家对每一种类型的企业在《关于划分企业登记注册类型的规定》中做了详细解释。

相关链接

我国就一些重要的品质标志分组编制了标准的分类目录，如《国民经济行业分类目录》、《高技术产业统计分类目录》、《文化及相关产业分类目录》等，分类目录的编制给统计工作带来了很大的方便。

（2）数量标志分组

数量标志分组是根据研究目的，选择能够反映事物量的差别的数量标志对总体进行分组。例如，劳动力按年龄分组；企业按资产总额分组；耕地按坡度分组；农户按拥有农用机械的数量分组；学生按考试分数的分数段分组等，这些都属于按数量标志分组。

在按数量标志分组时，如果以每个变量值为一个组，这种分组被称为单项式分组。如表3-5所示，某村农户按拥有大型农用机械的数量分组，分别以0、1、2、3、4为一个组，这属于单项式分组。如果以每个变量值变动的区间为一个组，这种分组被称为组距式分组。在组距式分组中，根据各组组距是否都相等，又可以分为等距分组和不等距分组。如表3-3所示，商品流通企业按商品销售额分组，可分为5个组，即500万元以下、500～800万元、800～1 100万元、1 100～1 400万元、1 400万元以上，这属于组距式分组，而且属于等距分组。

在有些情况下，按数量标志分组相当复杂，应注意根据统计研究的目的，以体现各组的特征、组与组之间的差异及总体的特征为出发点，结合变量值的变动范围，变量值变动的均衡性及变量值是否连续等问题，合理地确定各组变量值的表现形式，确定组数、组距等。

讨论

2012年国民经济和社会发展统计公报显示，2012年年末，全国总人口135 404万人。其中，男性占51.3%，女性占48.7%；按年龄分，15岁以下占16.5%，15～60岁占69.2%，60岁及以上占14.3%；按城乡分，城镇人口占52.6%，乡村人口占47.4%。

以上资料中，对全国总人口分别采用了性别、年龄和城乡三个不同的标志进行分组，这样的分组属于简单分组还是复合分组？其中，哪种属于品质标志分组？哪种属于数量标志分组？

3.2.4 统计分组体系

1．统计分组体系的概念

在统计工作中，为全面而深入地研究社会经济现象总体，通常需要采用多个标志对总体进行分组。统计分组体系就是根据统计研究的需要，通过对某一总体采用多个标志、进行多种不同的分组而形成的相互联系、相互补充的体系。在社会经济统计实践中，广泛应用统计分组体系，并把分组体系和指标体系相结合，对于提供更加系统的统计资料具有重要作用。

2．统计分组体系的种类

（1）平行分组体系

平行分组体系是由若干个简单分组平行排列而形成的。如表 3-1 所示，把全国总人口分别按城乡、性别、年龄分组，就形成一个平行分组体系。

提示

在平行分组体系中，不管涉及几个简单分组，每一个简单分组都是对总体进行的分组，这些简单分组之间的关系是平行关系。

（2）复合分组体系

复合分组体系是对总体进行复合分组而形成的。复合分组的结果本身就表现为复合分组体系。例如，在复合分组这部分内容中讲到的，对我国耕地先按地区分组，在此基础上再按类型分组，其结果就形成一个复合分组体系。

在建立复合分组体系时，应根据统计研究的需要，确定好分组标志之间的主次顺序，先按照主要的标志对总体进行第一次分组，再按照比较次要的标志在第一次分组的基础上进行第二次分组，依次按各个标志分组到最后一层为止。

平行分组体系因多个简单分组平行排列，便于从多个角度、多个方面研究总体的构成情况和特征，但如果采用的分组标志过多，会占用相当大的篇幅；而复合分组体系因采用多个分组标志对总体进行层叠式的分组，有利于深入、细致地研究总体的特征，但如果采用的分组标志过多，最终会使各个组的单位数过少，从而不利于表现各组的特征和组与组之间的差异，也不利于对总体特征进行分析和说明。

提示

平行分组体系和复合分组体系各有优缺点，在统计实践中，应注意结合运用。

3.3 分布数列

3.3.1 分布数列的概念和构成要素

1．分布数列的概念

分布数列是在统计分组的基础上，把总体单位按组归并排列而形成的、反映总体单位在各组分布状况的数列。实质上，分布数列是把总体单位总数在各组之间分配而形成的，所以也叫做次数分布。分布数列是统计资料整理结果的一种重要表现形式，也是进行统计分析的重要手段之一。通过分布数列，可以表现总体单位在各组的分布特征和总体的内在结构，并可以在此基础上研究总体各单位某种数量标志值的平均水平和变异程度等。

2. 分布数列的构成要素

（1）各组的名称

在按品质标志分组的情况下，各组的名称就是该品质标志的具体表现，如表 3-4 中的第一产业、第二产业、第三产业分别是 3 个组的名称；在按数量标志分组的情况下，各组的名称就是该数量标志的标志值，如表 3-3 中的 500 万元以下、500～800 万元、800～1 100 万元、1 100～1 400 万元和 1 400 万元以上分别是 5 个组的名称。

（2）各组的单位数

各组的单位数也叫做各组的次数，有两种表现形式：① 从绝对数上说明该组的名称出现的频繁情况，此时次数又称频数，习惯上用 f 表示；② 从相对数上说明该组名称出现的频繁情况，即各组的单位数占总体单位总数的比重，此时次数又称频率，用 $f/\sum f$ 表示。频率除了可以从相对数上说明各组名称出现的频繁情况以外，还可以说明总体的构成情况。

在按数量标志分组的情况下，各组的频数或频率可以说明该组的变量值在总体标志总量中所起的作用。频数或频率大的组，其变量值在总体标志总量中所起的作用就越大；反之就越小。

检查点

用表 3-4 中的资料，解释分布数列的概念和基本构成要素，并指出总体、总体单位、频数和频率。

表 3-4　2012 年年末我国就业人员按产业分组

产　业	人数（万人）	比重（%）
第一产业	25 772.5	33.6
第二产业	23 241.3	30.3
第三产业	27 690.2	36.1
合计	76 704.0	100.0

（资料来源：2012 年度人力资源和社会保障事业发展统计公报）

3.3.2　分布数列的种类

编制分布数列时所采用的分组标志，可以是数量标志，也可以是品质标志。根据分组标志的特征，可以把分布数列分为品质分布数列和变量分布数列两种。

1. 品质分布数列

品质分布数列是在按品质标志分组的基础上编制而成的数列，简称品质数列。如表 3-4 所示，把我国的就业人员按产业分组编制而成的数列就属于品质数列。就品质数列来讲，如果分组标志选择恰当，现象之间质的差异就会表现得比较明确，从而使分组相对容易、分组所形成的组数和各组的名称相对稳定，不需要随着现象的发展变化而频繁地调整。

由于品质分布数列是在按品质标志分组的基础上编制而成的，而对于比较重要的品质标志分组，国家统一编制了标准的分类目录，这使得品质分布数列的编制相对容易，也保证了编制数列时组数和组别等方面的一致性。

2．变量分布数列

变量分布数列是在按数量标志分组的基础上编制而成的数列，简称变量数列。如表3-3所示，把商品流通企业按商品销售额分组编制而成的数列就属于变量数列。变量数列按各组变量值的表现形式不同，可以分为单项数列和组距数列。

就变量数列来说，因为现象之间质的差异表现的不是很明确，所以决定现象之间质的差异的数量界限也往往会因人的主观认识不同而出现差异，从而导致即使按同一种数量标志分组，也可能出现多种不同的分组结果，形成多种不同的分布数列。为了使变量数列能比较准确地反映总体单位在各组之间的分布情况，反映总体的内在结构和特征，必须掌握编制变量数列的科学方法。

3.3.3 变量数列的编制

1．单项数列的编制

单项数列是以每个变量值为一个组编制而成的数列，或者说，是在单项式分组的基础上编制而成的数列。一般来说，在按离散型变量分组、变量值的变动范围不大、变量值又不太多的情况下，适合编制单项数列。

单项数列的编制步骤如下。

1）根据出现的变量值的情况分组。例如，200个农户拥有大型农用机械的数量不完全相同，出现了5个不同的变量值，分别是0、1、2、3、4。由于农用机械的数量属于离散型变量，而且出现的变量值不多，所以可以以每个变量值为一个组编制单项数列。

2）按分成的组设计一个整理表（分组表）。

3）编制单项数列。找出每个变量值出现的次数，填列在分组表中，并进一步计算各组单位数占总体单位总数的比重，单项数列的编制即告完成，如表3-5所示。

表3-5　某村农户按拥有大型农用机械的数量分组

机械数（台）	农户数（户）	比重（%）
0	4	2.00
1	31	15.50
2	120	60.00
3	39	19.50
4	6	3.00
合计	200	100.00

2．组距数列的编制

组距数列是以每个变量值区间为一个组编制而成的数列，或者说，是在组距式分组的基础上编制而成的数列，如表3-3所示。一般来说，在按连续型变量分组的情况下，或者虽然按离散型变量分组，但变量值的变动幅度比较大，而且变量值的数目很多的情况下，适合编制组距数列。

（1）编制组距数列要明确的概念

1）全距。全距又称极差，是指所有的变量值中最大的变量值与最小的变量值之间的距离，即最大变量值与最小变量值之差。

2）组限。组限是表示各组界限的变量值，是各组上限和下限的统称。其中，各组中最大的变量值叫做上限，最小的变量值叫做下限。

3）组距。组距是指各个组的上限与下限之间的距离，即上限与下限之差。

4）开口组。开口组是指缺上限或者缺下限的组。如果缺下限，用“××以下”表示，称为下开口组；缺上限则用“××以上”表示，称为上开口组。开口组通常出现在数列中的最初一组和最末一组。

5）闭口组。闭口组是指上、下限都齐全的组。在一个组距数列中，如果最初一组和最末一组都是开口组，那么中间所有的组都应该是闭口组。

6）组中值。组中值是指各个组的上限和下限之间的中间数值（中点值），用以反映各组变量值的一般水平。在假定各组变量值在上、下限之间的变动是均匀的前提下，闭口组的组中值可以用上限和下限的平均数来表示；而在开口组中，由于缺上限或者下限，需要结合邻组的组距来推算组中值。

闭口组的组中值=（上限+下限）÷2

缺上限的开口组的组中值 = 该组下限+邻组的组距÷2

缺下限的开口组的组中值 = 该组上限–邻组的组距÷2

提示

有时可能出现开口组的上限小于邻组组距的 1/2 的情况，如果这样，套用以上公式来计算缺下限的开口组的组中值，必然出现负数，组中值为负数是没有意义的。因此，在这种情况下，可以用上限的 1/2 作为该组的组中值。

讨论

针对表 3-3 中的资料，你能知道全距是多少吗？哪些是闭口组，哪些是开口组？闭口组的组距、组限（上、下限）和组中值分别是多少？开口组有组距吗？开口组的组限和组中值分别是多少？

（2）编制组距数列的步骤

例如，以下是抽查得知的 50 户家庭的人均月收入（元）资料，要求编制变量数列。

2 651	2 202	1 918	1 710	1 353	2 962	2 249	1 958	1 742	1 441
1 378	1 729	1 942	2 221	2 803	1 269	1 621	1 863	1 334	1 688
2 579	1 237	1 601	1 836	2 067	2 504	2 350	1 205	1 582	1 821
1 153	1 570	1 813	2 014	980	1 512	1 793	1 989	2 268	1 101
2 010	2 305	2 091	2 533	1 892	2 170	2 022	2 415	1 553	1 790

人均月收入属于连续型变量，因此，将 50 户家庭按人均月收入分组并编制变量数列，适合采用组距数列的形式。

1）将原始资料按变量值的大小排序。

对上述资料排序如下：

980	1 101	1 153	1 205	1 237	1 269	1 334	1 353	1 378	1 441
1 512	1 553	1 570	1 582	1 601	1 621	1 688	1 710	1 727	1 742
1 790	1 793	1 813	1 821	1 836	1 863	1 892	1 918	1 942	1 958
1 989	2 010	2 014	2 022	2 067	2 091	2 170	2 202	2 221	2 249
2 268	2 305	2 350	2 415	2 504	2 533	2 579	2 651	2 803	2 962

从排序的结果可以看出，50 户家庭的人均月收入介于 980～2 962 元之间，全距为 1 982 元，变动幅度比较大；人均月收入在 2 000 元左右的家庭相对较多，而且大致上处于中间水平。通过排序可以明确变量值的变动幅度和总体单位的分布情况，有利于确定组距数列的形式。

2）确定组距数列的形式。组距数列有等距数列和不等距数列两种形式。各组组距都相等的数列叫做等距数列，各组组距不完全相等的数列叫做不等距数列或异距数列。编制等距数列，还是编制不等距数列，主要取决于被研究现象的特点和研究目的。一般来说，在变量值变动比较均匀的情况下，适宜编制等距数列；或者为便于计算加权算术平均数，并在组与组之间进行对比分析，也应尽量编制等距数列。在变量值变动很不均匀的情况下，适宜编制不等距数列。从上述资料的排序结果来看，人均月收入的变动比较均匀，可以考虑编制等距数列。

检查点

表 3-3 中的数列是等距数列，还是不等距数列？两种数列各适合什么情况？

相关链接

次数密度是各组次数与组距的比值。在等距数列中，可以用次数密度，也可以用频率或频数分析总体单位在各组分布的均衡性；而在不等距数列中，只能用次数密度来分析。

3）确定组距和组数。全距是决定组距和组数的主要因素。在全距一定的情况下，组距越大，组数就越少；反之，组数就会越多。对于组距和组数，不应该机械地规定先确定什么，后确定什么，而应该以反映总体单位在变量值之间的分布情况、反映总体的特征为目的，统筹考虑组距和组数的确定问题。

一般在总体单位较多、变量值变动幅度较大时可多分几组；否则，可少分几个组。在不等距分组的情况下，确定组距和组数时，还应该考虑研究现象本身所具有的质的特征、量的特征及质和量之间的关系。另外，组距一般取 5 或者 10 的倍数，使分组结果看起来整齐、统一。

4）确定组限。确定组限时应注意以下几个问题：① 组限最好用整数表示；② 在没有出现极端数值（极小值和极大值）的情况下，变量值最小的一组和变量值最大的一组都应该采用闭口组的形式，而且最小一组的下限应该小于最小的变量值，最大一组的上限应该大于最大的变量值，以保证所有的变量值都能归属到某一个组；在出现极端数值的情况下，对于变量值最小的组和变量值最大的组，应考虑采用开口组的形式；③ 在按连续型变量分组的情况下，相邻两组的组限必须重叠，即第一组的上限同时又是第二组的下限；在按离散型变量分组的情况下，相邻两组的组限可以重叠，也可以不重叠，但如果重叠会使分组结果显得整齐、统一。

如表 3-3 所示，商品流通企业按商品销售额分组，由于商品销售额是连续型变量，所以相邻两组的组限都是重叠的，如第一组的上限和第二组的下限均为 500。又如，把企业按职工人数分为 5 个组，即 400 以下、400～600、600～800、800～1 000、1 000 以上。由于人数是离散型变量，这 5 个组也可以改为 400 以下、401～600、601～800、801～1 000、1 001 以上，但前者比后者显得更加整齐，也符合分组习惯。

如果相邻两组的组限重叠，就应该按照“上限不在内”原则确定组限的归属。例如，表 3-3 中的 500 应该归入第二组，也就是 500～800 这一组。

5）计算各组单位数，编制组距数列。在解决了组距、组数和组限问题之后，就可以确定每个组的变量值区间，清点出与每个组的变量值区间相对应的单位数，并把它们一一对应地填入分组表，组距数列的编制即告完成。

依据上述 50 户家庭的人均月收入（元）资料，按照编制组距数列的步骤，编制出 50 户家庭按人均月收入（元）分组的变量数列，如表 3-6 所示。

表 3-6　某地区 50 户家庭按人均月收入分组表

人均月收入（元）	家庭数（户）	比重（%）
1 400 以下	9	18.00
1 400～1 800	13	26.00
1 800～2 200	15	30.00
2 200～2 600	10	20.00
2 600～3 000	3	6.00
合计	50	100.00

检查点

在学习了分布数列的有关内容之后，你认为是否可以通过编制分布数列解答引导案例中提出的问题？如果可以，请编制分布数列，并解答问题。

3.4　统计表

3.4.1　统计表的概念和作用

1. 统计表的概念

统计表是填有统计资料的表格。统计表中的资料主要是数字资料，任何一种统计表都是表格和数字的结合体。广义的统计表泛指在统计工作中的各个阶段所使用的表格，包括调查表、整理表和分析表等。本章所讲的统计表是指狭义的统计表，即用以表现统计整理结果的整理表。

2. 统计表的作用

统计表是用以表现统计整理结果的一种形式，也是进行统计分析的重要工具。数字是统计的语言。在统计表中可以系统而有条理地安排大量的数字资料，使人们在阅读这些资料时一目了然，并便于数字之间的对照和比较。统计表彰显了紧凑、有力而突出地表现数字资料的优点，在统计工作中被广泛运用。

3.4.2 统计表的结构

1．从形式上看，统计表由总标题、横行标题、纵栏标题和指标数值 4 部分组成（见表 3-7）

（1）总标题

总标题是统计表的名称，用来概括统计表的基本内容，要标明时间、地点和内容，一般写在表的上端中部。

（2）横行标题

横行标题也叫做横标目，它是各横行的名称，是统计表要说明的对象，一般写在表内的左方。

（3）纵栏标题

纵栏标题也叫做纵标目，它是各纵栏的名称，一般写在表内的上方。

（4）指标数值

指标数值一般列在横行标题和纵栏标题的交汇处。表中任何一个指标数值都要受到横行标题和纵栏标题的共同限制。

2．从内容上看，统计表由主词和宾词两部分组成（见表 3-7）

（1）主词

主词是统计表所要说明的对象，通常表现为被研究的总体、总体中各个组的名称、总体单位的名称或者排列的时间，一般位于表内的左方，也就是横行标题部分。

（2）宾词

宾词是用以说明主词的统计指标，包括指标名称和指标数值，通常位于表内的右方。

表 3-7　2013 年 1～2 月份我国社会消费品零售总额 ← 总标题

经营单位所在地	社会消费品零售总额	
	绝对数（亿元）	比重（%）
城镇	32 656	86.37
乡村	5 154	13.63
合计	37 810	100.00

横行标题　纵栏标题　指标数值

主词　宾词

3.4.3 统计表的种类

统计表按主词是否分组和分组的程度，可分为简单表、简单分组表、复合分组表和平行分组表。

1．简单表

简单表是指主词未经任何分组，仅罗列出总体单位的名称或者按时间顺序简单排列的统计表。利用简单表可以比较单位之间、地区之间或国家之间社会经济现象的情况，或者观察现象发展变化的动态，如表 3-8 所示。

【实例 3-4】

表 3-8　2011 年我国华中三省的单位 GDP 能耗

省　份	单位 GDP 能耗（吨标准煤/万元）	比上年降低（%）
河南	0.895	3.57
湖北	0.912	3.79
湖南	0.894	3.68

（资料来源：2011 年分省区市万元地区生产总值（GDP）能耗等指标公告）

表 3-8 中罗列了华中三省的单位 GDP 能耗指标，可以发现华中三省在单位 GDP 能耗方面存在的差异。

2. 简单分组表

简单分组表是对主词只按一个标志进行分组的统计表，或者说，是对主词进行简单分组的统计表。利用简单分组表，可以从某一方面表现社会经济现象的类型和特征，分析总体的内在结构，并便于分析现象之间的依存关系等。如表 3-3、表 3-4、表 3-5 和表 3-6 都属于简单分组表。

讨论

调查显示，2013 年年末某地区第二、三产业从业人员为 350 万人。其中，第二产业的从业人员为 176 万人，第三产业的从业人员为 174 万人。在该地区从业人员总数中，单位从业人员为 245 万人。在单位从业人员中，具有研究生及以上、大学本科、专科、高中、初中及以下学历的人员分别为 3.6 万人、27.9 万人、48.6 万人、77.2 万人和 87.7 万人，占单位从业人员的比重分别为 1.47%、11.39%、19.84%、31.51%和 35.79%。

试编制两份简单的分组表，分别反映该地区从业人员按第二、三产业分组情况和单位从业人员按学历分组情况。

3. 复合分组表

复合分组表是对主词按两个或两个以上的标志进行层叠式分组后编制的统计表。利用复合分组表可以表现较为复杂的社会经济现象的类型及其特征，便于深入、细致地分析总体的构成情况。

如表 3-9 所示，将 2013 年年初某地区就业人员先按产业分组，分为第一产业、第二产业和第三产业 3 个类型组，在此基础上再按城乡分组，使 3 个类型组分别派生出城镇和乡村两个组。在这样层叠式分组的基础上，把就业人员总数分布在各个组中，并计算出各组的次数，即可编制一份复合分组表。

表 3-9　2013 年年初某地区就业人员分组表

按产业、城乡分组	人数（万人）	比重（%）
第一产业	1 481.37	39.76
城镇	12.64	0.85
乡村	1 468.73	99.15
第二产业	1 170.06	31.41
城镇	356.60	30.48
乡村	813.46	69.52
第三产业	1 074.23	28.83
城镇	595.60	55.44
乡村	478.63	44.56
合计	3 725.66	100.00

检查点

根据表 3-9 中的资料，分析 2013 年年初该地区的就业人员结构。

4．平行分组表

平行分组表是对主词按两个或两个以上的标志分别进行简单分组，并把分组结果平行排列后编制的统计表。利用平行分组表可以从多方面表现社会经济现象的类型及特征，便于全面分析总体的构成情况。在第二次全国农业普查主要数据公报中，许多统计表在设计上采用了平行分组表的形式。如表 3-1 就是一份平行分组表，在这份表中，把我国 2012 年年末的人口分别按城乡、按性别、按年龄分组，并把分组结果平行排列，可以从 3 个不同的角度观察我国人口的构成情况。

3.4.4　宾词部分的指标配置

1．宾词部分涉及的指标不需要分组列示的情况

在宾词部分涉及的指标不需要分组列示的情况下，可以把这些指标顺次列举，并尽量体现出指标的主次顺序和指标之间的逻辑关系。如表 3-9 所示，宾词部分涉及两项指标，即就业人数和比重，按数量指标在前、质量指标在后的顺序将两项指标列举出来。

如果宾词部分涉及的指标不分组列示，就可以罗列比较多的指标，有利于从多方面表明研究对象的特征。

2．宾词部分涉及的指标需要分组列示的情况

在宾词部分涉及的指标需要分组列示的情况下，对宾词部分的指标配置主要有平行配置和层叠配置两种类型。

（1）平行配置

平行配置是按照不同的分组标志，对宾词部分的指标分别进行分组，并将几种不同的分组结果在统计表中平行排列。如表 3-10 所示，依据原始资料，将 2008—2012 年期间某省进出口商品总值，先按照进出口分组，分为进口商品和出口商品两个组，再按照商品类型分组，

分为初级产品和工业制品两个组，然后将两种分组的结果平行排列，就属于宾词指标的平行配置。

对宾词部分的指标进行平行配置，可以通过平行式的分组从多方面分类说明指标的内容。

检查点

在对宾词部分的指标做平行配置的情况下，总体指标数值和各个组的指标数值之间存在什么关系？

【实例3-5】

表3-10 2008—2012年某省进出口商品总值分类统计表

单位：亿美元

年 份	进出口商品总值	进出口		商品类型	
		进口商品	出口商品	初级产品	工业制品
2008	135.27	41.86	93.41	39.42	95.85
2009	160.71	51.45	109.26	48.88	111.83
2010	185.26	56.91	128.35	52.96	132.30
2011	255.39	85.22	170.17	59.08	196.31
2012	384.19	143.89	240.30	122.96	261.23

（2）层叠配置

层叠配置就是把宾词部分的指标按几种不同的分组标志做层叠式的分组，如表3-11所示，依据原始资料，对2008—2012年期间河北省进出口商品总值，先按照进出口分组，分为进口商品和出口商品两个类型组，在此基础上再按照商品类型分组，使这两个类型组又分别派生出初级产品和工业制品两个组。

对宾词部分的指标做层叠配置，可以通过层叠式分组，深入、细致地说明指标的内容。

检查点

在对宾词部分的指标做层叠配置的情况下，总体指标数值和各个组的指标数值之间存在什么关系？

表3-11 2008—2012年某省进出口商品总值分类统计表

单位：亿美元

年 份	进出口商品总值	进口商品		出口商品	
		初级产品	工业制品	初级产品	工业制品
2008	135.27	20.85	21.01	18.57	74.84
2009	160.71	29.50	21.95	19.38	89.88
2010	185.26	33.70	23.21	19.26	109.09
2011	255.39	45.67	39.55	13.41	156.76
2012	384.19	98.55	45.34	24.41	215.89

3.4.5 统计表的编制规则

在编制统计表时，无论从内容上，还是从形式上，都要以突出研究目的为中心，力求科学、实用、简练、美观。

1）统计表通常应设计成由纵横交叉的线条组成的长方形表格，长宽之间要保持适当比例，过于细长、过于粗短或者长宽基本相等的方形都不符合美观原则，应尽量避免。

2）统计表上、下两端的端线应该用粗线绘制，其他线一般用细线绘制。表的左右两端一般不画线，采用开口式。

3）统计表的各种标题要简明扼要地概括出所要说明的基本内容，总标题中还应该标明资料所属的时间和地点。

4）在设计主词各行和宾词各栏时，为突出说明总体的特征，可以先列总计栏，然后再列出其他组成部分；各栏次的排列顺序一定要符合逻辑关系。

5）要注意复合分组表中主词各行的层次结构，注意对宾词部分的指标做层叠配置时各纵栏的层次结构。

6）在统计表的栏数较多时，为便于阅读，应加以编号。习惯上对主词各栏用（甲）、（乙）、（丙）等文字标明；对宾词各栏用（1）、（2）、（3）等数字编号。各栏统计数字之间有一定计算关系的，可以用数学符号表示。例如，（3）=（2）÷（1），表示第（3）栏的数字是用第（2）栏的数字除以第（1）栏的数字求得的。

7）当统计表中的指标都采用同一种计量单位时，应将计量单位写在表的右上角；当各项指标采用不同的计量单位时，应将计量单位写在相应的指标名称的下方或者右侧；当各横行的资料采用不同的计量单位时，应在横行标题后添列计量单位栏，并标明计量单位。

8）统计表中的数字要填写整齐，对准位数。当数字为零时，应写上“0”，不应该有数字时，用符号“—”表示；缺少某项数字时，用符号“…”表示。统计数字部分不应该留有空白，如果出现与上、下、左或者右相等的数字时，仍应写上数字，而不允许出现“同上”、“同下”等字样。

9）对于统计资料的来源和需要附加的其他说明，应写在统计表的下端，以备查考。

3.5 统计图

统计整理的结果除了可以用统计表表现之外，还可以用统计图来表现。统计图是利用几何图形来表现统计整理结果的一种形式，具有直观、鲜明的特点，在统计实践中被广泛应用。

从统计图的内容上来讲，它既可以表现总体单位在各个不同类型组的分布情况，描述各组名称和单位数之间的对应关系，也可以表现各组的指标数值，对不同组的指标数值进行对照、比较。本节主要讲解次数分布图，也就是说，通过统计图来表现总体单位在各组的分布情况。

从统计图的形式上来讲，主要有直方图、折线图、曲线图、散点图、圆柱图和饼状图等。本节主要讲解直方图、折线图和曲线图的绘制方法。

3.5.1　直方图

直方图是利用直方形的宽度和高度来表现次数分布情况的图形。它通常用以表现等距数列中次数的分布情况，其中，直方形的宽度表示组距，高度表示各组的频数或频率。

例如，根据引导案例中 50 名同学的英语成绩资料编制分组表，如表 3-12 所示；并分别按学生人数和比重绘制直方图，如图 3-1 所示。

表 3-12　某班 50 名同学按英语成绩分组表

成绩（分）	学生人数（人）	比重（%）
50～60	4	8.00
60～70	8	16.00
70～80	20	40.00
80～90	13	26.00
90～100	5	10.00
合计	50	100.00

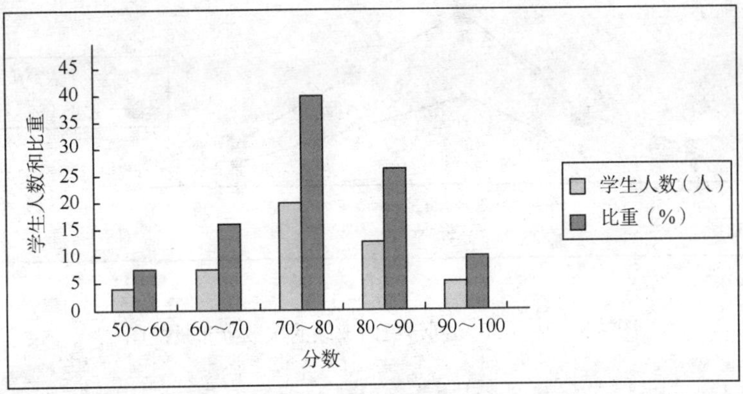

图 3-1　某班 50 名同学英语成绩的次数分布直方图

3.5.2　折线图

折线图是用连续的折线来表示次数分布的图形。通常情况下，根据等距数列或者单项数列绘制折线图，以反映总体单位在各组的分布情况。在有些情况下，还可以结合累计频数或累计频率绘制折线图，以反映累计次数的分布情况。

1．根据单项数列绘制折线图

用横轴表示变量，用纵轴表示频数或频率，然后绘制出各组变量值和各组频数或频率相对应的坐标点，将这些坐标点用直线相连即形成折线图。例如，根据表 3-5 中的资料，分别按农户数和比重绘制折线图（见图 3-2），以反映某村农户拥有大型农用机械的情况。

2．根据等距数列绘制折线图

根据等距数列绘制折线图，可以在直方图的基础上，把每个直方形顶端的中点用直线相连而成，也可以用各个组的组中值和次数求坐标点，将坐标点相连而成（其方法和由单项数列绘制折线图的方法大致相同）。依据表 3-12 中的资料绘制折线图，如图 3-3 所示。

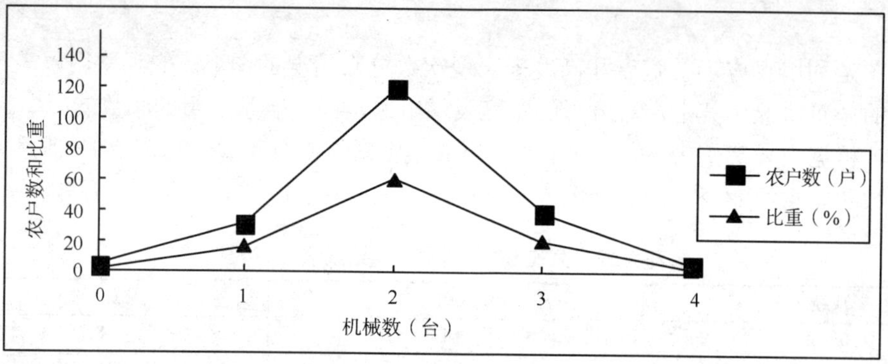

图 3-2　某村农户拥有大型农用机械的次数分布折线图

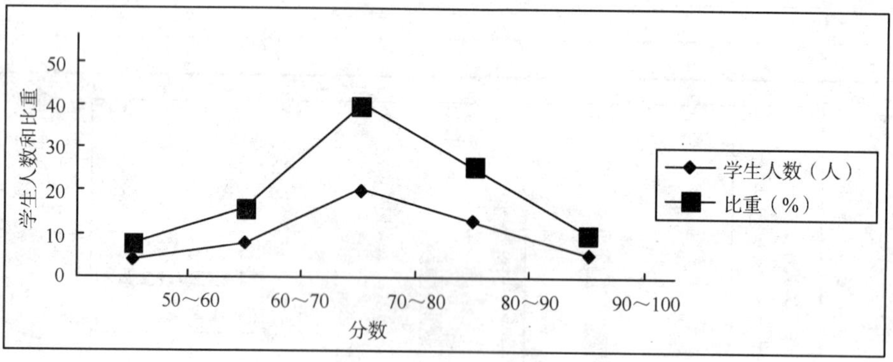

图 3-3　某班 50 名同学英语成绩的次数分布折线图

检查点

根据表 3-6 中的资料，分别按频数和频率绘制直方图和折线图，表现总体单位在各组之间的分布情况。

3．根据累计次数分布表绘制折线图

根据引导案例的资料编制累计次数分布表（见表 3-13），并根据累计次数分布表绘制累计次数分布折线图。

表 3-13　某班 50 名同学按英语成绩分组的累计次数分布表

成绩（分）	学生人数（人）	频率（%）	向上累计		向下累计	
			人数（人）	频率（%）	人数（人）	频率（%）
50～60	4	8.00	4	8.00	50	100.00
60～70	8	16.00	12	24.00	46	92.00
70～80	20	40.00	32	64.00	38	76.00
80～90	13	26.00	45	90.00	18	36.00
90～100	5	10.00	50	100.00	5	10.00
合计	50	100.00	—	—	—	—

> **提示**
> 向上累计也叫做较小制累计，它是指从变量值小的组开始依次向变量值大的组计算累计频数或累计频率；向下累计也叫做较大制累计，它是指从变量值大的组开始依次向变量值小的组计算累计频数或累计频率。

累计次数分布折线图可以按向上累计频数或累计频率绘制，也可以按向下累计频数或累计频率绘制。其中，按向上累计频数或累计频率绘制的折线图是以最小一组的变量值中的下限为起点，以各组的上限为横坐标、各组的累计频数或累计频率为纵坐标，绘制坐标点，并将这些坐标点用直线相连而形成；按向下累计频数或累计频率绘制的折线图是以最大一组的变量值中的上限为起点，以各组的下限为横坐标、各组的累计频数或累计频率为纵坐标，绘制坐标点，并将这些坐标点用直线相连而形成。

根据表 3-13 中的资料，绘制累计次数分布折线图，如图 3-4 所示。

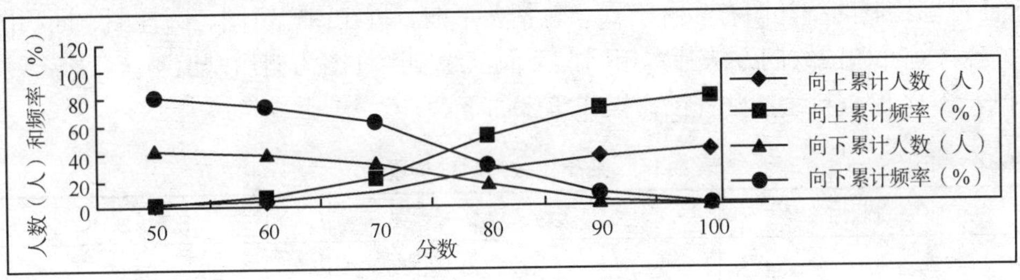

图 3-4　累计次数分布折线图

3.5.3　曲线图

从次数分布折线图可以看出，当变量数列的组数无限增多时，折线图就会近似地表现为曲线图。次数分布曲线图是在组数趋向于无限多的情况下，对次数分布折线图的极限描述。曲线图中的曲线实质上是一种理论曲线。

在统计工作中，曲线图的绘制方法与折线图基本相同，只是在连接各坐标点时，用平滑曲线而不用折线连接。

不同的社会经济现象有不同的次数分布特征，从而决定了反映其次数分布特征的曲线形态也有不同的类型，归纳起来，主要有钟形分布曲线、U 形分布曲线和 J 形分布曲线 3 种类型。

1．钟形分布曲线

如果中间的变量值分布的次数较多，而两端的变量值分布的次数较少，则次数分布曲线会呈现“钟”形。

钟形分布有对称分布和非对称分布两种形态，其中最重要的是对称分布。正态分布是一种典型的对称分布，许多社会经济现象的次数分布趋近于正态分布。但应当注意的是，在社会经济统计领域，绝对的对称分布和正态分布是很少见的。非对称分布也叫做偏态分布，按偏离中轴的方向不同，可分为左偏态分布和右偏态分布。

2．U 形分布曲线

如果中间的变量值分布的次数较少，而两端的变量值分布的次数较多，则次数分布曲线会呈现 U 形。例如，一些发展中国家的人口死亡率按年龄分组，死亡率在各年龄段的分布会呈现 U 形分布。

3．J 形分布曲线

J 形分布曲线犹如英文字母“J”，有正 J 形分布曲线和反 J 形分布曲线之分。如果次数随变量值的增大而增多，则次数分布曲线会呈现正 J 形；反之，次数分布曲线会呈现反 J 形。

3.6 Excel 在统计整理中的应用

Excel 可以绘制的统计图有多种形式，包括条形图、折线图、饼图、圆柱图、面积图、股价图等。各种统计图的绘制方法基本相同，下面以绘制圆柱图为例加以说明。

根据表 3-14 的资料绘制圆柱图，操作步骤如下。

表 3-14 某高校教师职称构成情况

职　称	人数（人）	比重（%）
教授	15	5.00
副教授	73	24.33
讲师	137	45.67
助教	45	15.00
教员	30	10.00
合计	300	100.00

第一步：打开 Excel 工作簿，在工作表中输入表 3-14 中的数据，如图 3-5 所示。

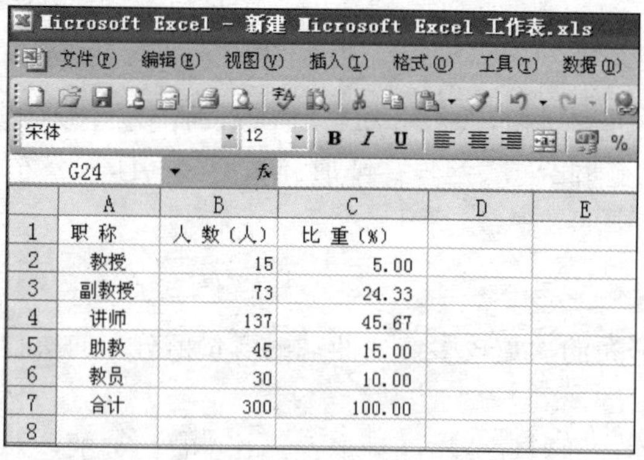

图 3-5 某高校教师职称构成情况

第二步：选定工作表中包含所需数据的所有单元格区域，本例选定区域为（A1:C6）；打开“插入”菜单，选择“图表”选项，弹出“图表向导”对话框，在“图表类型”中选择“圆柱图”，在“子图表类型”中，选择系统默认的第一种形式即柱形圆柱图，如图 3-6 所示。

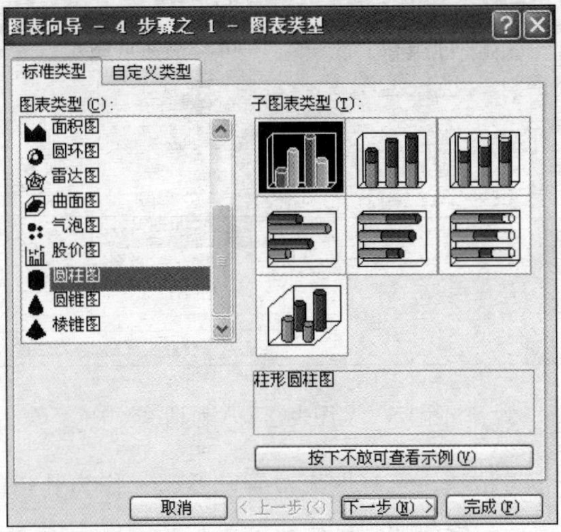

图 3-6　“图表类型”对话框

第三步：单击“下一步”按钮，弹出“图表源数据”对话框，如图 3-7 所示。

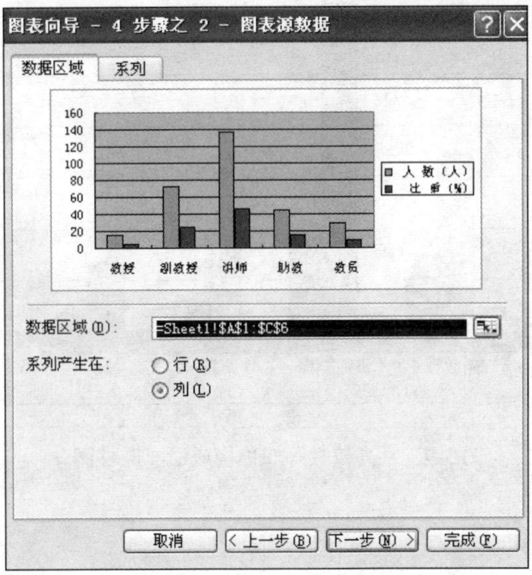

图 3-7　“图表源数据”对话框

第四步：单击“下一步”按钮，弹出“图表选项”对话框，填上“图表标题（T）”——“某高校教师职称构成情况图”；将“分类（*X*）轴”命名为“职称”；将“数值（*Y*）轴”命名为“人数和比重”，如图 3-8 所示。

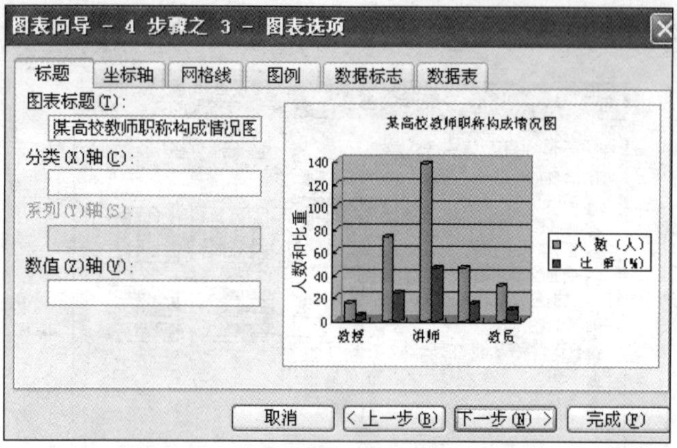

图 3-8 “图表选项”对话框

第五步：单击“下一步”按钮，选择图表位置，默认“作为其中的对象插入”，单击“完成”按钮，如图 3-9 所示，某高校教师职称构成情况圆柱图就完成了。

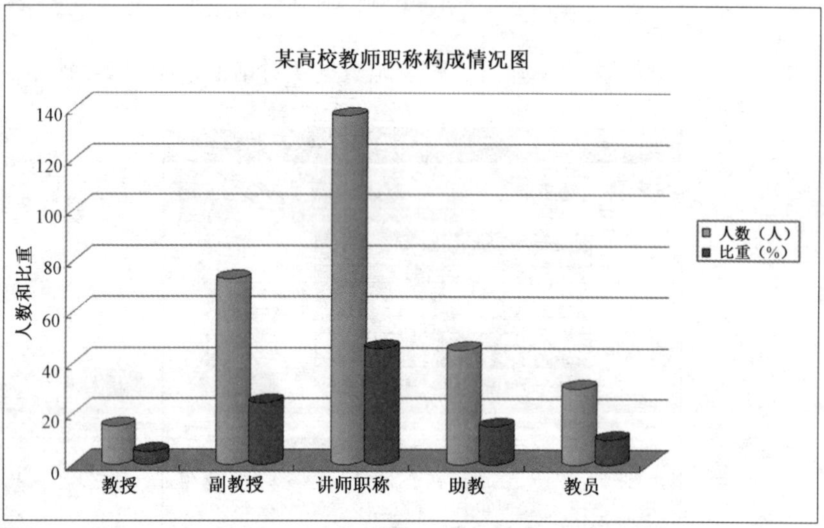

图 3-9 某高校教师职称构成情况圆柱图

本章小结

统计整理是对统计调查所收集到的资料进行科学的分类和汇总，使之系统化、条理化的工作过程，包括对调查资料的审核、分组、汇总和编表等一系列环节。

统计分组的关键是分组标志的选择，分组标志不同，分组形成的类型也不同。

分布数列是由各组的名称和各组的单位数两个基本要素构成的，有品质分布数列和变量分布数列两种类型，而变量分布数列又可以分为单项数列和组距数列。

统计表从形式上看由四部分组成，从内容上看由两部分组成，按主词是否分组和分组的程度不同，可分为简单表、简单分组表、复合分组表和平行分组表四种类型。

常见的统计图有直方图、折线图、曲线图、散点图、圆柱图和饼状图等。统计表和统计图都可以用来表现统计整理的结果。

本章评估练习

1．填空题

（1）统计整理是统计调查的继续，也是统计分析的前提，在统计工作中起着__________的作用。

（2）统计分组的关键在于________________。根据分组标志的特征不同，统计总体可以按______________分组，也可以按______________分组。

（3）分布数列由_____________和______________两个基本要素构成。根据分组标志的特征，可以把分布数列分为________________和________________两种类型。

（4）以每一个变量值为一个组编制而成的变量数列叫做_____________，这种数列的组数等于_______________。

（5）根据各组的组距是否都相等，组距数列可以分为_____________和____________两种形式。在组距数列中，表示各组界限的变量值叫做___________，各组上限和下限之间的中点值叫做___________。

2．单项选择题

（1）统计整理阶段的关键问题是（　　）。

A．对调查资料的审核　　B．统计汇总

C．统计分组　　D．编制统计表

（2）对若干家企业按产值计划完成程度分组，以下4种分组中正确的是（　　）。

A．80%～89%，90%～99%，100%～109%，110%以上

B．80%以下，80.1%～90%，90.1%～100%，100.1%～110%

C．90%以下，90%～100%，100%～110%，110%以上

D．85%以下，86%～95%，96%～105%，106%以上

（3）在按离散型变量分组时，相邻两组的组限（　　）。

A．必须是重叠的　　B．必须是间断的

C．可以间断也可以重叠　　D．应当是近似值

（4）简单分组和复合分组的区别在于（　　）。

A．分组标志的性质不同　　B．分组标志的多少不同

C．组数的多少不同　　D．总体单位的多少不同

（5）对总体按一个标志分组后编制的统计表是（　　）。

A．简单表　　B．平行分组表　　C．简单分组表　　D．复合分组表

3．多项选择题

（1）统计分组的作用在于（　　）。

A．区分社会经济现象的类型　　B．说明总体单位的特征

C．研究现象之间的依存关系　　D．研究总体的内在结构

（2）下列分组中，按品质标志分组的是（　　）。

A．企业按职工人数分组　　B．职工按文化程度分组

C．人口按民族分组　　D．固定资产按用途分组

（3）在分布数列中（　　）。

A．各组的频数之和等于100

B．各组频率大于0

C．频率越大，该组的标志值所起的作用也越大

D．总次数一定时，频率和频数成反比

（4）分布数列（　　）。

A．由组数、组距和组限构成　　B．由各组的名称和各组的次数构成

C．有品质数列和变量数列两种　　D．可以表明总体的结构

（5）以下属于变量数列的是（　　）。

A．学生按年龄分组的数列　　B．学生按所学专业分组的数列

C．公司按营业额分组的数列　　D．工人按劳动生产率分组的数列

4．判断题

（1）统计分组的关键问题在于汇总各组单位数。（　　）

（2）按数量标志分组时，各组的变量值能准确反映社会经济现象质的差别。（　　）

（3）离散型变量可能用做单项式分组，也可能用做组距式分组，而连续型变量只能用做组距式分组。（　　）

（4）分布数列实质上是把总体单位总数在各组之间分配而形成的。（　　）

（5）在确定组限时，最大一组的下限应大于最大的变量值。（　　）

5．简答题

（1）什么是统计整理？统计整理有什么必要性？

（2）简述统计整理的基本步骤。

（3）什么是统计分组？对统计分组是怎样进行分类的？

（4）什么是分布数列？分布数列包括哪两个基本要素？

（5）什么是单项数列？什么是组距数列？两者各适用于什么条件？

实训材料

2012年全国规模以上工业企业生产运行情况

2012年全国规模以上工业企业实现利润55 578亿元，同比增长5.3%。在规模以上工业企业中，国有及国有控股企业实现利润14 163亿元，同比下降5.1%；集体企业实现利润819亿元，同比增长7.5%；股份制企业实现利润32 867亿元，同比增长7.2%；外商及港澳台商投资企业实现利润12 688亿元，同比下降4.1%；私营企业实现利润18 172亿元，同比增长20%。

2012年规模以上工业企业实现主营业务收入915 915亿元，同比增长11%。每百元主营业务

收入中的成本为 84.77 元，主营业务收入利润率为 6.07%。在规模以上工业企业中，国有及国有控股企业实现主营业务收入 242 519 亿元，同比增长 6.3%，每百元主营业务收入中的成本为 82.88 元，主营业务收入利润率为 5.84%；集体企业实现主营业务收入 11 581 亿元，同比增长 7.9%，每百元主营业务收入中的成本为 84.79 元，主营业务收入利润率为 7.08%；股份制企业实现主营业务收入 531 097 亿元，同比增长 13%，每百元主营业务收入中的成本为 84.46 元，主营业务收入利润率为 6.19%；外商及港澳台商投资企业实现主营业务收入 220 677 亿元，同比增长 5.4%，每百元主营业务收入中的成本为 85.78 元，主营业务收入利润率为 5.75%；私营企业实现主营业务收入 282 636 亿元，同比增长 17.5%，每百元主营业务收入中的成本为 85.44 元，主营业务收入利润率为 6.43%。

（资料来源：国家统计局网站）

根据资料，回答下列问题。

（1）编制统计表，反映全国规模以上工业企业及各种经济类型的规模以上工业企业实现的利润总额及其变动情况；反映全国规模以上工业企业及各种经济类型的规模以上工业企业实现的主营业务收入及其变动情况。

（2）指出你所编制的统计表是简单表，还是分组表？如果是分组表，它是简单分组表、复合分组表，还是平行分组表？

（3）在编制统计表时，你选用了哪些分组标志？其中，哪些是品质标志？哪些是数量标志？

第 4 章

综合指标

学习目标

① 了解总量指标的概念及作用、相对指标的概念及表现形式、平均指标的作用及种类、标志变异指标的作用；

② 理解不同平均指标的运用条件；

③ 掌握总量指标的分类、相对指标的种类及计算、平均指标的计算尤其是算术平均数的计算、标准差及标准差系数的计算；

④ 熟练应用 Excel 进行各种综合指标的计算。

关键术语

总量指标　相对指标　平均指标　加权算术平均数
调和平均数　标志变异指标　标准差　标准差系数

引导案例

在研究目的、研究对象相同的条件下，采用不同的平均数的计算方法，所得出的结果各异，代表性程度和本质意义也不相同。表 4-1 是 2012 年某社区下岗工人年收入增加情况。

根据表 4-1 的资料，如果用众数来反映下岗工人的年收入平均增加情况，所对应的年收入增加额为 0 元。经调查得知，很多下岗工人由于各种原因就业困难，所以相当一部分下岗工人在这一年中收入没有增加。但是如果以这个众数 0 元来代表 1 万名下岗工人在 2012 年的收入增加情况，显然不全面，也不符合实际情况。由表 4-1 可知，有占总数 70%的人在这一年中收入有不同程度的增加。所以采用众数这种平均数的计算方法来反映下岗工人年收入的增加情况是没有意义的。

表 4-1　2012 年某社区下岗工人年收入增加情况

年收入增加额 x（千元）	人数 f（人）	向上累计	xf
0	3 000	3 000	0
1	2 100	5 100	2 100
2	1 800	6 900	3 600
3	1 100	8 000	3 300
4	1 000	9 000	4 000
5	800	9 800	4 000
100	200	10 000	20 000
合计	10 000	—	37 000

如果用算术平均数来反映下岗工人的年收入平均增加情况，结果会是怎样呢？经计算，加权算术平均数为 3 700 元。由表 4-1 可知，这个平均数的代表性也不是很强，因为在 10 000 名下岗工人中只有 2 000 人的年收入增加额在 3 700 元以上，也就是说还有 8 000 人的收入增加额低于平均数 3 700 元。用该方法计算的平均数之所以这么高，是因为它受到了资料中极大值（200 人收入增加额 10 万元）的影响。可见，算术平均数的计算结果也不能真实、全面地代表和反映绝大多数下岗工人在 2012 年的收入增加情况。

如果用中位数来反映下岗工人的年收入平均增加情况，结果又将怎样呢？根据计算累计次数为 10 000 人，可以确定中位数所在的位置是累计次数为 5 100 人这一组。这表明，该社区万名下岗工人中在 2012 年有 50%的人收入的增加额为 1 000 元以上，50%的人收入的增加额在 1 000 元以下。

显然，根据以上资料的特点，采用中位数计量，比采用众数和算术平均数更能客观、真实地代表和反映万名下岗工人年收入增加的一般情况。

思考题：算术平均数、众数、中位数都是平均数，如何计算？分别适用怎样的条件？在运用时又有怎样的区别呢？

4.1　总量指标

在第 1 章学习统计研究的具体方法中，其中第 3 种就是综合指标法。综合指标法是指运用各种综合指标来反映现象总体的一般数量特征和数量关系的研究方法，是统计中的基本分析方法。利用这种方法可以分析研究现象的总量水平、相对水平、平均水平及变异情况。

什么是综合指标呢？从广义上说，所有的统计指标都可以称为综合指标。这里所说的综合指标是一般意义上的综合指标，是指将大量反映总体单位数量特征的原始资料加工整理之后，得到的反映社会经济现象总体数量特征的统计指标。常用的综合指标包括四类：总量指标、相对指标、平均指标和变异指标。

4.1.1 总量指标的概念和作用

1. 总量指标的概念

总量指标又称数量指标或绝对数，是反映社会经济现象总规模、总水平或工作总量的统计指标。它是汇总后直接得到的结果，其数值表现形式是绝对数。例如，一个国家的土地面积、人口数、粮食产量、社会消费品零售总额、进出口贸易总额、年末国家外汇储备等，都是总量指标。

2. 总量指标的作用

（1）总量指标可以反映一个国家、地区、部门或单位的基本情况

社会经济现象的基本情况往往首先表现为总量指标，总量指标是对社会经济现象总体认识的起点。例如，根据2012年国民经济和社会发展统计公报的资料显示，2012年年末全国就业人员76 704万人，其中城镇就业人员37 102万人；年末国家外汇储备33 116亿美元，比上年末增加1 304亿美元；全年粮食种植面积11 127万公顷，比上年增加69万公顷；棉花种植面积470万公顷，减少34万公顷；油料种植面积1 398万公顷，增加12万公顷。以上这些都是总量指标。通过这类指标，可以了解一个国家、地区、部门或单位的基本情况。

（2）总量指标是编制计划、进行科学管理的重要依据

国家在制定政策、编制计划、检查计划的执行情况时，企业在决策、制定发展规划、进行科学管理的过程中，其基本指标经常是以总量指标的形式加以规定、以总量指标为依据的。

（3）总量指标是计算相对指标和平均指标的基础

相对指标和平均指标是派生指标，一般是两个有联系的总量指标对比求得的。例如，2012年我国全年粮食产量为58 957万吨，年末全国总人口数为135 404万人，据此计算，2012年我国人均粮食产量为435.42千克/人，该指标是相对指标。可见，总量指标是最基本的综合指标，其正确性直接关系到相对指标和平均指标的计算结果，进而影响统计分析的准确性。

4.1.2 总量指标的特点

1. 总量指标只能按有限总体计算

无限总体由于其总体范围不明确、所包含的单位是无限的、是不可以计数的，因此，无法通过全面调查的方法计算无限总体的总量指标，只能针对有限总体计算总量指标。

2. 总量指标的数值大小一般随总体范围的大小变化

总量指标数值的大小受总体范围的影响。一般来讲，总体范围越大，总量指标的数值也越大；反之，总量指标的数值也越小。例如，2012年我国完成造林面积601万公顷，其中人工造林410万公顷；同期河北省完成造林面积31.2万公顷，其中人工造林20.9万公顷。

3. 总量指标的数值表现形式是绝对数

总量指标又称统计绝对数，一定是有计量单位的。其计量单位有三种形式，实物单位、

价值单位和劳动量单位。

4.1.3　总量指标的种类

1．按说明现象总体的内容不同，总量指标分为总体单位总量和总体标志总量

（1）总体单位总量

总体单位总量简称总体总量或单位总量，是总体单位的总数，说明总体本身规模的大小。例如，研究某地区工业企业的有关情况，该地区的全部工业企业数 2 000 家是总体单位总量；研究某地区高校教师的年收入情况，该地区所有的高校教师人数为 52 000 人也是总体单位总量。

（2）总体标志总量

总体标志总量简称标志总量，是总体各单位的某一数量标志的标志值总和。例如，对每家工业企业的产值、利税额等数量标志的标志值进行汇总，就可以得出该地区全部工业企业的总产值、利税总额，总产值、利税总额就是总体标志总量。

提示

在一个特定总体内，只能存在一个总体单位总量，却可以同时并存多个总体标志总量。正确划分这两种总量指标，总体单位的确定是至关重要的。

检查点

研究某地居民户的消费情况，此时总体单位总量是什么？总体标志总量可以包括哪些指标？若研究某高职院校学生的学习情况呢？

2．按反映的时间状况不同，总量指标分为时期指标和时点指标

（1）时期指标

时期指标，是反映社会经济现象在一段时期内发生的总量，反映的是现象在一段时间内连续变化过程的结果。例如，商品销售额、总产值、基本建设投资额等指标都是时期指标。

时期指标具有以下特点。

1）可以连续计数。时期指标的数值是现象在一段时期内发生的总量，其数值可以连续计数。例如，某企业 2013 年 1 月某种产品的产量，是 1 月中每一天的产量连续计数的结果。

2）可以直接相加。时期指标的数值可以直接相加，说明现象在较长时期内变化过程的结果。例如，把企业 1～3 月的某产品产量加总，得出第 1 季度的产量；把 1～4 季度的产量加总，便得出全年的总产量。

3）指标数值的大小与时期的长短有直接关系。一般情况下，时期指标数值的大小与时期的长短直接相关，时期越长，指标数值越大，时期越短，指标数值越小。例如，某企业全年的总产值比某一个月的总产值大、季度的产品产量比该季度内某月的产品产量高。

（2）时点指标

时点指标，是社会经济现象在某一特定时点上发生的总量，反映的是现象在某一瞬间、某一时刻上的状况的总量指标。例如，企业年末职工人数、商品库存额、固定资产原值、银行储蓄存款余额等指标都是时点指标。

时点指标具有和时期指标完全不同的特点。

1）只能间断计数。时点指标反映的是现象在某一时刻上存在状况的总量。例如，某地区年末人口数、某企业年初的设备台数，这类总量在短时间内变化不大，间断计数即可满足需求。

2）不具有可加性。时点指标的数值直接相加没有任何意义，与实际不符。例如，某企业 2013 年 1 月末职工人数为 600 人、2 月末为 610 人、3 月末为 605 人，若把 3 个数值相加得出该企业第 1 季度职工人数为 1 815 人则是完全错误的。

3）指标数值的大小与时点间隔的长短没有直接关系。例如，企业年末的固定资产原值不见得一定大于年初的数值，这是由于年末的固定资产原值是年初的数值加减这一年内增减变化后的结果。

检查点

某地区的耕地面积、播种面积、鸡蛋产量、生猪存栏头数这四个指标中，哪些是时期指标？哪些是时点指标？说明理由。

3．按采用的计量单位不同，总量指标分为实物指标、价值指标和劳动量指标

（1）实物指标

实物指标，是采用实物单位计量的指标，能直接表明现象的具体内容和规模水平。实物单位是根据现象的自然属性和特点而采用的一种计量单位。有自然单位，如家庭按户计算；度量衡单位，如布匹按米计算；双重单位，如发电机按千瓦/台计算；复合单位，如货运量按吨公里计算等。

在计算产品产量时，统计上有时还要使用标准实物单位来计量。标准实物单位是按照统一的折算标准来度量被研究现象数量的一种计量单位。例如，各种氮肥按含氮量 100%的标准氮肥来计量、各种不同发热量的煤按 7 000 大卡/千克的标准煤来折算等。实物指标在统计工作中应用广泛，占有重要地位。但这类指标的不足是综合性差，不同类的实物量不能汇总，“300 吨+200 米”是没有任何意义的，所以这类指标不能综合反映现象的总规模、总水平。

（2）价值指标

价值指标，是以货币单位计量的指标，如商品销售额、利税额、基本建设投资额、财政收入等。这类指标最大的优点是综合能力强、概括性强，能综合反映现象的总规模和总水平，用途非常广泛。但价值指标脱离了事物的具体内容，有时不能确切反映现象的实际情况。在实际工作中，价值指标和实物指标经常结合运用，二者取长补短，会取得良好效果。

（3）劳动量指标

劳动量指标，是为了管理活动的需要，以劳动单位计量的指标，包括工年、工日和工时等，表明劳动资源及其利用情况，一般在企业内部使用，有一定的综合性。

4.2　相对指标

4.2.1　相对指标的概念和作用

1．相对指标的概念

相对指标又称相对数，是两个有联系的指标数值对比的结果，用来反映现象的内部结构、比例关系、发展程度、强度或普遍程度等相对水平，其数值表现形式是相对数，如学生出勤率、人口性别比例、人均粮食产量、资产增值率等。相对指标在社会经济领域中广泛存在，是统计分析的基本方法之一。

2．相对指标的作用

（1）便于人们揭示现象发展的实质

相对指标是两个有联系的指标数值对比的结果，可以反映现象的内部结构、比例关系、发展程度、强度或普遍程度等，这种指标是把两个具体数值抽象化，使人们对现象产生深刻的认识。例如，根据国家统计局公布的数据显示，2012 年全国房地产开发投资 71 804 亿元。其中，住宅投资 49 374 亿元，办公楼投资 3 367 亿元，商业营业用房投资 9 312 亿元。仅凭以上这些总量指标的统计数字，很难对我国房地产开发完成情况进行分析和评价。如果利用相对指标，情况则完全不同。以全国完成房地产开发投资为例，若与去年同期对比，计算动态相对指标；把住宅投资与全国完成房地产开发投资进行对比，计算结构相对指标等，就能使我们对 2012 年我国房地产开发完成情况有一个深入的认识，便于我们探究现象发展的实质。

（2）可以使原来不能直接对比的现象找到对比的基础

总量指标的数值大小随总体范围的大小变化。用总量指标进行直接比较，往往不能得出准确的认识。例如，不同企业由于生产条件、产品性质、服务种类、规模大小等方面的不同，若直接使用利润总额、职工人数、能源消耗总量、总产值等总量指标进行对比，意义不大。如果利用相对指标，如劳动生产率、资金利润率、单位产值能耗等进行比较，则能较客观地得出正确的结论。正因为如此，相对指标在统计分析中占有十分重要的地位。

4.2.2　相对指标的数值表现形式

1．无名数

无名数是一种抽象化的数值，一般用系数、倍数、成数、百分数、千分数、万分数等来表示。

系数或倍数是将对比的基数抽象化为 1 计算出来的，如果对比时分子数值大分母数值很多时，则使用倍数；成数是将对比的基数抽象化为 10 计算出来的相对数；百分数是将对比的基数抽象化为 100 计算出来的相对数，百分数是最常用的形式；千分数、万分数依此类推。

2．有名数

有名数是分别使用分子、分母的计量单位，主要用于强度相对指标的计算中。例如，人均粮食产量的计量单位为千克/人；商业网点密度用每万人拥有的零售商业机构数表示，计量单位为个/万人等。

在各种相对相对指标中，只有强度相对指标使用有名数的表现形式，并且是由分子、分母的计量单位共同构成双重计量单位即复名数的形式。

4.2.3　相对指标的种类及计算方法

相对指标由于对比的基础不同，产生了不同的种类，主要包括计划完成程度相对指标、结构相对指标、比例相对指标、比较相对指标、动态相对指标和强度相对指标。

1．计划完成程度相对指标

计划完成程度相对指标又称计划完成程度相对数或计划完成百分比，是某种现象在某一时期实际完成数与计划任务数对比的结果，反映计划的执行情况，一般用百分数表示。其基本公式为

$$\text{计划完成程度相对指标}=\frac{\text{实际完成数}}{\text{计划任务数}}\times 100\%$$

在实际工作中，由于计划任务的规定不同，该指标的计算方法也有所不同。

（1）计划任务是绝对数形式

当计划任务是绝对数形式时，检查计划的完成情况可分为两种情形：短期计划的检查和长期计划的检查。

1）短期计划的检查。短期计划的计划期一般不超过 1 年，具体检查方法有两种：一种是实际数和计划数是同期的；另一种是实际数和计划数是不同期的，用于检查计划执行进度情况。

① 实际数和计划数同期的情况。

【例 4-1】某企业 2013 年第 1 季度计划销售额为 600 万元，实际实现销售额 660 万元，则该企业 2013 年第 1 季度销售额的计划完成程度是多少？

$$\text{该企业 2013 年第 1 季度销售额的计划完成程度}=\frac{660}{600}\times 100\%=110\%$$

计算结果表明，该企业 2013 年第 1 季度销售额超额完成计划，超额完成程度为 10%，超出计划 60 万元。

② 实际数和计划数不同期的情况。

【例 4-2】某企业 2013 年某种产品的生产计划为 2 000 吨，1—3 月实际累计完成产量 530 吨，计算该企业 2013 年 1—3 月产量计划执行进度情况。

$$\text{计划执行进度}=\frac{\text{累计至本期实际完成数}}{\text{全期计划数}}\times 100\%$$

$$\text{该企业 2013 年 1—3 月产量计划执行进度}=\frac{530}{2\,000}\times 100\%=26.5\%$$

计算结果表明，该企业 2013 年某种产品的产量截止到 3 月已经累计完成全年计划的 26.5%，计划执行进度良好。

通过该指标的完成百分比数值和完成时间的对照，可以考核企业计划执行进度的均衡性，便于发现问题，采取措施及时解决，为下一阶段的工作做准备，以保证计划的顺利完成和超额完成。

2）长期计划的检查。在检查长期计划（5 年或 5 年以上计划）的执行情况时，由于计划任务的性质和要求不同，具体检查方法有两种：水平法和累计法。

① 水平法。长期计划如果着眼于计划期末的实际水平，则检查长期计划的完成情况时应使用水平法。水平法在计算时，根据计划末期实际达到的水平和计划规定应达到的水平进行比较，来说明计划的完成情况，其公式为

$$\text{计划完成程度} = \frac{\text{计划末期实际达到的水平}}{\text{计划规定末期应达到的水平}} \times 100\%$$

【例 4-3】某地区制定的五年计划（2008—2012 年）中规定，钢铁产量在计划期的最后一年即 2012 年达到 200 万吨，实际执行结果为 215 万吨，计算产量计划完成程度指标。

$$\text{产量计划完成程度} = \frac{215}{200} \times 100\% = 107.5\%$$

计算结果表明，该地区超额完成计划 7.5%。

按水平法检查计划的完成情况计算提前完成计划的时间，是根据连续一年时间（连续 12 个月即可，不必须在一个日历年度内）的实际产量和计划末期应达到的产量进行比较来确定的。例 4-3 中，钢铁产量在计划期的最后一年规定达到 200 万吨，如果实际执行结果从 2011 年的 9 月至 2012 年的 8 月连续 12 个月的产量已达到 200 万吨，那么提前完成计划的时间就是 4 个月。

② 累计法。长期计划如果是按照计划期全期完成的总数即累计任务数来规定的，检查长期计划的完成情况时应使用累计法，如造林面积、基本建设投资额等指标。累计法在计算时，根据计划期实际完成的累计数和计划规定应完成的累计数进行比较，来说明计划的完成情况。其公式为

$$\text{计划完成程度} = \frac{\text{计划期实际完成累计数}}{\text{计划规定完成累计数}} \times 100\%$$

【例 4-4】某县制定的五年计划（2008—2012 年）中规定，到 2012 年年底累计完成造林面积 300 万亩，实际完成 330 万亩，计算造林面积计划完成程度指标。

$$\text{造林面积计划完成程度} = \frac{330}{300} \times 100\% = 110\%$$

计算结果表明，该县造林面积超额完成计划 10%。

按累计法检查计划的完成情况计算提前完成计划的时间，是将计划全部时间减去自计划执行之日起至累计实际完成数达到计划任务的时间。例 4-4 中，造林面积计划期规定累计完成 300 万亩，如果该县到 2012 年 9 月 20 日止实际完成的造林面积累计已经达到 300 万亩，那么提前完成计划的时间就是 3 个月零 10 天。

（2）计划任务是相对数形式

在实际工作中，计划任务的规定有时采用相对数形式，即以提高或降低百分比来规定计划任务。此时，计算计划完成程度的公式为

$$计划完成程度=\frac{实际完成水平}{计划规定水平}\times 100\%$$

【例 4-5】某企业劳动生产率计划规定比上年提高 10%，实际比上年提高 12%，计算劳动生产率计划完成程度。

$$劳动生产率计划完成程度=\frac{1+12\%}{1+10\%}\times 100\%=\frac{112\%}{110\%}\times 100\%=101.82\%$$

计算结果表明，企业超额完成计划 1.82%(101.82%－1)。

【例 4-6】某企业单位产品消耗计划规定比上年降低 10%，实际比上年降低 12%，计算单位产品消耗计划完成程度。

$$单位产品消耗计划完成程度=\frac{1-12\%}{1-10\%}\times 100\%=\frac{88\%}{90\%}\times 100\%=97.78\%$$

计算结果表明，企业超额完成计划 2.22%(1－97.78%)。

在例 4-5 和例 4-6 中，由于计划指标的性质不同，对计划完成程度指标的评价也不相同。一般来讲，如果计划指标是以最低限额规定的，即指标值越大越好，如劳动生产率、产值、产量等指标，计划完成程度大于 100%是超额完成计划，超额完成计划的程度用计划完成程度百分比减去 1（100%）即可，如在例 4-5 中用 101.82%–1=1.82%。如果计划指标是以最高限额规定的，即指标值越小越好，如费用、成本、单位产品原材料消耗等指标，计划完成程度小于 100%是超额完成计划，超额完成计划的程度用 1（100%）减去计划完成程度百分比即可，如在例 4-6 中用 1–97.78%=2.22%。

提示

对计划完成程度指标进行评价时，必须结合计划指标的性质，不能单纯看计划完成程度指标值。

（3）计划任务是平均数形式

当计划任务是以平均数形式规定的，检查计划完成情况的计算公式为

$$计划完成程度=\frac{实际平均水平}{计划平均水平}\times 100\%$$

【例 4-7】某企业甲产品计划单位平均成本为 50 元/套，而实际则为 55 元/套，计算单位平均成本计划完成程度。

$$单位平均成本计划完成程度=\frac{55}{50}\times 100\%=110\%$$

检查点

在例 4-7 中，如何对单位平均成本计划完成程度进行评价？结论如何？如果实际的单位平均

成本为 45 元/套，又将得出怎样的结论？

提示

计划完成程度指标分子和分母的指标含义、计算口径、计算方法和计量单位等方面都要一致，且分子、分母不能互换。

2. 结构相对指标

结构相对指标也称比重指标，是在资料分组的基础上，用总体的一部分数值与总体的全部数值进行对比，用来说明总体构成情况的综合指标，一般用百分数来表示。结构相对指标的计算公式为

$$\text{结构相对指标}=\frac{\text{总体某部分数值}}{\text{总体全部数值}}\times 100\%$$

【例 4-8】我国 2012 年社会消费品零售总额如表 4-2 所示。

表 4-2　我国 2012 年社会消费品零售总额

按经营地分组	社会消费品零售总额（亿元）	比重（%）
城镇	182 414	86.74
乡村	27 893	13.26
合计	210 307	100.00

（资料来源：国家统计局网站）

由表 4-2 可以看出，城镇社会消费品零售总额占较大比重，对总体的影响较大；而乡村社会消费品零售总额占的比重较小，对总体的影响也较小。

根据结构相对指标的各部分比重之和等于 100%这一特点，可以进行有关数据的推算。例如，知道某产品的合格率是 97%，就可以推算出产品的不合格率为 $1-97\% = 3\%$；某校男生占学生总数的 52.5%，就可知女生占 $1-52.5\%=47.5\%$。

提示

结构相对指标各部分比重均小于 1（100%），且分子、分母不能互换。

3. 比例相对指标

比例相对指标，是在分组的基础上，总体内各组成部分之间数量对比形成的相对数，反映总体内部各组成部分之间的数值比例关系和协调状况。社会经济生活中的许多重要比例，如人口的性别比例、积累与消费的比例、第一、第二、第三产业间的比例等，都可以通过计算比例相对指标来反映，比例相对指标在实际工作中应用广泛。

比例相对指标一般用百分数、倍数或几比几的形式来表示，其计算公式为

$$\text{比例相对指标}=\frac{\text{总体中某一部分数值}}{\text{总体中另一部分数值}}$$

【例 4-9】根据 2012 年国民经济和社会发展统计公报显示，2012 年年末我国人口总数为 135 404

万人，其中男性 69 395 万人，女性 66 009 万人，则男性人口与女性人口的性别比例为 105.13∶100 或表示为 105.13%或 1.0513 倍均可。

比例相对指标也可以用连比的形式来表示，即用 1∶m∶n或m∶n∶1 等形式。例如，在第 3 章表 3-1 中，0～15 岁、15～60 岁及 60 岁以上三组中，不同年龄段的人口之间的比例关系为 1.15:4.84:1。

提示

计算比例相对指标，要求分子与分母的数值应是同一时间、同一总体的部分数值，且分子、分母的数值类型要相同，一般同是绝对数，也可以同是平均数或相对数。

分子、分母可以互换，互换不影响计算后得出的结论。

4．比较相对指标

比较相对指标，是同一时间上不同总体的两个同类指标数值对比形成的，说明同类现象在同一时间、不同空间条件下发展的不平衡程度，表明其数量对比关系，常用百分数或倍数来表示，其计算公式为

$$\text{比较相对指标}=\frac{\text{某一总体某类指标数值}}{\text{另一总体同类指标数值}}$$

【例 4-10】 2010 年 1～2 月北京商品房销售面积 214.37 万平方米，同期上海商品房销售面积为 321.68 万平方米，计算比较相对指标。

$$\text{比较相对指标}=\frac{214.37}{321.68}=66.64\%$$

计算结果表明，商品房销售面积北京是上海的 66.64%。

或

$$\text{比较相对指标}=\frac{321.68}{214.37}=1.5$$

计算结果表明，商品房销售面积上海是北京的 1.5 倍。

比较相对指标用途广泛，计算时可以用总量指标直接对比，也可以用平均指标或相对指标对比。在经济管理工作中，也有将各单位的技术经济指标与同类企业的先进水平或国家规定的质量标准对比的，这是把比较对象典型化而计算出来的比较相对指标，这种计算有助于各单位发现差距，进而挖掘潜力，促进本企业的进一步发展。

提示

比较相对指标的分子、分母可以互换。

讨论

甲、乙两企业 2012 年实现利润总额分别为 400 万元和 200 万元，如果直接用总量指标计算比较相对指标，则利润总额甲企业是乙企业的 2 倍；还得知甲、乙两企业 2012 年销售利润率分别为

12.86%和 19.29%，则可计算出销售利润率乙企业是甲企业的 1.5 倍。

这两个比较相对指标的计算结果说明什么问题？哪一个更能说明企业的经营能力强？为什么？

5. 动态相对指标

动态相对指标也称发展速度，是某一指标在不同时间上数值对比的结果，表明现象在不同时间上发展变化的相对程度，一般用百分数或倍数表示。其计算公式为

$$\text{动态相对指标}=\frac{\text{报告期指标数值}}{\text{基期指标数值}}$$

其中，基期是作为比较标准的时期；报告期又称计算期，是与基期相比较的研究时期。

【例 4-11】2007 年末我国外汇储备为 15 282.49 亿美元，2012 年年末为 33 116 亿美元，计算我国外汇储备的动态相对指标。

$$\text{我国外汇储备的动态指标}=\frac{33116}{15\,282.49}=2.17$$

计算结果表明，2012 年我国外汇储备是 2007 年的 2.17 倍。

> **提示**
> 动态相对指标的分子、分母不能互换。

动态相对指标对于分析研究社会经济现象的发展变化过程具有重要意义，详见第 5 章。

6. 强度相对指标

强度相对指标，是两个性质不同但有一定联系的总量指标对比所形成的，用于表明某一现象在另一现象中的强度、密度、普遍程度和利用程度等，如人口密度、人均主要产品产量、人口出生率、资金利润率等指标。其计算公式为

$$\text{强度相对指标}=\frac{\text{某一现象总量指标数值}}{\text{另一性质不同但有联系现象的总量指标数值}}$$

强度相对指标的计量单位是有名数的形式，是一种复名数，如人口密度用人/平方千米来表示、人均粮食产量用千克/人来表示等。但也有的强度相对指标用百分数或千分数来表示，如人口出生率用千分数来表示、资金利润率用百分数来表示，但这类指标实质上仍然是复名数的形式。因为在计算这类强度相对指标时，其分子、分母的计量单位相同，在计算时约掉，故此，计算后没有计量单位而以千分数或百分数表示，如我国 2012 年全年出生人口 1 635 万人，人口出生率为 12.10‰，表示每千人口中新出生人口数为 12.10 人。

强度相对指标在计算时一般分子、分母不可互换，但有些强度相对指标的分子、分母可以互换，有正指标和逆指标之分。

【例 4-12】某地区 2012 年年末人口数为 200 万人，该地区 2012 年年末拥有 3 000 个零售商业机构。

$$\text{每万人拥有零售商业机构数}=\frac{\text{零售商业机构数}}{\text{人口数}}=\frac{3\,000\text{个}}{200\text{万人}}=15\text{（个/万人）}$$

$$每零售商业机构服务人口数=\frac{人口数}{零售商业机构数}=\frac{2\,000\,000人}{3\,000个}=667(人/个)$$

相关链接

例 4-12 中“每万人拥有零售商业机构数”为正指标，“每零售商业机构服务人口数”为逆指标。正指标其指标数值的大小与现象的强度、密度或普遍程度成正方向变化；逆指标其指标数值的大小与现象的强度、密度或普遍程度成反方向变化，即指标数值越小，说明现象的强度、密度或普遍程度越大。

强度相对指标在经济管理中应用十分广泛，它可以反映国民经济和社会发展的基本情况，反映生产条件及公共设施的配备情况，反映经济效益情况等。

提示

强度相对指标与其他种类的相对指标的根本区别在于，它不是同类现象指标的对比。这里所说的不同类现象可能分别属于不同的总体，也可能是同一总体中的不同指标。有些强度相对指标，如人均粮食产量、人均国民生产总值等，虽然有人均字样，含有平均的意思，但与平均指标是有严格区别的。这部分内容详见 4.3 节平均指标。强度相对指标是唯一使用有名数的相对指标。

讨论

某地区国内生产总值资料如表 4-3 所示。

表 4-3　某地区国内生产总值资料

按产业分组	2012 年		2011 年	2012 年比 2011 年增长（%）
	实际完成（万元）	比重（%）	实际完成（万元）	
国内生产总值	550			10
其中：第一产业		18.18	100	0
第二产业	180		150	20
第三产业				8

说明表 4-3 中涉及了哪些相对指标？应该如何计算？填写表 4-3 中所缺数字。

4.2.4　应用相对指标应注意的问题

相对指标是一种抽象化的指标数值，是对现象进行对比分析的一种重要手段，要使这种对比分析能深入、准确地反映出现象之间的联系，充分发挥相对指标的作用，在计算和应用相对指标时必须注意以下几个问题。

1. 保持相对指标的可比性

可比性是计算和应用相对指标的基础，是指对比的两指标在统计范围、经济内容、计算方法、计算价格、计量单位、所属时间等方面必须一致，否则就不具有可比性，不能正确计算相对指标。例如，要比较两个拖拉机企业的产量情况，如果一个企业的产量以台表示，而另一个企业的产量以马力表示，则它们是不可比的。

2．正确选择对比的基数

对比的基数即计算相对指标的分母，在选择时必须结合研究目的及研究现象本身的性质特点来进行。如果选择不当，就会得出错误的结论。例如，文盲率指标是指超过学龄期（12～15 岁以上）年龄既不会读又不会写字的人在相应的人口中所占的比例，反映一个国家人们受教育的程度，计算时应以 12 岁（或 15 岁）以上的总人口数作为对比的基数，而不是全部人口数。

3．与总量指标结合起来运用

相对指标是把两个具体数值抽象化，该指标不能说明现象发展变化的绝对量；而总量指标则是反映社会经济现象总规模、总水平或工作总量的统计指标，只有二者结合应用才能更全面地反映现象的发展变化情况。例如，2012 年甲企业实现利税额 30 万元、利税额计划完成程度为 150%；乙企业实现利税额 1 440 万元，利税额计划完成程度为 120%。如果只从相对指标看，甲企业计划完成程度好于乙企业；但从实现利税额的角度来看，乙企业实现的利税额大大高于甲企业，是甲企业的 48 倍。可见，要全面分析企业的经营状况，必须把相对指标和总量指标结合起来运用。

4．为了全面分析和研究问题，需要把各种相对指标结合起来运用

对于复杂现象的分析研究，一种相对指标一般不能满足要求，必须根据实际情况把多种相对指标结合起来运用，以期达到全面、深入分析问题的目的。

另外，还要对经济分析中经常用到的“百分点”的概念做一说明。百分点是指不同时期以百分数形式表示的相对指标的变动幅度，常用于两个百分数相减的场合。例如，某高校职工中，女职工所占比重由 2011 年的 45%下降到 2012 年的 42%，根据这一资料我们可以说 2012 年女职工所占的比重比 2011 年下降了 3 个百分点，但不能说下降了 3%。

4.3　平均指标

4.3.1　平均指标的概念、特点和作用

1．平均指标的概念

社会经济现象是由大量的总体单位组成的，对于所要研究的任何一个数量标志来说，各个单位的标志值之间都存在着差异。如果要研究总体的一般数量特征，就需要计算平均指标。例如，要说明企业工人工资的一般水平，就不能用某一个工人的工资即某一个体单位标志值的大小来说明，因为每个工人的工资是有差别的，而应该计算平均指标即工人的平均工资来代表企业工人工资的一般水平。

平均指标又称平均数，是把某一数量标志在总体各单位间的差异抽象化，反映其在一定时间、地点条件下所达到的一般水平的综合指标。

2. 平均指标的特点

（1）平均指标是一个代表值

平均指标把总体各单位间的数量差异抽象化了，它可能与各单位的标志值都不相同，但它是一个代表值，代表总体各单位某一数量标志标志值的一般水平。

（2）平均指标反映各变量值分布的集中趋势

从社会经济现象的数量表现来看，变量从小到大形成一定的分布。在通常情况下，接近平均数的变量值较多，而远离平均数的变量值较少，整个分布表现出以平均指标为中心上下波动的特征，平均指标反映各变量值分布的集中趋势。

3. 平均指标的作用

在社会经济统计中，平均指标是最常使用的一种综合指标，在统计研究中发挥着重要的作用。

（1）通过不同空间的同类平均指标对比，反映现象在不同区域间的差异

例如，要比较两个县的农业生产情况，由于受生产规模大小的影响，不宜用粮食总产量直接进行对比，如果使用按地形分组的粮食平均亩产量进行对比，就能较好地分析、评价两个县的农业生产情况。

（2）通过对比不同时间上的某一现象的平均指标，揭示现象发展变化的趋势和规律

例如，某地区 2009—2012 年，扣除物价上涨因素，城镇单位在岗职工月平均工资分别为 2 678 元、2 908 元、3063 元和 3 416 元，通过这些数值可以看出，该地区城镇单位在岗职工的月平均工资随着经济的发展，呈逐年增长的趋势。

（3）通过平均指标分析现象之间的依存关系

分析现象之间的依存关系要借助平均指标。例如，要分析不同施肥量对某农作物产量的影响，就要根据施肥量对总体进行分组，再计算各组的平均亩产量，来反映施肥量与产量之间的依存关系，说明施肥量对产量的影响情况。

（4）通过平均指标进行统计推断

这部分内容详见第 7 章。

4.3.2 平均指标的种类及计算方法

由于计算方法不同，平均指标分为两大类：数值平均数和位置平均数。数值平均数是根据所有的标志值来计算的，包括算术平均数、调和平均数、几何平均数；位置平均数是根据标志值所处的位置确定的，包括众数和中位数。虽然这两类平均指标都反映现象的一般水平，但二者计算方法不同，应用的场合也有差异。

1. 算术平均数

算术平均数也称均值，是总体标志总量除以总体单位总量所得的数值，是计算平均指标最常用的方法和最基本的形式。其计算公式为

$$算术平均数=\frac{总体标志总量}{总体单位总量}$$

在现实生活中，单位产品成本、粮食平均亩产量、工人平均工资等，都可以用算术平均数的方法来求得。

强度相对指标也是两个总量指标相比，和算术平均数有点相似，如人均粮食产量、人均收入等，但二者是有实质性区别的。

提示

算术平均数是同一总体内两个总量指标的对比，二者存在严格的对应关系，即总体标志总量必须是总体各单位标志值的总和。而强度相对指标，其计算公式的分子、分母往往分属不同的总体，即使在同一总体内，也不存在各个标志值与总体单位相对应的问题。

根据资料分组与否，算术平均数分为简单算术平均数和加权算术平均数两种。

（1）简单算术平均数

简单算术平均数是根据未分组资料计算的，是将各单位的标志值简单加总除以单位总数求得的。其计算公式为

$$\bar{x}=\frac{x_1+x_2+\cdots+x_n}{n}=\frac{\sum x}{n}$$

式中，$\bar{x}$ 表示算术平均数；x 表示各单位的标志值；n 表示标志值的个数即总体单位数；$\sum$表示总和符号。

【例 4-13】某校经济管理教研室 5 名教师的月工资分别为 2 678 元、2 735 元、2 884 元、3 612 元和 4 678 元，则 5 名教师的月平均工资为

$$\bar{x}=\frac{\sum x}{n}=\frac{2\,678+2\,735+2\,884+3\,612+4\,678}{5}=\frac{16\,587}{5}=3\,317.4（元）$$

（2）加权算术平均数

如果掌握的是已分组资料，就要应用加权算术平均法计算算术平均数，要以各组标志值乘以各组的次数得出各组的标志总量，再加总得出总体标志总量后，除以各组次数之和即总体单位总量而得到平均数。其计算公式为

$$\bar{x}=\frac{x_1f_1+x_2f_2+\cdots+x_nf_n}{f_1+f_2+\cdots+f_n}=\frac{\sum xf}{\sum f}$$

式中，x 表示各组的标志值或组中值；f 表示各组的单位数即次数。

1）根据单项数列计算加权算术平均数。

【例 4-14】某企业工人日产量如表 4-4 所示，计算工人的平均日产量。

表 4-4　某企业工人日产量

日产量 x（件）	工人数 f（人）	日总产量 xf（件）
60	7	420
70	12	840
80	18	1 440
90	8	720
100	5	500
合计	50	3 920

工人的平均日产量为

$$\bar{x}=\frac{\sum xf}{\sum f}=\frac{3\,920}{50}=78.4（件）$$

由计算结果可知，工人的平均日产量为 78.4 件，最接近次数最大的第三组的标志值。

加权算术平均数的大小，不仅受各组标志值 x 大小的影响，同时也取决于各组单位数 f 即各组次数的大小。次数大的标志值对平均数的影响要大些，次数小的标志值对平均数的影响要小些。次数的大小对平均数的大小起到权衡轻重的作用，所以次数又称权数。

权数可以是绝对数即频数的形式，也可以是相对数即频率的形式。权数是频率的形式，则加权算术平均数的公式为

$$\bar{x}=x_1\frac{f_1}{\sum f}+x_2\frac{f_2}{\sum f}+\cdots+x_n\frac{f_n}{\sum f}=\sum x\frac{f}{\sum f}$$

式中，$\frac{f}{\sum f}$表示各组频率，又称比重权数。

【例 4-15】以例 4-14 的资料为例，计算工人的平均日产量，如表 4-5 所示。

表 4-5　某企业工人日产量

日产量 x（件）	各组工人数占总人数的比重 $\frac{f}{\sum f}$（%）	$x\frac{f}{\sum f}$
60	14	8.4
70	24	16.8
80	36	28.8
90	16	14.4
100	10	10.0
合计	100	78.4

工人的平均日产量为

$$\bar{x}=\sum x\frac{f}{\sum f}=78.4（件）$$

计算结果与例 4-14 的结果相同。

讨论

如果例 4-14 中的各组工人数扩大到原来的 5 倍、10 倍等，但各组工人数占总人数的比重保持不变，平均数会发生怎样的变化？

权数对平均数大小的影响，不取决于权数即次数本身的大小，而取决于各组单位数占总体单位数的比重即频率的大小。

提示

在分组资料中，如果各组的单位数或各组单位数占总体单位数的比重都相等时，权数就失去了加权的意义，此时加权算术平均数就转化为简单算术平均数了。

可见，简单算术平均数和加权算术平均数没有根本性的区别，二者意义相同，可以把简单算术平均数看做是加权算术平均数的一个特例。

2）根据组距数列计算加权算术平均数。

如果分组资料是组距数列，在计算平均数时，一般以各组的组中值代表该组的组平均数。这种应用是假定各组标志值在组内是均匀分布或对称分布的，但实际情况不可能完全如此，所以，其计算结果是一个近似值。

【例 4-16】某厂 200 名工人，日工资分组资料如表 4-6 所示，计算工人的日平均工资。

表 4-6　某厂工人日工资分组资料

按日工资分组（元）	组中值 x	工人数 f（人）	xf
100 以下	90	30	2 700
100～120	110	60	6 600
120～140	130	70	9 100
140 以上	150	40	6 000
合计	—	200	24 400

工人的日平均工资为

$$\bar{x}=\frac{\sum xf}{\sum f}=\frac{24\,400}{200}=122（元）$$

【例 4-17】某公司所属 20 个商店 2012 年第 3 季度的有关资料如表 4-7 所示，计算该公司 20 个商店商品销售额的平均计划完成程度。

表 4-7　某公司所属 20 个商店 2012 年第 3 季度的有关资料

按商品销售额计划完成程度分组（%）	组中值 x	商店数（个）	计划商品销售额 f（万元）	实际商品销售额 xf（万元）
80～90	85	3	540	459
90～100	95	4	720	684
100～110	105	8	320	336
110～120	115	5	820	943
合计	—	20	2 400	2 422

提示

该题的计算需要注意权数的选择问题。商店数和计划商品销售额都是权数，而平均计划完成程度的计算必须考虑计划完成程度指标的计算要求，即平均计划完成程度=实际商品销售额/计划商品销售额×100%。所以，计划商品销售额才是恰当的权数，而商店数是不恰当的权数。

该公司20个商店商品销售额的平均计划完成程度为

$$\bar{x}=\frac{\sum xf}{\sum f}=\frac{2\,422}{2\,400}\times 100\%=100.92\%$$

（3）算术平均数的数学性质

算术平均数的数学性质包括：各个标志值与算术平均数的离差之和等于0；各个标志值与算术平均数的离差平方和为最小值；如果各个标志值都加上或减去、都乘以或除以（不为0）一个任意值A，则算术平均数也等于加上或减去、乘以或除以（不为0）这一任意值A。

证明过程从略。

2．调和平均数

调和平均数是各标志值倒数的算术平均数的倒数，由于是根据标志值的倒数计算的，故又称倒数平均数，它也是平均指标中的一种形式。

在社会经济统计中，调和平均数主要是作为算术平均数的变形来使用的。当计算平均数时，如果缺少总体单位数的资料，就不能直接采用算术平均数的计算公式，而需要采用调和平均形式，但其计算仍然是用总体标志总量除以总体单位总量。

根据掌握的资料不同，调和平均数有简单调和平均数和加权调和平均数之分。

（1）简单调和平均数

简单调和平均数适用于各组标志总量都相等的变量数列。其计算公式为

$$H=\frac{1}{\dfrac{\dfrac{1}{x_1}+\dfrac{1}{x_2}+\cdots+\dfrac{1}{x_n}}{n}}=\frac{n}{\dfrac{1}{x_1}+\dfrac{1}{x_2}+\cdots+\dfrac{1}{x_n}}=\frac{n}{\sum\dfrac{1}{x}}$$

式中，H表示调和平均数；x表示各组标志值；n表示组数。

【例4-18】在某农贸市场，2012年3月某日大蒜的成交额如表4-8所示，计算大蒜的平均价格。

表4-8　2012年3月某日某农贸市场大蒜成交额

时　间	价格（元/斤）	成交额（万元）
早市	3.7	4 662
午市	3.6	4 662
晚市	3.5	4 662
合计	—	13 986

大蒜的平均价格为

$$H=\frac{n}{\sum\frac{1}{x}}=\frac{3}{\frac{1}{3.7}+\frac{1}{3.6}+\frac{1}{3.5}}=3.60\text{（元/斤）}$$

（2）加权调和平均数

加权调和平均数适用于各组标志总量不都相等的变量数列。其计算公式为

$$H=\frac{m_1+m_2+\cdots+m_n}{\frac{m_1}{x_1}+\frac{m_2}{x_2}+\cdots+\frac{m_n}{x_n}}=\frac{\sum m}{\sum\frac{m}{x}}$$

式中，m 表示各组标志总量。

【例 4-19】以例 4-18 的资料为例，计算大蒜的平均价格，如表 4-9 所示。

表 4-9　2012 年 3 月某日某农贸市场大蒜成交额

时　间	价格 x（元/斤）	成交额 m（万元）	成交量 $\frac{m}{x}$（万斤）
早市	3.7	4 662	1 260
午市	3.6	9 324	2 590
晚市	3.5	6 993	1 998
合计	—	20 979	5 848

大蒜的平均价格为

$$H=\frac{\sum m}{\sum\frac{m}{x}}=\frac{20\,979}{5\,848}=3.59\text{（元/斤）}$$

提示

在应用调和平均数和算术平均数时，二者如何选择呢？这要结合算术平均数的基本计算公式来进行。算术平均数等于总体标志总量除以总体单位总量。如果已知分母、缺少分子的资料，应用算术平均；反之，如果已知分子、缺少分母的资料，则用调和平均。

3．几何平均数

几何平均数是 n 个标志值的连乘积的 n 次方根，主要用于计算平均速度和平均比率。根据掌握的资料不同，分为简单几何平均数和加权几何平均数两种。

（1）简单几何平均数

简单几何平均数适用于未分组资料，就是 n 个标志值的连乘积的 n 次方根。其计算公式为

$$G=\sqrt[n]{x_1x_2\cdots x_n}=\sqrt[n]{\prod x}$$

式中，G 表示几何平均数；x 表示各变量值；$\prod$ 表示连乘符号；n 表示变量值的个数。

【例 4-20】某企业 2008—2012 年的产值如表 4-10 所示，计算该企业产值的年平均发展速度。

表 4-10　某企业 2008—2012 年产值

年　份	产值（万元）	环比发展速度 x（%）
2008	1 200	—
2009	1 600	133.33
2010	2 000	125.00
2011	2 600	130.00
2012	3 600	138.46

环比发展速度是报告期水平与其前一期发展水平之比，用以表明现象在相邻两个时期发展变化的程度。该部分内容详见 5.3 节。

该企业产值的年平均发展速度为

$$G=\sqrt[n]{\prod x}=\sqrt[4]{133.33\%\times125.00\%\times130.00\%\times138.46\%}=\sqrt[4]{2.999\,89}=131.61\%$$

（2）加权几何平均数

加权几何平均数适用于已分组资料。其计算公式为

$$G=\sqrt[f_1+f_2+\cdots+f_n]{x_1^{f_1}x_2^{f_2}\cdots x_n^{f_n}}=\sqrt[\sum f]{\prod x^f}$$

式中，x 表示各组变量值；f 表示各组变量值的次数。

【例 4-21】某企业 10 年间进出口贸易额的发展速度如表 4-11 所示，计算该企业进出口贸易额的年平均发展速度。

表 4-11　某企业 10 年间进出口贸易额的发展速度

年　份	年均发展速度 x（%）	年　数
2002—2005	106.25	3
2005—2008	110.65	3
2008—2012	112.20	4

该企业进出口贸易额的年平均发展速度为

$$G=\sqrt[\sum f]{\prod x^f}=\sqrt[10]{106.25\%^3\times110.65\%^3\times112.20\%^4}=\sqrt[10]{2.575\,21}=109.92\%$$

提示

几何平均数在应用时有一定局限性：变量值中若有 0 或负数，一般不能计算几何平均数；应用范围比较小，主要用于计算平均比率或平均速度。

以上 3 种平均数都是数值平均数，都是根据总体各单位标志值计算的，这类平均数有一个共同的不足，就是易受极端数值的影响。例如，在引导案例中就是这种情况，计算出的加权算术平均数代表性不强。在这种情况下，就需要运用位置平均数来表明现象的一般水平。

4．众数

众数（M_0）是总体中出现次数最多的标志值。正因为该标志值出现次数最多、最普遍，故此能代表现象的一般水平。例如，为了解某日市场上某种商品的价格水平，可以用该日市场上最普遍的成交价格代表这种商品价格的一般水平；经销各种品牌鞋的专卖店，应该根据市场上哪种尺码的鞋需要的人多来组织进货，这是利用众数进行科学经营的具体情况。根据掌握的资料不同，众数的计算方法也不相同。

（1）根据未分组资料和单项数列计算众数

根据未分组资料和单项数列计算众数，用直接观察法即可，以单项数列为例进行说明。

【例 4-22】某村农户按拥有大型农用机械的数量分组，如表 4-12 所示。

表 4-12　某村农户拥有大型农用机械的数量

机械数（台）	农户数（户）
0	4
1	31
2	120
3	39
4	6
合计	200

通过观察可以看出，2 台就是众数，即 M_0=2 台。

（2）根据组距数列计算众数

根据组距数列计算众数，需要先确定众数所在的组即众数组，再根据上、下限公式求出众数的近似值。

下限公式为

$$M_0 = L + \frac{\Delta_1}{\Delta_1 + \Delta_2} \times d$$

上限公式为

$$M_0 = U - \frac{\Delta_2}{\Delta_1 + \Delta_2} \times d$$

式中，L 表示众数组的下限；U 表示众数组的上限；Δ_1 表示众数所在组的次数与其前一组次数之差；Δ_2 表示众数所在组的次数与其后一组次数之差；d 表示众数组组距。

【例 4-23】某地区的粮食亩产资料如表 4-13 所示。

表 4-13　某地区的粮食亩产资料

耕地按亩产分组（千克）	耕地面积（万亩）
350 以下	4.2
350～400	8.3
400～450	42.2
450～500	20.8
500 以上	4.5
合计	80.0

由表4-13可知，第三组耕地面积最多，该组是众数组，即众数在400～450千克组。利用下限公式进行计算：

$$M_0 = L + \frac{\Delta_1}{\Delta_1 + \Delta_2} \times d = 400 + \frac{42.2 - 8.3}{(42.2 - 8.3) + (42.2 - 20.8)} \times 50 = 400 + 30.65 = 430.65（千克）$$

检查点

例4-23的资料，如使用上限公式进行计算，结果如何？

提示

众数的应用要具备一定的条件，要求分布数列具有较多的单位数同时具有明显的集中趋势，否则测定众数是没有意义的。

5. 中位数

将总体各单位某一数量标志的标志值按从小到大的顺序排列，居于中间位置的标志值就是中位数（M_e）。可见，中位数既不过大也不过小，其数值的大小处于中间位置，可用来代表现象的一般水平。在引导案例中，用中位数1 000元来代表和反映万名下岗工人年收入增加的一般情况是最符合实际情况的。

根据掌握的资料不同，计算中位数的方法也不相同。

（1）根据未分组资料计算中位数

根据未分组资料计算中位数非常简单：首先对标志值按从小到大的顺序排列，然后确定中位数的位置，最后确定其数值，可分为两种情况。

1）标志值的个数为奇数。标志值的个数记为n，若n为奇数，则居于中间位置即第$\frac{n+1}{2}$个标志值就是中位数。例如，某生产小组有9名工人，每人的日生产零件数按从小到大的顺序排列后为：35、36、38、42、46、49、51、52和58件，则是第5$\left(\frac{9+1}{2}\right)$个标志值即46件就是中位数。

2）标志值的个数为偶数。若n为偶数，则居于中间位置的两个标志值的算术平均数就是中位数，即第$\frac{n}{2}$和$\frac{n}{2}+1$个标志值的算术平均数就是中位数。例如，上例的生产小组若有10名工人，第10名工人的日生产零件数为58件，则中位数是第5个和第6个标志值的平均数即$\frac{46+49}{2} = 47.5$（件）。

（2）根据单项数列计算中位数

根据单项数列计算中位数的方法与根据未分组资料计算基本相同。

【例4-24】某皮鞋厂2012年女鞋销售量如表4-14所示。

表 4-14　某皮鞋厂 2012 年女鞋销售量

皮鞋尺码（cm）	销售量（双）	累计次数	
		向上累计	向下累计
22.5	1 200	1 200	15 900
23	1 500	2 700	14 700
23.5	4 600	7 300	13 200
24	4 700	12 000	8 600
24.5	3 100	15 100	3 900
25	800	15 900	800
合计	15 900	—	—

确定中位数的位置：第 $\frac{15\,900}{2}$ 和 $\frac{15\,900}{2}+1$ 即第 7 590 和 7 591 个标志值的中间位置就是中位数的位置，在第 4 组，说明第 4 组对应的皮鞋尺码 24cm 是中位数即 $M_e = 24\text{ cm}$。

（3）根据组距数列计算中位数

根据组距数列计算中位数，首先要确定中位数所在组，再利用上限公式或下限公式计算即可。

下限公式为

$$M_e = L + \frac{\frac{\sum f}{2} - S_{m-1}}{f_m} \times d$$

上限公式为

$$M_e = U - \frac{\frac{\sum f}{2} - S_{m+1}}{f_m} \times d$$

式中，M_e 表示中位数；L 表示中位数所在组的下限；U 表示中位数所在组的上限；S_{m-1} 表示中位数所在组前一组的累计次数；S_{m+1} 表示中位数所在组后一组的累计次数；f_m 表示中位数所在组的次数；d 表示中位数所在组的组距；$\sum f$ 表示数列次数总和。

【例 4-25】以某厂工人日工资为例，如表 4-15 所示，说明中位数的计算过程。

表 4-15　某厂工人日工资

按日工资分组（元）	工人数（人）f	累计次数	
		向上累计	向下累计
100 以下	30	30	200
100～120	60	90	170
120～140	70	160	110
140 以上	40	200	40
合计	200	—	—

首先，确定中位数的位置。第$\frac{\sum f}{2}$和$\frac{\sum f}{2}+1$即第100和101个标志值的中间位置就是中位数的位置；其次，计算累计次数，确定中位数所在组，从累计次数看，中位数在第三组；再次，利用公式计算中位数。

用下限公式计算

$$M_e = L + \frac{\frac{\sum f}{2} - S_{m-1}}{f_m} \times d = 120 + \frac{\frac{200}{2} - 90}{70} \times 20 = 122.86\text{（元）}$$

用上限公式计算

$$M_e = U - \frac{\frac{\sum f}{2} - S_{m+1}}{f_m} \times d = 140 - \frac{\frac{200}{2} - 40}{70} \times 20 = 122.86\text{（元）}$$

提示

用向上累计和向下累计确定的中位数所在组相同，实际应用中采用一种累计方式即可；使用下限公式用向上累计，使用上限公式用向下累计，二者计算结果相同。

4.3.3 应用平均指标需要注意的问题

1．平均指标必须在同质总体内应用

平均指标是一个代表值，反映现象在一定时间、地点条件下所达到的一般水平。因此，现象的所有单位必须隶属同一总体，否则不能计算和应用平均指标。

2．平均指标和分布数列相结合

平均指标是综合反映总体特征的，它掩盖了总体内部各单位的具体分布情况和标志值间的差异情况。要了解全面情况，就需要结合分布数列来进行说明。例如，在引导案例中，确定的中位数为1 000元，这是一个代表值；结合分布数列，可以进一步了解到：有3 000名下岗工人年收入增加额为0元、有200人增加10万元、仅有2 000名下岗工人年收入的实际增加额为1 000元。

可见，在运用时，平均指标和分布数列结合使用，才能深入地说明问题，反映现象的全貌。

3．用组平均数补充说明总平均数

计算平均指标时是把某一数量标志在总体各单位间的差异抽象化，这往往掩盖现象内部的差异。而通过在分组基础上计算出的组平均数，则可以揭示现象的内部差异，弥补总平均数的不足，提高结论的准确性和针对性。

4.4　标志变异指标

平均指标作为一个代表值，反映了各变量值分布的集中趋势，但这只是数据分布特征的一方面。另一方面，各变量值之间还存在着差异，还需要对各变量值之间的差异情况进行反映，这就要使用标志变异指标。

4.4.1　标志变异指标的概念和作用

1．标志变异指标的概念

标志变异指标，又称标志变动度，是反映总体各单位标志值差异程度的综合指标，表明各单位标志值分布的离散状况和离中趋势，是说明总体特征的另一个重要指标。总体各单位标志值的差异程度越大，计算出的标志变异指标的值也就越大，说明各单位标志值的分布越分散。

2．标志变异指标的作用

（1）说明平均数代表性的大小

平均数作为一个代表值，其代表性的高低要通过标志变异指标来说明。一般来讲，标志变异指标的值越大，平均数的代表性越小；标志变异指标的值越小，平均数的代表性越大。例如，某班级有三个学习小组数学课程的考试分数如下：

第一组　45、67、87、91、100

第二组　74、76、78、80、82

第三组　78、78、78、78、78

三个小组的平均成绩都是 78 分，哪一个平均成绩的代表性更好呢？这要取决于各小组标志值差异程度的大小。很明显，第一组最高分与最低分的分差是 55 分，差异程度最大，用 78 分代表该组的平均分效果也就最差；第二组次之；而用 78 分代表第三组的平均分效果则最好，因为该组的标志值不存在差异，都是 78 分。当然，这只是一个特例。

标志变异指标的这项作用，也充分说明了平均指标和标志变异指标结合运用的必要性。

（2）说明现象变动的均匀性或稳定性

对于绝大多数社会经济现象来讲，其发展变化有均衡性、稳定性或节奏性要求。例如，工业企业的生产过程，除了要保证完成生产计划之外，还要保持生产的稳定性、保证均匀的生产节奏，要避免前松后紧或前紧后松等节奏不均匀的现象发生，这就可以通过标志变异指标来进行分析和测定。标志变异指标的值越大，说明现象变动的均匀性或稳定性越差；标志变异指标的值越小，说明现象变动的均匀性或稳定性越好。

4.4.2　标志变异指标的种类及计算方法

按计算方法不同，标志变异指标包括全距、平均差、标准差、方差和标志变异系数。

1．全距

全距（R）又称极差，是资料中最大标志值与最小标志值之差。如果是未分组资料或是单项数列，直接计算即可。例如，在某班级三个学习小组数学课程的考试分数中，如果计算第一组和第二组的全距，则分别为：$R_1=55$分，$R_2=8$分，说明第二组平均成绩的代表性高于第一组。

如果资料是组距数列，则要用最大组上限与最小组下限之差近似地表示全距。例如，在例 4-17 中，全距为 $40\%(120\%-80\%)$。

全距是测定标志变异程度最简单的一种标志变异指标，其优点是意义明确，计算方便。但全距容易受资料中极端数值的影响，没有反映其他标志值的分布情况，不能确切说明各个标志值间的差异程度，这使得其应用受到很大限制。

检查点

如果组距数列中有开口组，能否计算全距？为什么？

2．平均差

平均差又称平均离差，是各单位标志值与其算术平均数离差绝对值的算术平均数。由于其计算不符合代数方法演算，再加上计算过程烦琐，在统计分析中应用较少，具体计算过程从略。

3．标准差

标准差又称均方差，是测定标志变异程度最主要的指标。标准差是各单位标志值与其算术平均数离差平方和的算术平均数的平方根。标准差分为简单标准差和加权标准差。

（1）简单标准差

简单标准差适用于未分组资料。其计算公式为

$$\sigma=\sqrt{\frac{\sum(x-\overline{x})^2}{n}}$$

式中，σ 表示标准差。

【例 4-26】依据表 4-16 的资料，计算第一组和第二组的标准差。

表 4-16　某班级学习小组数学考试分数简单标准差计算表

第 一 组			第 二 组		
分数（分）	$x-\overline{x}$	$(x-\overline{x})^2$	分数（分）	$x-\overline{x}$	$(x-\overline{x})^2$
45	−33	1 089	74	−4	16
67	−11	121	76	−2	4
87	9	81	78	0	0
91	13	169	80	2	4
100	22	484	82	4	16
合计	—	1 944	合计	—	40

$$第一组：\sigma=\sqrt{\frac{\sum(x-\bar{x})^2}{n}}=\sqrt{\frac{1\,944}{5}}=19.72（分）$$

$$第二组：\sigma=\sqrt{\frac{\sum(x-\bar{x})^2}{n}}=\sqrt{\frac{40}{5}}=2.83（分）$$

两组的平均数相同，但第一组的标准差大于第二组的标准差，说明第二组平均数的代表性好于第一组。

（2）加权标准差

加权标准差适用于已分组资料，其计算公式为

$$\sigma=\sqrt{\frac{\sum(x-\bar{x})^2 f}{\sum f}}$$

式中，$\bar{x}$ 表示各组标志值（单项数列）或各组组中值（组距数列）。

【例 4-27】 甲厂对生产的灯泡随机抽取 100 只，对其使用寿命进行测试，所得资料如表 4-17 所示。

表 4-17　灯泡使用寿命加权标准差计算表

使用寿命（小时）	组中值 x	产品数 f（只）	xf	$x-\bar{x}$	$(x-\bar{x})^2 f$
2 000 以下	1 500	2	3 000	−1 840	6 771 200
2 000～3 000	2 500	30	75 000	−840	21 168 000
3 000～4 000	3 500	50	175 000	160	1 280 000
4 000 以上	4 500	18	81 000	1 160	24 220 800
合计	—	100	334 000	—	53 440 000

$$\bar{x}=\frac{\sum xf}{\sum f}=\frac{334\,000}{100}=3\,340（小时）$$

$$\sigma=\sqrt{\frac{\sum(x-\bar{x})^2 f}{\sum f}}=\sqrt{\frac{53\,440\,000}{100}}=731.03（小时）$$

若已知乙厂灯泡的平均使用寿命也为 3 340 小时，而标准差为 810 小时。由于 $\sigma_{甲}<\sigma_{乙}$，则可得出甲厂灯泡平均使用寿命的代表性好于乙厂。

提示

标准差的作用和平均差相同，但其优点不仅在于计算过程考虑了全部的标志值，还使用了先平方后开方的方法消除正、负离差的抵消，数学性质较为理想。所以，标准差是统计分析中最常使用也是最重要的变异指标。

4．方差

方差是标准差的平方，即 σ^2。其计算公式分为简单式和加权式两种，分别用于未分组资料和已分组资料。

未分组资料方差的计算公式为

$$\sigma^2 = \frac{\sum (x-\overline{x})^2}{n}$$

已分组资料方差的计算公式为

$$\sigma^2 = \frac{\sum (x-\overline{x})^2 f}{\sum f}$$

5．标志变异系数

前边介绍的全距、平均差、标准差等都是绝对数形式的标志变异指标，其共同点是都有和平均数相同的计量单位，其数值都要受到标志值本身大小和平均数高低的影响。如果要比较不同水平总体或性质不同现象的变量值的差异情况时，就不能直接使用上述绝对数形式的标志变异指标，而要使用标志变异系数。

标志变异系数又称离散系数，是相对数形式的标志变异指标，是用各种绝对数形式的变异指标与其算术平均数对比得到的，一般用百分数表示。其意义和其他的变异指标相同，即变异系数越大，表明标志值的差异程度越大，标志值的分布越分散，平均数代表性越差。变异系数统计上用 V 来表示，有全距系数 (V_R)、平均差系数 $(V_{A\cdot D})$、标准差系数 (V_σ) 等，其中使用最广泛的是标准差系数。

全距系数的计算公式为

$$V_R = \frac{R}{\overline{x}} \times 100\%$$

平均差系数的计算公式为

$$V_{A\cdot D} = \frac{A\cdot D}{\overline{x}} \times 100\%$$

标准差系数的计算公式为

$$V_\sigma = \frac{\sigma}{\overline{x}} \times 100\%$$

【例 4-28】在例 4-27 中，如已知乙厂灯泡的平均使用寿命为 4 200 小时、标准差为 810 小时。此时比较甲、乙两厂灯泡平均使用寿命的代表性就不能使用标准差，而要使用标准差系数。

$$V_{\sigma甲} = \frac{\sigma}{\overline{x}} \times 100\% = \frac{731.03}{3\,340} \times 100\% \approx 21.89\%$$

$$V_{\sigma乙} = \frac{\sigma}{\overline{x}} \times 100\% = \frac{810}{4\,200} \times 100\% \approx 19.29\%$$

计算结果表明，$V_{\sigma甲} > V_{\sigma乙}$，所以乙厂灯泡平均使用寿命的代表性好于甲厂。

> **提示**
>
> 在例 4-28 中，由于平均水平不同，如果直接比较 σ，则不能得出正确结论。

4.5　Excel 在综合指标中的应用

4.5.1　简单算术平均数的计算

某班 51 名学生的“统计学基础”课程期末考试成绩如下：

65　82　75　63　90　68　78　83　84　43　86　81　72　75　76　94　82

86　81　89　76　85　74　79　63　99　56　77　74　77　80　86　76　100

84　89　75　80　69　89　88　76　86　52　63　68　83　84　65　95　100

要求计算该门课程的平均成绩，按下列步骤操作。

第一步：打开 Excel 工作簿，在 Sheet 1 工作表中选定某列单元格如 A 列，输入 51 个数值后，光标停留在 A52 单元格中，如图 4-1 所示。

第二步：打开“插入”菜单，选择“函数”选项，弹出“插入函数”对话框，在“选择类别”中，选择“统计”，在“选择函数”中，选择“AVERAGE（算术平均值）”函数，如图 4-2 所示。

第三步：单击“确定”按钮，弹出“函数参数”对话框，如图 4-3 所示，列出所有计算平均值的数值，在对话框的左下角，同时输出计算结果。该值即是 51 名学生统计学基础课程的平均成绩。

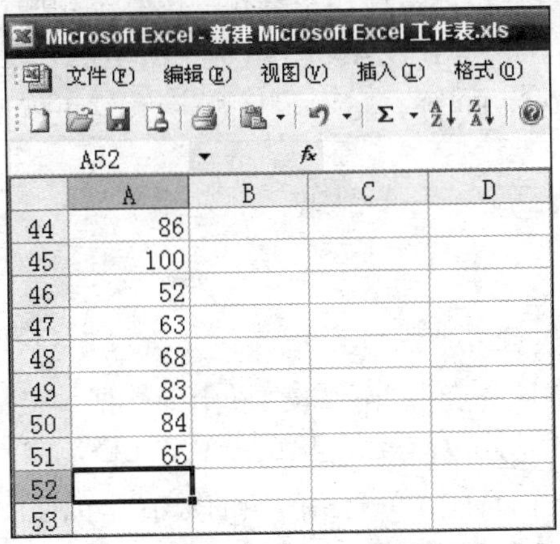

图 4-1　考试成绩原始数据

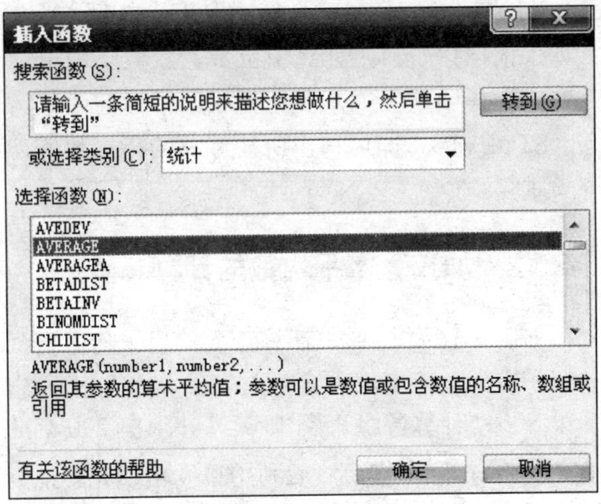

图 4-2　“插入函数”对话框

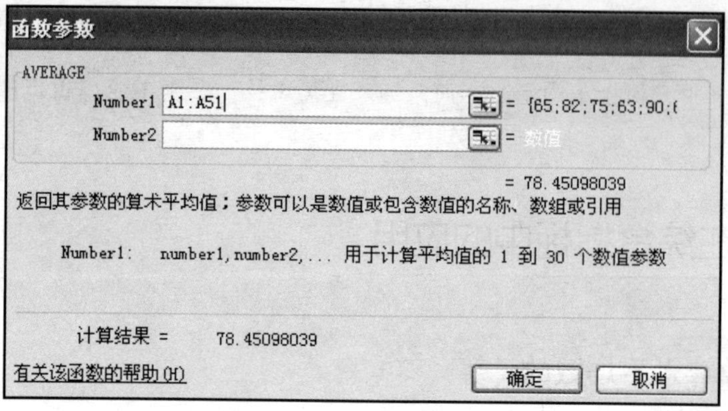

图 4-3 “函数参数”对话框

第四步：单击“确定”按钮，该平均值就出现在 A52 单元格中，如图 4-4 所示，整个计算过程完成。

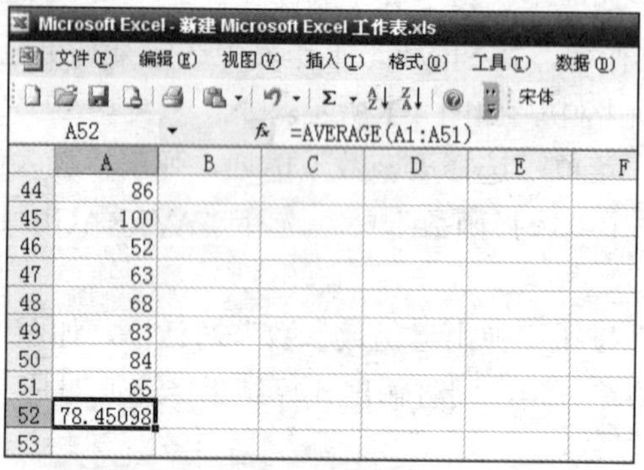

图 4-4 简单算术平均数计算结果

如果根据该资料，计算中位数、众数、简单标准差等指标，操作步骤和上例基本相同，只是在“选择函数”中，要选择相应指标的函数，中位数（MEDIAN）、众数（MODE）、标准差（STDEVP），即可得出所要计算的指标数值，分别为 80 分、86 分、11.60 分，这里就不再一一重复。

4.5.2 加权算术平均数的计算

根据例 4-16 的资料，计算工人的日平均工资（加权算术平均数），按下列步骤操作。

第一步：新建工作表，输入表头“工人日平均工资计算表”，输入表 4-6 中的数据。

第二步：计算各组工资额 xf，并求出 200 名工人的日工资总额。单击 D3 单元格，输入“= B3*C3”，按回车键，然后利用单元格填充功能计算出 D4:D6 单元格区域的数值。单击 D7 单元格，单击“自动求和”按钮计算出日工资总额，如图 4-5 所示。

第三步：单击表外任一空白单元格，如 B9，输入“=D7/C7”，按回车键得出 200 名工人的日平均工资 122 元，如图 4-6 所示，计算过程完成。

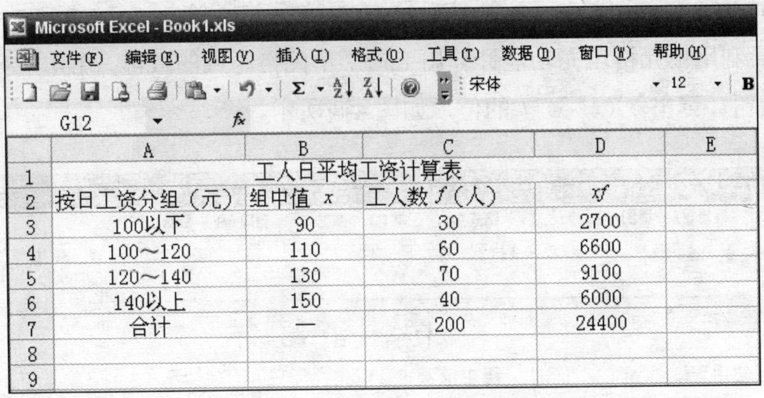

	A	B	C	D	E
1	工人日平均工资计算表				
2	按日工资分组（元）	组中值 x	工人数 f（人）	xf	
3	100以下	90	30	2700	
4	100～120	110	60	6600	
5	120～140	130	70	9100	
6	140以上	150	40	6000	
7	合计	—	200	24400	
8					
9					

图 4-5　工资额计算结果

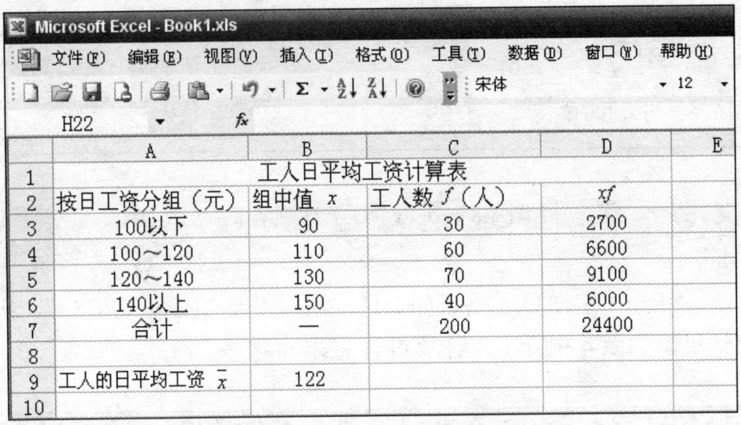

	A	B	C	D	E
1	工人日平均工资计算表				
2	按日工资分组（元）	组中值 x	工人数 f（人）	xf	
3	100以下	90	30	2700	
4	100～120	110	60	6600	
5	120～140	130	70	9100	
6	140以上	150	40	6000	
7	合计	—	200	24400	
8					
9	工人的日平均工资 $\bar{x}$	122			
10					

图 4-6　日平均工资计算结果

4.5.3　加权标准差的计算

根据例 4-27 的资料，计算加权标准差，按下列步骤操作。

第一步：新建工作表，输入表头“加权标准差计算表”，输入表 4-17 中的数据。加权算术平均数的计算过程同上，结果如图 4-7 所示。

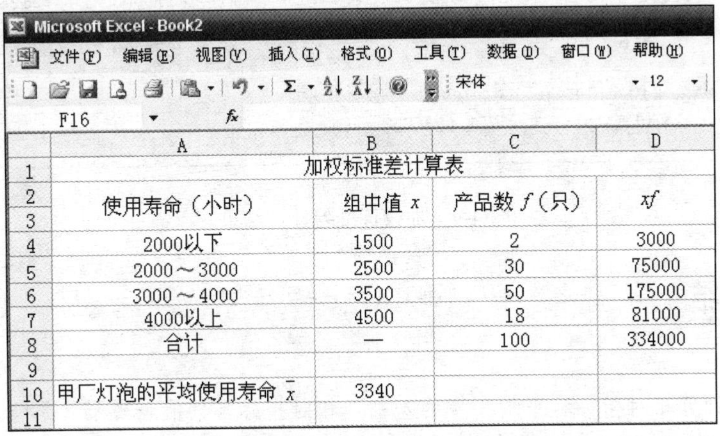

	A	B	C	D
1	加权标准差计算表			
2–3	使用寿命（小时）	组中值 x	产品数 f（只）	xf
4	2000以下	1500	2	3000
5	2000～3000	2500	30	75000
6	3000～4000	3500	50	175000
7	4000以上	4500	18	81000
8	合计	—	100	334000
9				
10	甲厂灯泡的平均使用寿命 $\bar{x}$	3340		
11				

图 4-7　甲厂灯泡的平均使用寿命计算结果

第二步：增加“$(x-\overline{x})^2 f$”一栏，然后单击 E4 单元格，输入“=（B4－3 340）^2*C4”，按回车键，然后利用单元格填充功能计算出 E5:E7 单元格区域的数值。单击 E8 单元格，单击“自动求和”按钮计算出 $\sum(x-\overline{x})^2 f$ 的值，如图 4-8 所示。

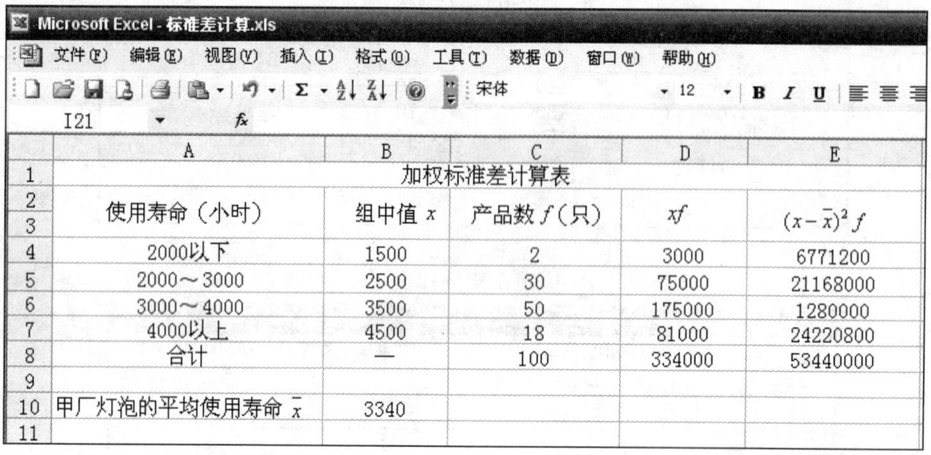

	A	B	C	D	E
1	加权标准差计算表				
2-3	使用寿命（小时）	组中值 x	产品数 f（只）	xf	$(x-\overline{x})^2 f$
4	2000以下	1500	2	3000	6771200
5	2000～3000	2500	30	75000	21168000
6	3000～4000	3500	50	175000	1280000
7	4000以上	4500	18	81000	24220800
8	合计	—	100	334000	53440000
9					
10	甲厂灯泡的平均使用寿命 $\overline{x}$	3340			
11					

图 4-8　$\sum(x-\overline{x})^2 f$ 计算结果

第三步：单击表外任一空白单元格，如 B11，输入“=SQRT（E8/C8）”，按回车键即可得出加权标准差的结果，如图 4-9 所示，计算过程完成。

	A	B	C	D	E
1	加权标准差计算表				
2-3	使用寿命（小时）	组中值 x	产品数 f（只）	xf	$(x-\overline{x})^2 f$
4	2000以下	1500	2	3000	6771200
5	2000～3000	2500	30	75000	21168000
6	3000～4000	3500	50	175000	1280000
7	4000以上	4500	18	81000	24220800
8	合计	—	100	334000	53440000
9					
10	甲厂灯泡的平均使用寿命 $\overline{x}$	3340			
11	标准差 σ	731.0266753			
12					

图 4-9　加权标准差计算结果

本章小结

总量指标是计算相对指标和平均指标的基础。相对指标其数值表现形式是相对数，主要包括计划完成程度相对指标、结构相对指标、动态相对指标、比例相对指标、比较相对指标和强度相对指标 6 种，其中后 3 种相对指标的分子和分母可以互换。平均指标分为两大类：数值平均数和位置平均数，这两类平均指标计算方法不同、应用的场合也有差异。其中，算术平均数是最常用的方法和最基本的形式。标志变异指标是反映总体各单位标志值差异程度的综合指标，表明各单位标志值分布的离散状况和离中趋势，是说明总体特征的另一个重要指标，其中标准差和标准差系数应用最广泛。

本章评估练习

1. 填空题

（1）常用的综合指标包括 4 类：__________、__________、__________和__________。

（2）按采用的计量单位不同，总量指标分为__________、__________和__________。

（3）__________是计算和应用相对指标的基础。

（4）数值平均数是根据所有的__________来计算的，包括__________、__________和__________；位置平均数是根据变量值所处的__________确定的，包括__________和__________。虽然这两类平均指标都反映现象的一般水平，但二者计算方法不同，应用的场合也有差异。

（5）总体各单位标志值的________程度越大，计算出的标志变异指标的值也就__________，说明各单位标志值的分布越分散。

2. 单项选择题

（1）要研究某地区物流企业职工的有关状况，则总体单位总量是（　　）。

A. 该地区物流企业个数之和　　B. 该地区物流企业职工工资总额

C. 该地区物流企业职工人数之和　　D. 该地区物流企业的总产值之和

（2）某企业计划规定某产品单位成本降低 3%，实际降低了 5%，则单位成本计划完成程度为（　　）。

A. 101.96%　　B. 167.23%　　C. 60%　　D. 97.94%

（3）据普查资料，某市城区人口密度为 12 593 人/平方公里，是郊县人口密度的 3.6 倍，这两个指标是（　　）。

A. 总量指标　　B. 比较相对指标

C. 相对指标　　D. 强度相对指标

（4）权数对加权算术平均数的影响作用决定于（　　）。

A. 权数本身数值的大小

B. 作为权数的各组频数占总体频数比重的大小

C. 权数经济意义的大小

D. 各组标志值的大小

（5）要比较两个平均水平不同总体的平均数代表性高低，需用（　　）。

A. 极差　　B. 平均差　　C. 标准差　　D. 离散系数

3. 多项选择题

（1）下列指标中属于时点指标的是（　　）。

A．年末生猪存栏头数　　B．油料播种面积

C．月末物资库存量　　D．年末储蓄存款余额

（2）下列指标中属于强度相对指标的是（　　）。

A．人均粮食产量　　B．人口出生率

C．学生出勤率　　D．小麦平均亩产量

（3）以下内容表述正确的是（　　）。

A．计算结构相对指标时，总体中各组成部分的比重之和等于100%

B．某年我国钢产量为另一国家的1.25倍，这是比较相对指标

C．强度相对指标是同一性质指标的对比所形成的比值

D．比较相对指标对比的分子分母，可以是相对数、平均数，但不能是绝对数

（4）在（　　）等的条件下，加权算术平均数等于简单算术平均数。

A．各组次数相等　　B．各组次数都为1

C．变量数列为组距数列　　D．各组次数占总次数的比重相等

（5）不受资料中极端数值影响的平均数有（　　）。

A．众数　　B．中位数　　C．几何平均数　　D．调和平均数

E．算术平均数

4. 判断题

（1）总量指标按说明现象总体的内容不同，分为时期指标和时点指标。（　　）

（2）一般情况下，时期指标数值的大小与时期的长短直接相关，即时期越长，指标数值越大；时期越短，指标数值越小。（　　）

（3）无名数是一种抽象化数值，一般用系数、倍数、成数、百分数、千分数等来表示，其中倍数是最常用的形式。（　　）

（4）同一资料，按单项数列计算的加权算术平均数和按未分组资料计算的简单算术平均数，其结果完全相同。（　　）

（5）标志变异指标的值越大，说明各单位标志值的分布越分散，则平均数的代表性越好。（　　）

5. 简答题

（1）阐述总量指标的特点。

（2）举例说明时期指标和时点指标的特点。

（3）计算和应用相对指标时必须注意哪些问题？

（4）平均指标有哪些特点？其在社会经济统计中发挥着怎样的作用？

（5）什么是标志变异指标？其作用有哪些？

6. 计算题

（1）某企业2012年工人劳动生产率计划比上年提高10%，实际执行结果提高了14%；单位

成本计划为 80 元/件，实际执行结果为 65 元/件。试计算劳动生产率和单位成本计划完成情况。

（2）某公司所属 30 个商店 2012 年第 4 季度销售额如表 4-18 所示，计算该公司 30 个商店商品销售额的平均计划完成程度。

表 4-18　某公司所属 30 个商店 2012 年第 4 季度销售额

按商品销售额计划完成程度分组（%）	商店数（个）	实际商品销售额（万元）
80～90	5	510
90～100	12	1 140
100～110	10	840
110～120	3	414
合计	30	2 904

（3）某企业第三车间工人操作机床台数如表 4-19 所示，计算该车间工人平均操作机床台数。

表 4-19　某企业第三车间工人操作机床台数

操作机床台数（台）	各组工人所占比重（%）
7	24
8	62
9	14
合计	100

（4）甲厂工人月工资分组资料如表 4-20 所示。

表 4-20　甲厂工人月工资分组资料

按工资分组（元）	工人数（人）
2 000 以下	30
2 000～2 200	60
2 200～2 400	70
2 400 以上	40
合计	200

计算：1）计算甲厂工人平均工资和标准差；2）若乙厂工人平均工资为 2 600 元，其标准差是 260 元，比较哪个工厂平均工资的代表性高。

（5）抽样调查了某地区林地上 100 棵松树的胸径，整理后的资料如表 4-21 所示，试计算该林地上松树胸径的中位数和众数。

表 4-21　某地区林地上 100 棵松树的胸径

胸径（厘米）	棵数（棵）
10 以下	5
10～20	18
20～30	26
30～40	36
40～50	12
50 以上	3
合计	100

实训材料

2012 年上海市国民经济和社会发展统计公报
——金融和保险

2012 年，上海市全年实现金融业增加值 2 450.36 亿元，比上年增长 12.6%。全年新增各类金融单位 136 家。其中，货币金融服务单位 59 家，资本市场服务单位 43 家，保险业单位 14 家。至年末，全市各类金融单位达到 1 124 家。其中，货币金融服务单位 510 家，资本市场服务单位 193 家，保险业单位 347 家。至年末，在沪经营性外资金融单位数达到 208 家，外资金融机构代表处 210 家，全市中外资金融机构本外币各项存款余额 63 555.25 亿元，比上年增长 9.2%；贷款余额 40 982.48 亿元，比上年增长 10.2%。

全年通过上海证券市场发行新股筹资 333.57 亿元，比上年下降 67.1%；再次发行（增发、配股、权证行权和可转债转股筹资）2 556.74 亿元，比上年增长 17%；发行债券 1 974.2 亿元，下降 13.9%。至年末，上海证券市场上市证券 2 098 只。其中，股票 998 只，比上年增加 23 只。全年金融市场（不含外汇市场）交易额达到 486.95 万亿元，增长 29.1%。上海证券交易所各类有价证券成交金额 54.75 万亿元，增长 20.4%。其中，股票成交金额 16.45 万亿元，下降 30.7%。上海期货交易所各品种总成交金额 89.2 万亿元，增长 2.6%。中国金融期货交易所总成交金额 75.84 万亿元，增长 73.3%。全国银行间货币和债券市场成交金额 263.63 万亿元，增长 34.1%。上海黄金交易所总成交金额 3.53 万亿元，下降 20.5%。

全年原保险保费收入 820.64 亿元，比上年增长 9%。其中，财产险公司原保险保费收入 271.72 亿元，增长 11.1%；寿险公司原保险保费收入 548.92 亿元，增长 7.9%。全年保险赔付支出 255.79 亿元，下降 1.9%。其中，财产险赔款支出 138.63 亿元，增长 32.9%；寿险给付 87.99 亿元，下降 4.4%；健康险赔款给付 25.14 亿元，下降 58.6%；意外险赔款支出 4.04 亿元，增长 11.3%。

（资料来源：上海市统计局）

根据资料，回答下列问题。

材料中使用了哪些指标来说明 2012 年上海市金融和保险业的相关情况？对这些指标的种类进行划分。

第5章 动态数列

学习目标

① 理解动态数列的含义及各项动态分析指标的含义；
② 了解编制动态数列的原则；
③ 掌握水平和速度两方面动态分析指标的计算方法、直线长期趋势的测定方法；
④ 能够利用统计资料进行动态分析，并能够进行直线长期趋势的测定与分析；
⑤ 熟练应用 Excel 进行速度等指标的计算。

关键术语

发展水平　平均发展水平　增长量　平均增长量　发展速度
平均发展速度　增长速度　平均增长速度　长期趋势

引导案例

经初步核算，2012 年全年国内生产总值 519 322 亿元，比上年增长 7.8%。其中，第一产业增加值 52 377 亿元，比上年增长 4.5%；第二产业增加值 235 319 亿元，比上年增长 8.1%；第三产业增加值 231 626 亿元，比上年增长 8.1%。全国农民工总量为 26 261 万人，比上年增长 3.9%。其中，外出农民工 16 336 万人，比上年增长 3.0%；本地农民工 9 925 万人，比上年增长 5.4%。全年粮食种植面积 11 127 万公顷，比上年增加 69 万公顷；棉花种植面积 470 万公顷，比上年减少 34 万公顷；油料种植面积 1 398 万公顷，比上年增加 12 万公顷；糖料种植面积 203 万公顷，比上年增加 9 万公顷。全年粮食产量 58 957 万吨，比上年增加 1 836 万吨，比上年增长 3.2%。

思考题：在这个案例中，运用了哪些动态分析指标？它们是如何计算的？

5.1 动态数列概述

5.1.1 动态数列的概念和意义

1. 动态数列的概念

动态是指某一现象在时间上的发展变化。要进行动态分析，首先要编制动态数列。动态数列也称时间数列，是把某种社会经济现象在不同时间上的指标数值按时间的先后顺序加以排列形成的数列。如表 5-1 所示，将我国国内生产总值、年末国家外汇储备、粮食产量增长速度、全国城镇非私营单位在岗职工年平均工资等指标的指标数值，分别按时间先后顺序排列即形成动态数列。

表 5-1 我国近几年若干国民经济指标的发展变化情况

年　份	2008	2009	2010	2011	2012
国内生产总值（亿元）	314 045	340 903	401 513	473 104	519 322
年末国家外汇储备（亿美元）	19 460	23 992	28 473	31 811	33 116
粮食产量增长速度（%）	5.4	0.4	2.9	4.5	3.2
全国城镇非私营单位在岗职工年平均工资（元）	29 229	32 736	37 141	42 452	…

（资料来源：国家统计局 2012 年全国统计公报）

从表 5-1 中可以看出，动态数列是由互相配对的两个数列构成的：一个是反映时间顺序变化的数列；另一个是反映不同时间上指标数值变化的数列。

2. 动态数列的意义

第一，动态数列可以描述社会经济现象发展变化的过程和结果；第二，利用动态数列可以计算社会经济现象发展变化的速度，分析其发展趋势，进而揭示其发展变化的规律性；第三，通过对动态数列中有关统计数据的变化情况进行分析，配合适当的统计预测方法，可以对社会经济现象进行趋势预测；第四，可以将不同国家、地区、部门或企业在相同时间条件下的同一种指标的动态数列进行对比，发现不同国家之间、地区之间、部门之间或企业之间在某一方面存在的差异。

5.1.2 动态数列的种类

动态数列按其指标表现形式的不同，分为总量指标动态数列、相对指标动态数列和平均指标动态数列。其中，总量指标动态数列是最基本的动态数列，另外两种都是在总量指标动态数列的基础上派生的。

1. 总量指标动态数列

把某种总量指标在不同时间上的指标数值，按时间的先后顺序排列而形成的动态数列称为总量指标动态数列。如表 5-1 所示，把 2008—2012 年期间我国每年的国内生产总值指标，按时间的先后顺序排列而形成的动态数列就属于总量指标动态数列。根据总量指标动态数列中的指标数值所属的时间状况不同，可分为时期指标动态数列和时点指标动态数列，分别简称为时期数列和时点数列。

（1）时期数列

在总量指标动态数列中，如果每个指标数值都反映现象在一段时间内发展过程的总量，那么这种总量指标动态数列就属于时期数列。表 5-1 中的国内生产总值动态数列就属于时期数列。时期数列中的每个指标数值所属的时间长度叫做时期。例如，在国内生产总值动态数列中，国内生产总值的每个指标数值所属的时期都是一年。

在编制时期数列时，一个时期可以是一个月、半年、一年或更长时期。时期长短的确定主要取决于研究现象的特点和研究目的。

（2）时点数列

在总量指标动态数列中，如果每个指标数值都反映现象在某一时刻的总量，那么这种总量指标动态数列就称为时点数列。表 5-1 中的年末国家外汇储备动态数列就属于时点数列。时点数列的时间要素中没有时期，只有时点。时点数列中相邻两个时点之间的距离叫做间隔，例如，在年底就业人数动态数列中，相邻两个时点之间的间隔都是一年。

（3）时期数列与时点数列的区别

1）时期数列中的每个指标数值都反映现象在某一段时间内发展过程的总量，因此，要对现象在这段时间内的发展变化情况进行连续不断的登记，才能汇总出现象在该段时间内变化的总量。而时点数列中的每个指标数值都反映现象在某一个时间点上、某一时刻的总量，因此，对时点数列中的指标数值一般不需要连续登记，只需要确定具体的时间点，对现象在该时间点上的总量进行登记即可。

2）时期数列中各个时期的指标数值相加有实际意义，即具有可加性。如表 5-1 所示，将 2008—2012 年期间各年度的国内生产总值相加，可以得到 5 年的国内生产总值，这是有实际意义的；而时点数列中不同时点上的指标数值相加没有实际意义，即不具有可加性。如表 5-1 所示，2012 年年末国家外汇储备为 33 116 亿美元，其中包含了 2011 年年末的一部分外汇储备，也就是说，后一时点上的指标数值与前一时点上的指标数值之间可能有重复部分，如果将 2012 年的与 2011 年的相加，说这两年的国家外汇储备是 64 927 亿美元，这是不切合实际的。

3）时期数列中指标数值的大小与时期的长短有直接关系。一般来讲，时期越长，指标数值就越大；时期越短，指标数值就越小。例如，5 年的国内生产总值比其中任何 1 年的国内生产总值要大；而时点数列中各个指标数值的大小与时点之间间隔的长短没有直接关系。例如，某企业的职工人数有可能随时点之间间隔的延长而增加，也有可能随时点之间间隔的延长而减少。

2．相对指标动态数列

把某种相对指标在不同时间上的指标数值，按时间的先后顺序排列而形成的动态数列称为相对指标动态数列，它可以反映某种相对指标在不同时间上的发展变化情况。如表 5-1 所示，把 2008—2012 年期间我国粮食产量增长速度，按时间的先后顺序排列而形成的数列就属于相对指标动态数列，它反映了近几年来我国粮食产量增长的变化情况。

相对指标动态数列中的各时间上的指标数值是不能加总的。

3．平均指标动态数列

把某种平均指标在不同时间上的指标数值，按时间的先后顺序排列而形成的动态数列叫做平均指标动态数列，它可以反映某种现象平均水平的发展变化情况。如表 5-1 所示，把 2008—2012 年期间我国每年的全国城镇非私营单位在岗职工年平均工资，按时间的先后顺序排列而成的数列就属于平均指标动态数列，它反映了这几年来我国职工平均工资的变化情况。

平均指标动态数列中的各时间上的指标数值也是不能加总的。

检查点

我国历年耕地总面积、历年新增人口数、历年图书出版量、历年黄金储备量、某地区国有企业历年资金利税率、某企业历年工人平均工资这几个动态数列中，哪些是时期数列？哪些是时点数列？哪些是相对指标动态数列？哪些是平均指标动态数列？

5.1.3 动态数列编制的原则

1．总体范围应当一致

总体范围，通常是指现象的空间范围。无论是时期数列还是时点数列，如果不同时间上的总体范围不一致，就不能对数列中不同时间上的指标数值直接进行比较，而必须经过调整后才能进行比较。

2．时间长短应当一致

对于时期数列来说，指标数值的大小与其所属的时期长短有直接关系，所以各项指标数值所属的时期长短应当一致。若时期长短不一致，则指标数值不可比。

对于时点数列来说，指标数值的大小与相邻时点之间的间隔长短没有直接关系，但为了更准确地反映现象发展变化的状况，并便于对不同时点上的指标数值进行对比，同一时点数列中相邻时点之间的间隔长短也应当尽可能保持一致。

3．指标数值的计算方法、计算价格和计量单位等应当一致

由于同一统计指标的计算方法、计算价格和计量单位可能有多种，如国内生产总值有生产法、收入法和支出法等多种计算方法、工业产品有批发价格、零售价格等多种价格。因此，为了使同一数列中的各项指标数值之间具有可比性，对数列中不同时间上的各项指标数值应采用统一的计算方法、计算价格和计量单位。

4．指标的经济内容应当一致

动态数列中的统计指标反映着某种特定的经济内容，即使是同一种指标，随着时间的推移，其涵盖的经济内容也可能发生变化。如果指标的经济内容不同，指标数值之间就没有可比性。因此，在编制动态数列时，需要根据指标经济内容的变化调整相应的指标数值。否则，

在进行动态对比分析时就会得出错误的结论，无法揭示现象发展变化的规律性。

总之，保证动态数列各项指标数值的可比性是编制动态数列的最基本的原则。

5.2　动态数列的水平指标

动态数列虽然描述了现象发展变化的过程和结果，但它还不能直接反映现象随时间推移而发生的增减数量、发展速度的变化及规律性等，这需要运用一系列的动态分析指标。常用的动态分析指标包括两大类：一类是水平指标，主要用于分析现象发展的水平，包括发展水平、平均发展水平、增长量、平均增长量；另一类是速度指标，主要用于分析现象发展的速度，包括发展速度、增长速度、平均发展速度、平均增长速度。其中水平分析是速度分析的基础；速度分析是水平分析的深入和继续。

5.2.1　发展水平

发展水平又称发展量，是动态数列中每项具体的指标数值，反映社会经济现象在各个不同时间上所达到的规模或水平。发展水平可以表现为总量指标，如工资总额、工业增加值、年末职工人数等，也可以表现为相对指标或平均指标，如人口出生率、工人劳动生产率等。

发展水平通常用 a 来表示，各期发展水平可以分别用 $a_0, a_1, a_2, \cdots, a_{n-1}, a_n$ 来表示，其中 a_0 为最初水平，$a_1, a_2, \cdots, a_{n-1}$ 为中间水平，a_n 为最末水平。在对动态数列中的各项发展水平进行比较分析时，通常把分析研究时期的发展水平称为报告期水平，把作为比较基础时期的发展水平称为基期水平。某商场 2007—2012 年商品销售收入如表 5-2 所示。

表 5-2　某商场 2007—2012 年商品销售收入

年　份	2007	2008	2009	2010	2011	2012
商品销售收入（万元）	689	764	1 049	1 252	1 438	1 641

从表 5-2 可以看出，a_0 为 689 万元，是 2007 年的发展水平即最初水平；a_5 为 1 641 万元，是 2012 年的发展水平即最末水平。如果将 2012 年和 2007 年的商品销售收入进行对比，则 a_5（1 641 万元）为报告期水平，a_0（689 万元）为基期水平。

5.2.2　平均发展水平

平均发展水平又称序时平均数或动态平均数，是动态数列中不同时间上发展水平的平均数，研究现象在不同时间上的数量表现，从动态上说明现象在某一时期内发展的一般水平，在统计实践中应用比较广泛。

虽然序时平均数与一般平均数都是将若干个数值加以平均后所形成的抽象化的指标数值，都反映了现象的一般水平，但二者是有区别的，其区别表现在以下几方面。

第一，依据的资料不同。计算序时平均数依据的是动态数列，而计算一般平均数主要依据变量数列。

第二，抽象掉的差异不同。序时平均数抽象掉某种指标在不同时间上的指标数值之间的差异，而一般平均数抽象掉某种数量标志在同一时间上的不同标志值之间的差异。

第三，反映的一般水平不同。序时平均数反映某种指标在一段时间内发展变化的一般水平，而一般平均数则反映某种数量标志在某一时间状态下各个数量标志值的一般水平。正是由于一般平均数的计算不受时间变动的影响，所以一般平均数又称静态平均数。

总量指标动态数列、相对指标动态数列和平均指标动态数列 3 种动态数列在计算平均发展水平的方法上互不相同，其中根据总量指标动态数列计算平均发展水平的方法是最基本的。现将根据这 3 种数列计算平均发展水平的方法分别加以说明。

1．根据总量指标动态数列计算平均发展水平

总量指标动态数列有时期数列和时点数列之分，根据这两种数列计算平均发展水平的方法也有所不同。

（1）根据时期数列计算平均发展水平

一般情况下，根据时期数列计算平均发展水平，可直接采用简单算术平均法，即将时期数列中各指标数值相加，再除以时期的项数。其计算公式为

$$\bar{a}=\frac{a_1+a_2+\cdots+a_n}{n}=\frac{\sum a}{n}$$

式中，$\bar{a}$ 表示平均发展水平；a 表示各个时期的发展水平；n 表示时期的项数。

【例 5-1】根据表 5-2 中的商品销售收入动态数列，计算该商场 2008—2012 年的年平均销售收入。

$$\bar{a}=\frac{\sum a}{n}=\frac{764+1\,049+1\,252+1\,438+1\,641}{5}=\frac{6\,144}{5}=1\,228.8\text{（万元）}$$

该商场 2008—2012 年的年平均商品销售收入为 1 228.8 万元。

（2）根据时点数列计算平均发展水平

时点数列中的指标数值反映现象在某一时点上的总量，现实中一般以“日（天）”作为时点数列的瞬间单位。如果时点数列中的指标数值是逐日登记的，这种时点数列称为连续时点数列；如果时点数列中的指标数值是间隔一段时间登记一次，如在每月末、季末或年末进行登记，这样的时点数列称为间断时点数列。

在间断时点数列中，相邻时点之间的间隔长度可能相等，也可能不相等。如果相邻时点之间的间隔长度都相等，那么这一数列就称为间隔相等的间断时点数列；否则称为间隔不等的间断时点数列。

1）根据连续时点数列计算平均发展水平。

① 当逐日登记并逐日给出资料，而且没有对资料进行分组，可采用简单算术平均法计算平均发展水平。其计算公式为

$$\bar{a}=\frac{a_1+a_2+\cdots+a_n}{n}=\frac{\sum a}{n}$$

式中，a 表示各个时点的发展水平；n 表示时点的项数。

【例 5-2】某企业 2012 年 5 月上旬原材料库存量如表 5-3 所示，计算该企业 5 月上旬日平均库存量。

表 5-3　某企业 5 月上旬库存量资料

单位：千克

日　期	1 日	2 日	3 日	4 日	5 日	6 日	7 日	8 日	9 日	10 日
库 存 量	460	460	460	480	480	470	500	500	520	520

该企业 5 月上旬日平均库存量为

$$\bar{a}=\frac{\sum a}{n}=\frac{460+460+460+480+480+470+500+500+520+520}{10}=\frac{4\,850}{10}=485(\text{千克})$$

② 如果仅在时点指标数值发生变化时进行登记，登记时间仍然以“日”为单位，而且对资料进行了分组，那么可用指标数值持续不变的时间长度（f）为权数，采用加权算术平均法计算平均发展水平。其计算公式为

$$\bar{a}=\frac{\sum af}{\sum f}$$

式中，f 表示各指标数值持续不变的时间长度（天数）。

【例 5-3】某企业 5 月上旬库存量如表 5-4 所示，即在库存量发生变动时进行登记，要求计算该企业 5 月上旬日平均库存量。

表 5-4　某企业 5 月上旬库存量

单位：千克

日　期	1 日	4 日	6 日	7 日	9 日
库 存 量	460	480	470	500	520

则该企业 5 月上旬日平均库存量为

$$\bar{a}=\frac{\sum af}{\sum f}=\frac{460\times3+480\times2+470\times1+500\times2+520\times2}{3+2+1+2+2}=485(\text{千克})$$

2）根据间断时点数列计算平均发展水平。

根据我国现行的统计报告制度，对于一些重要的时点现象（如银行存款余额、商品库存量、商品库存额、职工人数等）的指标数值，一般都可以从报表中取得月末数据，并可以据此编制时点数列。

① 根据间隔相等的间断时点数列计算平均发展水平。间隔相等的间断时点数列中的指标数值需要间隔一定的时间登记一次，而且每相邻两次登记的时间间隔都相等，即在间隔相等的时点上进行登记。根据间隔相等的间断时点数列计算平均发展水平时，一般要分为两个步骤：首先，计算相邻两个时点间隔期内的平均水平；其次，将各间隔期内的平均水平再平均，得出该时点数列的平均发展水平。其计算公式为

$$\bar{a}=\frac{\frac{a_1+a_2}{2}+\frac{a_2+a_3}{2}+\cdots+\frac{a_{n-1}+a_n}{2}}{n-1}=\frac{\frac{a_1}{2}+a_2+a_3+\cdots+\frac{a_n}{2}}{n-1}$$

这种计算平均发展水平的方法又称首末折半法或首尾折半法。

【例5-4】某商场2012年9—12月售货员人数如表5-5所示，试计算该商场第4季度的平均售货员人数。

表5-5 某商场2012年9—12月售货员人数

月　份	9月	10月	11月	12月
月末售货员人数（人）	86	91	105	98

表5-5中所记录的是该商场2012年9—12月期间各月末的售货员人数资料，由于相邻时点之间的间隔均为一个月，所以该数列属于间隔相等的间断时点数列，应该采用“首末折半法”计算平均发展水平。

该商场2012年第4季度平均售货员人数为：

$$\bar{a}=\frac{\frac{a_1}{2}+a_2+a_3+\cdots+\frac{a_n}{2}}{n-1}=\frac{\frac{86}{2}+91+105+\frac{98}{2}}{4-1}=96\text{（人）}$$

② 根据间隔不等的间断时点数列计算平均发展水平。间隔不等的间断时点数列中的指标数值需要间隔一定的时间登记一次，相邻两次登记的时间间隔不完全相等，即在间隔不完全相等的时点上进行登记。根据间隔不等的间断时点数列计算平均发展水平时，一般要分为两个步骤：首先，将相邻两个时点数值相加后除以2，得出两个相邻时点上的指标数值的平均数；其次，将各间隔的时间长度（f）作为权数，对各间隔期的平均水平再加权平均，得出该时点数列的平均发展水平。其计算公式为

$$\bar{a}=\frac{\frac{a_1+a_2}{2}\times f_1+\frac{a_2+a_3}{2}\times f_2+\cdots+\frac{a_{n-1}+a_n}{2}\times f_{n-1}}{f_1+f_2+\cdots+f_{n-1}}$$

式中，f表示相邻时点之间的时间间隔长度。

【例5-5】某企业2012年各月职工人数如表5-6所示，试计算该企业的年平均职工人数。

表5-6 某企业2012年各月职工人数

时　间	1月初	3月初	7月初	10月初	12月末
职工人数（人）	1 600	800	1 000	1 400	1 200

该企业2012年平均职工人数为

$$\bar{a}=\frac{\frac{a_1+a_2}{2}\times f_1+\frac{a_2+a_3}{2}\times f_2+\cdots+\frac{a_{n-1}+a_n}{2}\times f_{n-1}}{f_1+f_2+\cdots+f_{n-1}}$$

$$=\frac{(\frac{1\,600+800}{2})\times 2+(\frac{800+1\,000}{2})\times 4+(\frac{1\,000+1\,400}{2})\times 3+(\frac{1\,400+1\,200}{2})\times 3}{2+4+3+3}$$

$$=1125\text{（人）}$$

2. 根据相对指标动态数列计算平均发展水平

相对指标动态数列通常是由两个有联系的总量指标动态数列的相应项对比而形成的，因

此计算相对指标动态数列的平均发展水平时，不能直接对数列中的相对指标数值进行平均，而应该根据分子数列和分母数列的性质，分别计算其平均发展水平，然后将两个数列的平均发展水平加以对比求得。

若设 $c=a/b$ 表示相对指标动态数列的指标数值，其中 a 和 b 都属于总量指标数值，则平均发展水平的计算公式为

$$\bar{c}=\frac{\bar{a}}{\bar{b}}$$

式中，$\bar{a}$ 表示分子数列的平均发展水平；$\bar{b}$ 表示分母数列的平均发展水平；$\bar{c}$ 表示相对指标动态数列的平均发展水平。

【例 5-6】某商场 2009 年第 2 季度各月商品流转情况如表 5-7 所示，试计算 2012 年第 2 季度平均每月的商品流转次数。

表 5-7　某商场 2012 年第 2 季度各月商品流转情况　　单位：万元

时　　间	3 月	4 月	5 月	6 月
商品销售额 a	130	131	143	152
月末商品库存额 b	44	39	41	48

商品销售额是时期指标，商品库存额是时点指标。商品流转次数=商品销售额/商品平均库存额。分别求出分子数列和分母数列的平均发展水平，然后将其对比，即可得到第 2 季度平均每月的商品流转次数：

$$\bar{c}=\frac{\bar{a}}{\bar{b}}=\frac{(131+143+152)\div 3}{(\frac{44}{2}+39+41+\frac{48}{2})\div 3}=\frac{142}{42}=3.38\text{（次）}$$

若要计算该商场第 2 季度的商品流转次数，可使用简便算法 $3.38\times 3=10.14$（次）。

讨论

在例 5-6 中，要计算该商场第 2 季度的商品流转次数，如果不使用简便算法，用公式应如何计算？

3．根据平均指标动态数列计算平均发展水平

平均指标动态数列有一般平均数动态数列和序时平均数动态数列两种，其具体计算方法也不相同。

（1）根据一般平均数动态数列计算平均发展水平

一般平均数动态数列是由总体标志总量动态数列和总体单位总量动态数列的相应项对比形成的动态数列。其平均发展水平的计算方法与相对指标动态数列平均发展水平的计算方法一样，先分别对分子数列和分母数列计算平均发展水平，再将这两个平均发展水平对比即可得出一般平均数动态数列的平均发展水平。

（2）根据序时平均数动态数列计算平均发展水平

序时平均数动态数列是由各期平均发展水平按时间顺序排列而形成的动态数列。计算其平均发展水平时，若各平均指标所属的时间长度相等，则采用简单算术平均法；若各平均指标所属的时间长度不等，则要以时间长度为权数，采用加权算术平均法。

例如，表 5-1 中的“职工年平均工资”动态数列，就是一个序时平均数动态数列，其序时平均数“我国近几年（2007—2011）职工年平均工资”可采用简单算术平均法计算，其计算公式为

$$\bar{a}=\frac{a_1+a_2+a_3+\cdots+a_n}{n}=\frac{\sum a}{n}$$

则

$$\text{职工年平均工资}=\frac{29\,229+32\,736+37\,141+424}{4}=\frac{99\,530}{4}=24\,882.5\text{（元）}$$

提示

相对指标动态数列和平均指标动态数列可能是由两个时期数列对比形成的，也可能是由两个时点数列对比形成的，还有可能是一个时期数列和一个时点数列对比形成的。

5.2.3 增长量与平均增长量

1. 增长量

增长量是表明报告期水平比基期水平增长或减少的绝对量，等于报告期水平与基期水平之差。其计算公式为

增长量=报告期水平−基期水平

增长量有正负之分，若为正值，表明报告期水平比基期水平增加的数量；若为负值，表明报告期水平比基期水平减少的数量。

由于采用的基期不同，增长量可分为逐期增长量和累计增长量。

（1）逐期增长量

逐期增长量是报告期水平与前一期水平之差，说明现象逐期增长的数量。其公式为

逐期增长量=报告期水平−报告期的前一期水平$=a_n-a_{n-1}$

（2）累计增长量

累计增长量是报告期水平与某一固定基期水平（最初水平）之差，说明现象在某一段时间内总的增长量。其计算公式为

累计增长量=报告期水平−固定基期水平$=a_n-a_0$

（3）逐期增长量和累计增长量之间的关系

1）累计增长量等于同一动态数列中各项逐期增长量之和，即

$$a_n-a_0=(a_1-a_0)+(a_2-a_1)+(a_3-a_2)+\cdots+(a_n-a_{n-1})$$

2）逐期增长量等于两个相邻时期累计增长量之差，即

$$a_n - a_{n-1} = (a_n - a_0) - (a_{n-1} - a_0)$$

【例 5-7】我国近几年财政收入及其增长量如表 5-8 所示。

表 5-8 我国近几年国内生产总值及其增长量 单位：亿元

年 份	2008	2009	2010	2011	2012
发展水平 a	314 045	340 903	401 513	473 104	519 322
逐期增长量 $a_n - a_{n-1}$	—	26 858	60 610	71 591	46 218
累计增长量 $a_n - a_0$	—	26 858	87 468	159 059	205 277

（资料来源：国家统计局 2012 年全国统计公报）

2. 平均增长量

平均增长量是指动态数列中各项逐期增长量的序时平均数，说明某种现象在一定时期内平均每期增长的数量。其计算公式为

$$平均增长量 = \frac{逐期增长量之和}{逐期增长量个数} = \frac{累计增长量}{动态数列的项数 - 1}$$

如表 5-8 所示，我国 2008—2012 年国内生产总值的年平均增长量为

$$平均增长量 = \frac{a_n - a_0}{n-1} = \frac{205\,277}{5-1} = 51\,319.25 \text{（亿元）}$$

5.3 动态数列的速度指标

速度指标用于分析现象发展变化的速度，主要包括发展速度、增长速度、平均发展速度和平均增长速度。

5.3.1 发展速度

发展速度是动态数列中报告期水平与基期水平相比形成的动态相对指标，可以反映某种社会经济现象发展变化的程度。其计算公式为

$$发展速度 = \frac{报告期水平}{基期水平}$$

发展速度通常用百分数表示，说明某种现象的报告期水平是基期水平的百分之几。当报告期水平与基期水平的比值较大时，发展速度也可以用倍数表示，说明现象的报告期水平是基期水平的若干倍。当发展速度大于 100%时，说明现象的量在增长；当其小于 100%时，说明现象的量在下降，但发展速度不会是负值。

根据采用的基期不同，发展速度可分为定基发展速度和环比发展速度。

1．定基发展速度

定基发展速度是报告期发展水平与某一固定基期发展水平（通常是最初水平）之比，用以反映现象在较长时间内总的发展速度。其公式为

$$定基发展速度=\frac{a_n}{a_0}$$

2．环比发展速度

环比发展速度是报告期水平与其前一期发展水平之比，用以表明现象在相邻两个时期发展变化的程度。其公式为

$$环比发展速度=\frac{a_n}{a_{n-1}}$$

3．定基发展速度和环比发展速度之间的关系

1）定基发展速度等于相应各时期环比发展速度的连乘积，即

$$\frac{a_n}{a_0}=\frac{a_1}{a_0}\times\frac{a_2}{a_1}\times\frac{a_3}{a_2}\times\cdots\times\frac{a_n}{a_{n-1}}$$

2）两个相邻时期的定基发展速度之比等于相应时期的环比发展速度，即

$$\frac{a_n}{a_0}\div\frac{a_{n-1}}{a_0}=\frac{a_n}{a_{n-1}}$$

5.3.2 增长速度

增长速度又称增长率，是增长量与基期水平的比值，是用以反映某种现象的量增长程度的动态分析指标，一般用百分数或倍数表示。其计算公式为

$$增长速度=\frac{增长量}{基期水平}=\frac{报告期水平-基期水平}{基期水平}=发展速度-1$$

根据采用的基期不同，增长速度可分为定基增长速度和环比增长速度。

1．定基增长速度

定基增长速度是累计增长量与固定基期水平之比，通常用定基发展速度减去 1 来计算，用以表明某种现象在较长一段时间内总的增长速度。其计算公式为

$$定基增长速度=定基发展速度-1=\frac{a_n}{a_0}-1$$

2．环比增长速度

环比增长速度是逐期增长量与前一时期发展水平之比，通常用环比发展速度减去 1 来计算，表明现象逐期增长的速度。其计算公式为

$$环比增长速度=环比发展速度-1=\frac{a_n}{a_{n-1}}-1$$

定基增长速度和环比增长速度都是发展速度的派生指标，它们只反映现象增长的相对程度。

提示

定基增长速度和环比增长速度之间没有直接的换算关系，两者之间的关系要通过定基发展速度和环比发展速度之间的关系才能表现出来。可先将若干项环比增长速度加1还原为环比发展速度，然后将这些环比发展速度连乘，得出定基发展速度，再用定基发展速度减1，得出定基增长速度。

【例5-8】表5-9是我国近几年的国内生产总值发展速度及增长速度。

表5-9　我国近几年国内生产总值发展速度及增长速度

年　份		2008	2009	2010	2011	2012
发展水平 a（亿元）		314 045	340 903	401 513	473 104	519 322
发展速度（%）	环比 $(\frac{a_n}{a_{n-1}})$	—	108.55	117.78	117.83	109.77
	定基 $(\frac{a_n}{a_0})$	—	108.55	127.85	150.65	165.37
增长速度（%）	环比 $(\frac{a_n}{a_{n-1}}-1)$	—	8.55	17.78	17.83	9.77
	定基 $(\frac{a_n}{a_0}-1)$	—	8.55	27.85	50.65	65.37

（资料来源：中国统计年鉴2008）

由表5-8可知，2012年定基发展速度为165.37%，而2008—2012年的环比发展速度的连乘积为

$$108.55\%\times117.78\%\times117.83\%\times109.77\%=165.37\%$$

正好等于2012年的定基发展速度。

另外，2012年的环比增长速度为9.77%，定基增长速度为65.37%，分别是2012年的环比发展速度和定基发展速度减1得到的。

5.3.3　平均发展速度与平均增长速度

1. 平均发展速度

平均发展速度，是指各个时期环比发展速度的序时平均数，用以反映现象在较长时间内逐期平均发展变化的程度。

由于定基发展速度是各环比发展速度的连乘积，所以平均发展速度不应该用算术平均法来计算，而应该用几何平均法或累计法来计算。

（1）几何平均法计算平均发展速度

几何平均法也称水平法，它的特点是从动态数列的最初水平 a_0 出发，假设现象按照平均发展速度发展下去，经过 n 期发展变化，达到最末水平 a_n 。计算平均发展速度的公式有 3 个：

$$\bar{x}=\sqrt[n]{x_1 \cdot x_2 \cdot x_3 \cdot \cdots \cdot x_n}=\sqrt[n]{\prod x} \tag{5-1}$$

$$\bar{x}=\sqrt[n]{\frac{a_1}{a_0}\times\frac{a_2}{a_1}\times\frac{a_3}{a_2}\times\cdots\times\frac{a_n}{a_{n-1}}}=\sqrt[n]{\frac{a_n}{a_0}} \tag{5-2}$$

$$\bar{x}=\sqrt[n]{R} \tag{5-3}$$

式中，$\bar{x}$ 表示平均发展速度；x 表示各期环比发展速度；$\prod$ 表示连乘符号；R 表示总速度；n 表示环比发展速度的项数。

对于以上 3 个计算公式，可以根据掌握的资料不同选择应用。如果掌握了各个时期的环比发展速度，就应用式（5-1）；如果掌握了最初水平和最末水平，就应用式（5-2）；如果掌握了现象发展的总速度，就应用式（5-3）。

【例 5-9】已知某工厂的工业总产值 2009—2012 年期间环比发展速度分别为 107%、107.8%、110.5%、114.6%。计算 2009—2012 年该厂工业总产值的平均发展速度。

该厂工业总产值的平均发展速度为

$$\bar{x}=\sqrt[n]{\prod x}=\sqrt[4]{107\%\times107.8\%\times110.5\%\times114.6\%}=109.94\%$$

【例 5-10】某地区 2001 年平均人口数为 120 万人，2012 年平均人口数为 145.42 万人，计算人口的平均发展速度。

人口的平均发展速度为

$$\bar{x}=\sqrt[n]{\frac{a_n}{a_0}}=\sqrt[11]{\frac{145.42}{120}}=101.76\%$$

【例 5-11】某企业 2012 年实现利润 920 万元，到 2032 年力争比 2012 年翻两番，计算平均发展速度。

从题目中可以看出，2032 年的利润要达到 2012 年的 4 倍，即利润指标的发展总速度（R）等于 400%。

则平均发展速度为 $\bar{x}=\sqrt[n]{R}=\sqrt[20]{4}=107.18\%$

几何平均法侧重考察最末一个时期达到的发展水平，如研究产值、产量、国民收入、国内生产总值、人均收入等经济指标的平均发展速度时常用几何平均法。

（2）累计法计算平均发展速度

累计法又称方程式法或代数平均法，它是以定基发展速度为基础计算平均发展速度的一种方法。其基本思想是，利用基期水平与各期的定基发展速度的乘积得出各期的发展水平，据此可计算各期发展水平之和，进而计算平均发展速度，即

$$a_0\frac{a_1}{a_0}+a_0\frac{a_2}{a_0}+a_0\frac{a_3}{a_0}+\cdots+a_o\frac{a_n}{a_0}=\sum_{i=1}^{n}a_i \tag{5-4}$$

证明：用 x_i 代表第 i 期的环比发展速度，则式（5-4）变为

$$a_0x_1 + a_0x_1x_2 + a_0x_1x_2x_3 + \cdots + a_0x_1x_2x_3\cdots x_n = \sum_{i=1}^{n} a_i$$

将各期环比发展速度取平均，用平均发展速度 $\bar{x}$ 替代各期环比发展速度 x_i，即

$$a_0\bar{x} + a_0\bar{x}\cdot\bar{x} + a_0\bar{x}\cdot\bar{x}\cdot\bar{x} + \cdots + a_0\bar{x}\cdot\bar{x}\cdot\bar{x}\cdots\bar{x} = \sum_{i=1}^{n} a_i$$

$$a_0\bar{x} + a_0\bar{x}^2 + a_0\bar{x}^3 + \cdots + a_0\bar{x}^n = \sum_{i=1}^{n} a_i$$

$$\bar{x} + \bar{x}^2 + \bar{x}^3 + \cdots + \bar{x}^n = \frac{\sum_{i=1}^{n} a_i}{a_0}$$

这个方程式的正根就是要计算的平均发展速度。由于计算比较烦琐，在实际工作中，一般是根据“平均增长速度查对表”查得所需要的平均发展速度。

累计法侧重考察全期发展水平的总和，如研究某时期的基本建设投资总额、垦荒面积和造林面积等经济指标的平均发展速度时常用累计法。

提示

平均发展速度的值总是正值。

2. 平均增长速度

平均增长速度，又称平均增长率，是指动态数列中各期环比增长速度的序时平均数，表明现象在一个较长时期内逐期增长的平均程度。其计算公式为

$$平均增长速度 = 平均发展速度-1 = \bar{x}-1$$

平均增长速度可能是正值，也可能是负值。若平均发展速度大于 1，则平均增长速度是正值，说明在一定时期内现象的发展水平是平均递增的；若平均发展速度小于 1，则平均增长速度是负值，说明在一定时期内现象的发展水平是平均递减的。例如，根据例 5-11 的资料，该企业 2012—2032 年间利润的年平均增长速度为 107.18%－1＝7.18%。

平均增长速度不应根据各期的环比增长速度直接计算，而应先计算平均发展速度，然后根据平均增长速度与平均发展速度的关系来计算。

检查点

已知某企业某种产品产量在 2008—2012 年，每年的增长速度分别为 4%、5%、9%、11%和 6%，那么这 5 年间，该产品产量的年平均增长速度是多少？

5.3.4　增长 1%的绝对值

增长速度指标虽然能够说明现象增长的程度，但由于对比基数的不同，可能产生高速度掩盖低增长的情况，使增长速度指标不能全面反映现象增长的实际情况。为了更全面地对现象的增长情况进行分析，通常还要计算增长 1%的绝对值指标。

在统计上，把增长速度和增长量结合起来计算增长1%的绝对值，实质上它就是现象前期水平的1%。其计算公式为

$$\text{增长1\%的绝对值}=\frac{\text{逐期增长量}}{\text{环比增长速度}}\times 1\%=\frac{\text{前期水平}}{100}$$

即

$$\frac{a_n-a_{n-1}}{\left(\dfrac{a_n}{a_{n-1}}-1\right)\times 100}=\frac{a_n-a_{n-1}}{\dfrac{a_n-a_{n-1}}{a_{n-1}}\times 100}=\frac{a_{n-1}}{100}$$

【例5-12】某企业2008—2012年固定资产投资额如表5-10所示。

表5-10　某企业2008—2012年固定资产投资额

单位：万元

年　份	2008	2009	2010	2011	2012
固定资产投资额	1 200	1 800	1 900	3 000	3 600

$$2009\text{年环比发展速度}=\frac{1\,800}{1\,200}=150\%\text{；}$$

$$2009\text{年增长1\%的绝对值}=\frac{1\,200}{100}=12\text{（万元）；}$$

$$2012\text{年环比发展速度}=\frac{3\,600}{3\,000}=120\%\text{；}$$

$$2012\text{年增长1\%的绝对值}=\frac{3\,000}{100}=30\text{（万元）。}$$

从以上计算可以看出，虽然2012年固定资产投资额的环比发展速度为120%，低于2009年的环比发展速度150%，但2012年固定资产投资额增长1%的绝对值为30万元，远远大于2009年的12万元，这说明该企业固定资产投资规模扩大了，而不是缩小了。

提示

在对现象的变动情况进行分析时，既要看速度，也要看速度背后的水平。所以，计算增长1%的绝对值指标是非常必要的。

5.4　动态数列的趋势分析

5.4.1　动态数列影响因素的分解

动态数列的趋势分析，就是通过对影响动态数列的各种因素加以分解和测定，研究现象总体发展变化的原因及规律性，为预测未来和决策提供依据。根据影响因素的性质不同，把影响动态数列的因素分解为长期趋势、季节变动、循环变动和不规则变动4种。

1．长期趋势（*T*）

长期趋势，是指现象在一个较长时期内持续发展变化的总趋势，这种趋势可以表现为持续上升、持续下降或基本持平。长期趋势可以是线性的，也可以是非线性的。长期趋势变动是由于现象受到各个时期普遍的、持续的、决定性的基本因素影响的结果。例如，由于人口增长、资源开发、科学进步等因素，社会生产总量呈现增长的趋势；由于矿产资源的减少，矿区的繁荣呈现逐步减退的趋势。

2．季节变动（*S*）

季节变动，是指现象受季节因素的影响，在一年或更短的时间内重复出现的周期性波动。影响季节变动的因素既有自然因素，也有人为因素，如气候条件、节假日及风俗习惯等。季节变动有以一年为周期的，也有以一日、一周、一月为周期的。例如，空调的月销售量以年为周期呈现周期性变动，夏季各月的销售量最高；商场的日零售额以周为周期呈现周期性变动，一般周末销售额最高。

3．循环变动（*C*）

循环变动，是指现象受多种因素的影响而发生的周期性涨落起伏的波动，变动的周期一般在一年以上，长短不一。循环变动多指经济发展兴衰交替的变动，引起循环变动的原因比较复杂。

4．不规则变动（*I*）

不规则变动，是指除上述 3 种变动以外，现象受临时的、偶然的或不明原因的影响而发生的非周期性、非趋势性的随机变动。这种变动是无法预知的，如战争爆发、各种自然灾害的发生等。

5.4.2　长期趋势的测定

长期趋势的测定就是用一定的方法对动态数列进行修匀，使修匀后的数列排除季节变动、循环变动和不规则变动等因素的影响，显示现象发展变化的基本趋势，为预测和决策提供依据。测定长期趋势的方法主要有时距扩大法、移动平均法和数学模型法。

1．时距扩大法

时距扩大法是测定长期趋势最简便的方法。它是将原动态数列中较短时距的若干个指标数值合并，得出较长时距的新的动态数列，以消除原数列中的季节变动、循环变动及各种偶然因素的影响，从而反映现象发展变化的长期趋势。

修匀后的动态数列中的指标可以用绝对数表示，也可以用平均数表示。前者只适用于时期数列，后者既适用于时期数列，也适用于时点数列。

【例 5-13】某商场某种商品 2012 年各月销售量如表 5-11 所示，用时距扩大法测定该商品销售量的长期趋势。

表 5-11　某商场某种商品 2012 年各月销售量　　单位：台

月　份	1	2	3	4	5	6	7	8	9	10	11	12
销 售 量	145	118	130	169	220	181	231	225	183	199	227	249

从表 5-11 中可以看出，该商场各月销售量的变动趋势不是很明显，中间有几次小的波动，如果采用时距扩大法，将时距由月扩大到季，就可以消除偶然因素对个别月份的销售量的影响，得到一个修匀的动态数列，使该动态数列中指标数值的变动趋势非常明显，如表 5-12 所示。

表 5-12　时距扩大为季后的销售量　　单位：台

季　　度	第 1 季度	第 2 季度	第 3 季度	第 4 季度
总销售量	393	570	639	675
各季度月平均销售量	131	190	213	225

用时距扩大法测定长期趋势简单明了，但时距究竟应该扩大到多少为宜，应根据原动态数列本身的特点而定。如果现象的变动本身就具有周期性，则时距长度应该与波动周期相一致。一般情况下，需要逐步扩大时距试算，以能够明显反映现象的发展趋势为宜。

2．移动平均法

（1）移动平均法的概念

移动平均法是对原有的动态数列按照事先规定的移动项数，采用逐项推移的方法，计算出一系列扩大了时距的序时平均数（也称移动平均数），形成新的动态数列。通过移动平均，可以对原动态数列中指标数值的波动起到一定的修匀作用，消除短期的、偶然的因素对动态数列的影响，使现象的长期趋势更加明显。

设动态数列中的指标数值依次为 $a_1, a_2, a_3, \cdots, a_n$。若取三项移动平均，则移动平均后形成的新的动态数列为：$\overline{a}_2, \overline{a}_3, \cdots, \overline{a}_{n-1}$。其计算公式为

$$\overline{a}_{n-1} = \frac{a_{n-2} + a_{n-1} + a_n}{3}$$

【例 5-14】某企业 2001—2012 年产品产量如表 5-13 所示，分别采用三项移动平均法和四项移动平均法，测定该产品产量的长期趋势。

表 5-13　某企业 2001—2012 某产品产量　　单位：万吨

年　份	产　量	三项移动平均	四项移动平均	四项移动平均后的移正
（1）	（2）	（3）	（4）	（5）
2001	85	—	—	—
2002	110	98.33	105.25	—
2003	100	112.00	119.25	112.25
2004	126	122.33	133.25	126.25
2005	141	144.33	148.25	140.75

续表

年　份	产　量	三项移动平均	四项移动平均	四项移动平均后的移正
（1）	（2）	（3）	（4）	（5）
2006	166	155.67	167.75	158.00
2007	160	176.67	180.50	174.13
2008	204	185.33	197.25	188.88
2009	192	209.67	224.00	210.63
2010	233	230.67	255.50	239.75
2011	267	276.67		—
2012	330	—	—	—

从表 5-13 中的资料和计算结果可以看出，原动态数列中的指标数值随时间的推移呈现增减变动的情况，长期趋势不明显，但经过三项移动平均或四项移动平均后，新数列中的指标数值明显呈现出逐年增长的趋势。

（2）应用移动平均法测定长期趋势时应注意的问题

1）移动平均数的位置。

若采用奇数项（3,5,7,…）移动平均时，计算出的移动平均数应置于正中间的时期所对应的位置上，如表 5-13 中的第 3 列数值是三项移动平均数。第一个数值 98.33=(85+ 110+100)/3，应置于第二项所对应的位置上；第二个数值 112.00=(110+100+126)/3，应置于第三项所对应的位置上；以此类推。

若采用偶数项（2,4,6,…）移动平均时，最初计算出的移动平均数应置于中间两个时期的中间的位置上，如表 5-13 中的第 4 列数值是四项移动平均数。第一个数值 105.25=（85+110+100+126）/4，应置于第二项和第三项的中间位置上；第二个数值 119.25=（110+100+126+141）/4，应置于第三项和第四项的中间位置上；以此类推。然后，对第四列中的移动平均数，必须再计算两项移动平均数，并将计算出的两项移动平均数置于两项的中间位置上，如表 5-13 中第 5 列数值是四项移动平均数的两项移动平均数。第一个数值 112.25=(105.25+119.25)/2；第二个数值 126.25=(119.25+133.25)/2；以此类推。这些两项移动平均数都应当置于每两项的中间位置上。

提示

在按偶数项移动平均的情况下，都需要经过两次移动平均。

2）移动项数的选择。根据资料的特点和研究的具体任务，可以进行两项、三项、四项、五项甚至更多项移动平均。如果现象的变动本身具有周期性，则移动平均的项数应当与该周期相一致。例如，在以月或季为时间单位的动态数列中，必须消除季节变动因素的影响，需要采用十二项或四项移动平均；在以年为时间单位的动态数列中，因为不存在季节变动的影响，所以需要消除的是循环变动和不规则变动的影响，循环的周期大致上是几年，就采用几项移动平均。

3．数学模型法

数学模型法是用适当的数学模型为动态数列配合一个方程式，计算各期的趋势值，并据以进行外推预测的方法。本章只介绍建立数学模型，进行直线趋势预测的方法。

如果动态数列中逐期增长量相对稳定，即现象的发展水平增减变化的绝对数大致相等，就应当配合直线方程，以直线作为趋势线，描述现象发展变化的趋势并进行预测。

直线趋势方程为

$$y_c = a + bt$$

式中，y_c 表示趋势值；a 表示趋势线在纵轴上的截距，即 $t=0$ 时 y_c 的数值；b 表示趋势线斜率，即 t 每增加或减少一个单位时，y_c 平均增加或减少的数值；t 表示时间序号。

直线趋势方程中的参数 a 和 b 通常用最小平方法（最小二乘法）求得。最小平方法就是通过数学公式，配合一条较为理想的趋势线来反映现象发展变动的情况。这种方法的数学依据是：数列实际值与数列的趋势值的离差平方和达到一个最小值，即 $\sum(y-y_c)^2 =$ 最小值，此方法既可用于配合直线，也可用于配合曲线。

在直线趋势方程 $y_c = a + bt$ 中，用最小平方法求参数 a 和 b。计算公式为

$$b = \frac{n\sum ty - \sum t \sum y}{n\sum t^2 - (\sum t)^2}$$

$$a = \frac{\sum y}{n} - \frac{b\sum t}{n} = \bar{y} - b\bar{t}$$

【例 5-15】 某地区近几年社会消费品零售总额如表 5-14 所示，试用最小平方法配合直线趋势方程，并预测该地区 2013 年社会消费品零售总额。

表 5-14 某地区近几年社会消费品零售总额 单位：亿元

年　份	时间序号 t	零售总额 y	t^2	ty	$y_c=19.41+3.17t$
2007	1	22	1	22	22.58
2008	2	28	4	56	25.75
2009	3	26	9	78	28.92
2010	4	35	16	140	32.09
2011	5	32	25	160	35.26
2012	6	40	36	240	38.43
合计	21	183	91	696	183.03

由表 5-14 可知：

$n=6$，$\sum t = 21$，$\sum t^2 = 91$，$\sum y = 183$，$\sum ty = 696$，将这些数据代入参数 a 和 b 的计算公式：

$$b = \frac{n\sum ty - \sum t \sum y}{n\sum t^2 - (\sum t)^2} = \frac{6\times 696 - 21\times 183}{6\times 91 - 21^2} = \frac{333}{105} = 3.17$$

$$a=\frac{\sum y}{n}-\frac{b\sum t}{n}=\frac{183}{6}-\frac{3.17\times 21}{6}=19.41$$

配合直线趋势方程：$y_c=19.41+3.17t$

要预测该地区 2013 年的社会消费品零售总额，则应当将 $t=7$ 代入直线趋势方程：

$$y_c=19.41+3.17\times 7=41.6\text{（亿元）}$$

为了简化计算过程，可以将动态数列中的时间原点设在动态数列的中间。当数列为奇数项时，时间序号为…, −3,−2,−1,0,1,2,3,…；当数列为偶数项时，时间序号为…, −5,−3,−1,1,3,5,…。这样可以使 $\sum t=0$，从而得出计算参数 a 和 b 的简化公式：

$$a=\frac{\sum y}{n}\qquad b=\frac{\sum ty}{\sum t^2}$$

经过这样处理，计算过程可以大大简化。

【例 5-16】 以表 5-14 中 2007—2012 年的销售额为例，将时间序号的原点设在数列的中间位置，配合直线趋势方程，并预测该地区 2013 年的社会消费品零售总额，如表 5-15 所示。

表 5-15　社会消费品零售总额配合直线方程简化计算表　　单位：亿元

年　份	时间序号 t	零售总额 y	t^2	ty	y_c=30.5+1.59t
2007	−5	22	25	−110	22.55
2008	−3	28	9	−84	25.73
2009	−1	26	1	−26	28.91
2010	1	35	1	35	32.09
2011	3	32	9	96	35.27
2012	5	40	25	200	38.45
合计	0	183	70	111	183.00

$$a=\frac{\sum y}{n}=\frac{183}{6}=30.5$$

$$b=\frac{\sum ty}{\sum t^2}=\frac{111}{70}=1.59$$

配合直线趋势方程：$y_c=30.5+1.59t$

要预测该地区 2013 年的社会消费品零售总额，则应当将 $t=7$ 代入直线趋势方程：

$$y_c=30.5+1.59\times 7=41.63\text{（亿元）}$$

5.5　Excel 在动态数列中的应用

我国 2002—2007 年粮食产量如表 5-16 所示。

表 5-16　我国 2002—2007 年粮食产量　　单位：万吨

年　份	2002	2003	2004	2005	2006	2007
粮食产量	45 705.8	43 069.53	46 946.95	48 402.19	49 804.23	50 160.3

（资料来源：中国统计年鉴 2008）

要求利用 Excel 计算定基发展速度、环比发展速度、定基增长速度、环比增长速度、增长 1%绝对值等指标。

在 Excel 中根据公式计算各项速度指标的具体操作步骤如下。

第一步：新建工作表，输入表头“计算各项速度指标”，输入表 5-16 中的数据，如图 5-1 所示。

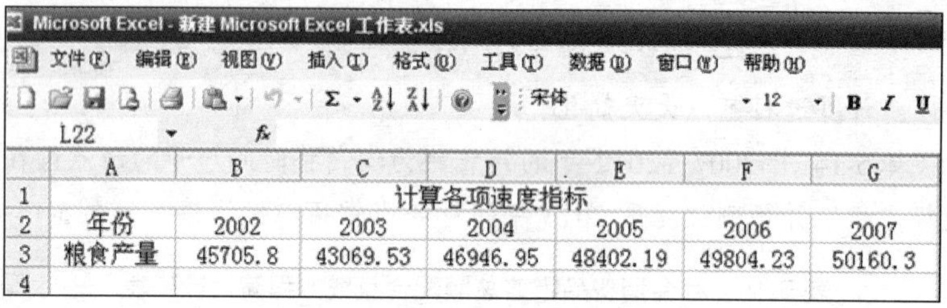

	A	B	C	D	E	F	G
1	计算各项速度指标						
2	年份	2002	2003	2004	2005	2006	2007
3	粮食产量	45705.8	43069.53	46946.95	48402.19	49804.23	50160.3
4							

图 5-1　我国 2002—2007 年粮食产量

第二步：计算定基发展速度。单击 C4 单元格，输入公式“=C3/B3*100”，按回车键，然后利用单元格填充功能计算出 D4:G4 单元格区域的数值，如图 5-2 所示。

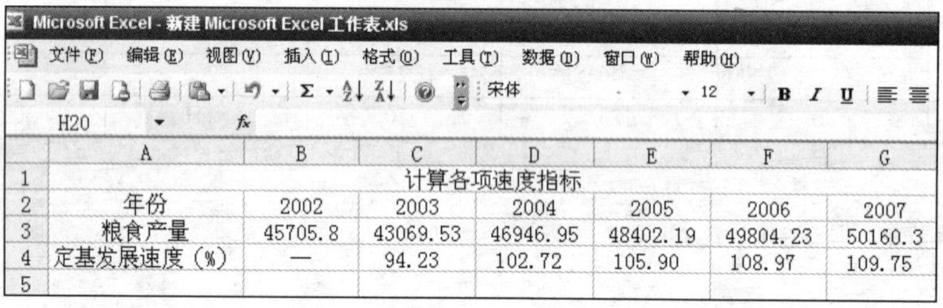

	A	B	C	D	E	F	G
1	计算各项速度指标						
2	年份	2002	2003	2004	2005	2006	2007
3	粮食产量	45705.8	43069.53	46946.95	48402.19	49804.23	50160.3
4	定基发展速度（%）	—	94.23	102.72	105.90	108.97	109.75
5							

图 5-2　定基发展速度的计算

第三步：计算环比发展速度。单击 C5 单元格，输入公式“=C3/B3*100”，按回车键，然后利用单元格填充功能计算 D5:G5 单元格区域的数值，如图 5-3 所示。

	A	B	C	D	E	F	G
1	计算各项速度指标						
2	年份	2002	2003	2004	2005	2006	2007
3	粮食产量	45705.8	43069.53	46946.95	48402.19	49804.23	50160.3
4	定基发展速度（%）	—	94.23	102.72	105.90	108.97	109.75
5	环比发展速度（%）	—	94.23	109.00	103.10	102.90	100.71
6							

图 5-3　环比发展速度的计算

第四步：计算定基增长速度。单击 C6 单元格，输入公式“=C4−100”，按回车键，然后利用单元格填充功能计算 D6:G6 单元格区域的数值，如图 5-4 所示。

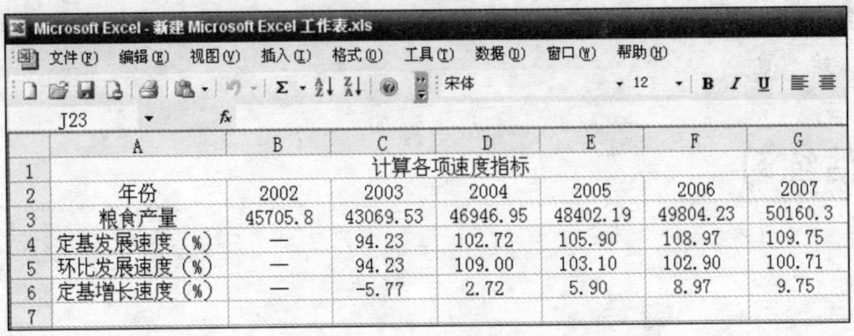

	A	B	C	D	E	F	G
1	计算各项速度指标						
2	年份	2002	2003	2004	2005	2006	2007
3	粮食产量	45705.8	43069.53	46946.95	48402.19	49804.23	50160.3
4	定基发展速度（%）	—	94.23	102.72	105.90	108.97	109.75
5	环比发展速度（%）	—	94.23	109.00	103.10	102.90	100.71
6	定基增长速度（%）	—	-5.77	2.72	5.90	8.97	9.75
7							

图 5-4　定基增长速度的计算

第五步：计算环比增长速度。单击 C7 单元格，输入公式“=C5−100”，按回车键，然后利用单元格填充功能计算出 D7:G7 单元格区域的数值，如图 5-5 所示。

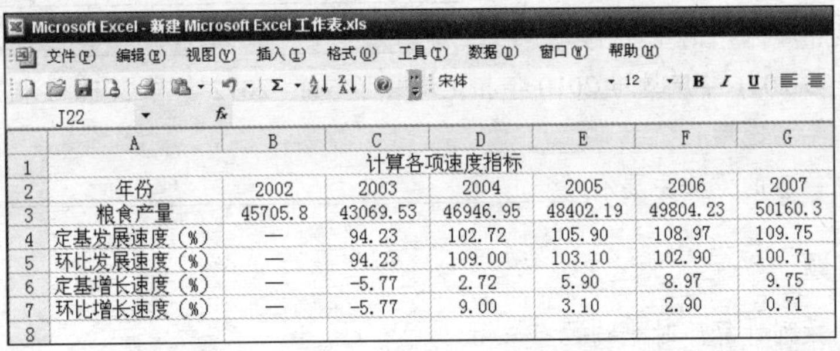

	A	B	C	D	E	F	G
1	计算各项速度指标						
2	年份	2002	2003	2004	2005	2006	2007
3	粮食产量	45705.8	43069.53	46946.95	48402.19	49804.23	50160.3
4	定基发展速度（%）	—	94.23	102.72	105.90	108.97	109.75
5	环比发展速度（%）	—	94.23	109.00	103.10	102.90	100.71
6	定基增长速度（%）	—	-5.77	2.72	5.90	8.97	9.75
7	环比增长速度（%）	—	-5.77	9.00	3.10	2.90	0.71
8							

图 5-5　环比增长速度的计算

第六步：计算增长 1%的绝对值。单击 C8 单元格，输入公式“=B3/100”，按回车键，然后利用单元格填充功能计算出 D8:G8 单元格区域的数值，如图 5-6 所示，计算过程完成。

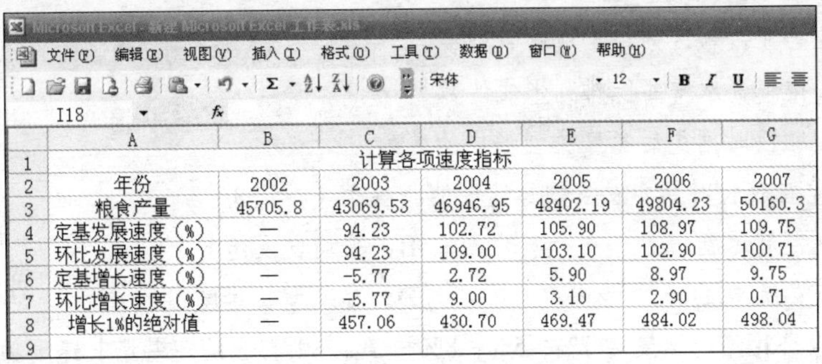

	A	B	C	D	E	F	G
1	计算各项速度指标						
2	年份	2002	2003	2004	2005	2006	2007
3	粮食产量	45705.8	43069.53	46946.95	48402.19	49804.23	50160.3
4	定基发展速度（%）	—	94.23	102.72	105.90	108.97	109.75
5	环比发展速度（%）	—	94.23	109.00	103.10	102.90	100.71
6	定基增长速度（%）	—	-5.77	2.72	5.90	8.97	9.75
7	环比增长速度（%）	—	-5.77	9.00	3.10	2.90	0.71
8	增长1%的绝对值	—	457.06	430.70	469.47	484.02	498.04
9							

图 5-6　增长 1%绝对值的计算

本章小结

动态数列是把某种社会经济现象在不同时间上的指标数值按时间的先后顺序加以排列形成的数列，对于分析和研究社会经济现象随时间发展变化的情况、测定长期趋势等具有重要意义。动态数列有总量指标动态数列、相对指标动态数列和平均指标动态数列之分。动态数列的水平指标有发展水平、平均发展水平、增长量和平均增长量；速度指标有发展速度、平均发展速度、增长速度、平均增长速度，以及增长 1%的绝对值。不同的动态分析指标计算方法不同，其中平均发展水平的计算及分析是难点。

本章评估练习

1．填空题

（1）动态数列按其指标表现形式的不同分为________________、______________和平均指标动态数列。

（2）增长量是报告期水平与基期水平之差，由于采用的基期不同，可分为_________增长量和_________增长量，二者之间的关系表现为____________________________。

（3）发展速度由于采用的基期不同，可分为___________和___________。

（4）已知某产品 2011 年产量与 2010 年相比增长了 5%，2012 年与 2010 年相比增长了 12%，则 2012 年与 2011 年相比增长了__________。

（5）测定长期趋势的方法主要有____________、____________和____________。

2．单项选择题

（1）根据时期数列计算序时平均数应采用（　　）。

A．几何平均法　　B．加权算术平均法

C．简单算术平均法　　D．首末折半法

（2）下列数列中属于动态数列的是（　　）。

A．学生按学习成绩分组形成的数列

B．工业企业按地区分组形成的数列

C．职工按工资水平高低排列形成的数列

D．出口额按时间先后顺序排列形成的数列

（3）说明现象在较长时期内发展的总速度的指标是（　　）。

A．环比发展速度　　B．平均发展速度

C．定基发展速度　　D．定基增长速度

（4）已知各期环比增长速度为 2%、5%、8%和 7%，则相应的定基增长速度为（　　）。

A．(102%×105%×108%×107%)−1

B．102%×105%×108%×107%

C．2%×5%×8%×7%

D．(2%×5%×8%×7%)−1

（5）以 1993 年为基期，2012 年为报告期，计算某现象的平均发展速度应开（　　）。

A．19 次方　　B．18 次方　　C．20 次方　　D．21 次方

3．多项选择题

(1) (　　) 是时期数列。

A．我国近几年来的耕地总面积　　B．我国历年新增人口数

C．我国历年图书出版量　　D．我国历年黄金储备

E．某地区国有企业历年资金利税率

(2) 下面适合用几何平均法计算平均发展速度的现象是 (　　)。

A．基本建设投资额　　B．商品销售量　　C．垦荒造林数量

D．居民消费支出状况　　E．产品产量

(3) 累计增长量与逐期增长量 (　　)。

A．前者基期水平不变，后者基期水平总在变动

B．各逐期增长量之和等于累计增长量

C．相邻两期的逐期增长量之差等于相应的累计增长量

D．都可以计算较长时期内的平均增长量　　E．都属于水平分析指标

(4) 计算平均发展水平可采用的公式有 (　　)。

A．$\dfrac{\sum a}{n}$

B．$\dfrac{\frac{1}{2}a_1 + a_2 + a_3 + \cdots + \frac{1}{2}a_n}{n-1}$

C．$\dfrac{\frac{a_1+a_2}{2}f_1 + \frac{a_2+a_3}{2}f_2 + \cdots + \frac{a_{n-1}+a_n}{2}f_{n-1}}{\sum f}$

D．$\bar{c} = \dfrac{\bar{a}}{\bar{b}}$　　E．$\sqrt[n]{\dfrac{a_n}{a_0}}$

(5) 计算平均发展速度的方法有 (　　)。

A．加权算术平均法　　B．几何平均法

C．方程式法　　D．调和平均法

4．判断题

(1) 发展水平就是动态数列中的每一项具体指标数值，它只能表现为绝对数。(　　)

(2) 若将 2007—2012 年年末国有企业固定资产净值按时间先后顺序排列，该动态数列称为时点数列。(　　)

(3) 定基发展速度等于相应各个环比发展速度的连乘积，所以定基增长速度也等于相应各个环比增长速度的连乘积。(　　)

(4) 若逐期增长量每年相等，则其各年的环比发展速度是年年下降的。(　　)

(5) 平均增长速度不是根据各个增长速度直接求得的。(　　)

5. 简答题

（1）什么是动态数列？动态分析采用的分析指标有哪些？

（2）什么是时期数列和时点数列？二者相比较各有什么特点？

（3）什么是环比发展速度？什么是定基发展速度？二者有何关系？

（4）序时平均数和一般平均数有何区别与联系？

（5）简述计算平均发展速度的水平法和累计法的特点。

6. 计算题

（1）某工业企业的调查资料如表5-17所示，请填写表中所缺数字。

表5-17 某工业企业的调查资料

年份	总产值（万元）	增长量（万元）		发展速度（%）		增长速度（%）	
		逐期	累计	定基	环比	定基	环比
2008	253						
2009		24					
2010				116.7			
2011						26.5	
2012				147.3			

（2）某商店2012年各月末商品库存额资料如表5-18所示，又知2012年1月1日商品库存额为63万元。试计算上半年、下半年和全年的平均商品库存额。

表5-18 某商店2012年各月末商品库存额

月份	1	2	3	4	5	6	8	11	12
商品库存额（万元）	60	55	48	43	40	50	45	60	68

（3）某工业企业工业总产值和月初工人数如表5-19所示，试计算一季度月平均劳动生产率、一季度平均劳动生产率。

表5-19 某工业企业工业总产值和月初工人数

月份	1	2	3	4
工业总产值（万元）	180	160	200	190
月初工人数（人）	600	580	620	600

（4）某地区2001年平均人口数为150万人。2012年人口变动情况如表5-20所示。

表5-20 某地区2012年人口变动情况

月份	1	3	6	9	2013年1月
月初人数（万人）	102	185	190	192	184

试计算：

1）2012年平均人口数。

2）2001—2012 年该地区人口的平均增长速度。

3）如 2017 年该地区人口数不超过 200 万人，人口平均增长速度应控制在什么水平?

（5）某地区 2008—2012 年粮食产量如表 5-21 所示。

表 5-21　某地区 2008—2012 年粮食产量

年　份	2008	2009	2010	2011	2012
粮食产量（万公斤）	434	472	516	584	618

试计算：

1)（列表）各年的环比发展速度、平均增长量。

2）如果从 2012 年起，该地区的粮食生产以 10%的平均增长速度发展，预计到 2016 年该地区的粮食产量将达到什么水平?

实训材料

2008—2012 年我国货物进出口总额如表 5-22 所示。

表 5-22　2008—2012 年我国货物进出口总额　　单位：亿美元

年　份	进口额	出口额	进出口总额
2008	11 326	14 307	25 633
2009	10 059	12 016	22 075
2010	13 962	15 778	29 740
2011	17 435	18 984	36 419
2012	18 178	20 489	38 667

（资料来源：2012 年国民经济和社会发展统计公报）

根据资料，回答下列问题。

（1）指出该数列属于哪种动态数列。

（2）2008—2012 年期间我国年均货物进出口总额是多少?

第 6 章

统计指数

学习目标

① 理解统计指数的概念、作用及种类；
② 掌握综合指数和平均数指数的编制方法、利用指数体系进行因素分析的方法；
③ 了解指数在社会实际工作中的应用；
④ 熟练应用 Excel 进行指数操作。

关键术语

统计指数　同度量因素　综合指数　数量指标指数
质量指标指数　平均数指数　指数体系　因素分析

引导案例

2009 年 5 月，全国居民消费价格总水平同比下降 1.4%。其中，城市下降 1.5%，农村下降 1.0%；食品价格下降 0.6%，非食品价格下降 1.7%；消费品价格下降 1.4%，服务项目价格下降 1.3%。从月环比看，居民消费价格总水平比 4 月下降 0.3%；食品价格下降 0.6%，其中鲜菜价格下降 7.1%，鲜蛋价格上涨 2.0%。

受主要工业品出厂价格下降的影响，全国工业品出厂价格同比降幅继续扩大。与去年同月相比，工业品出厂价格下降 7.2%，原材料、燃料、动力购进价格下降 10.4%，降幅比 4 月分别扩大 0.6 和 0.8 个百分点。

思考题：在这个案例中，涉及哪些指数？这些指数是如何编制的？

6.1　统计指数概述

6.1.1　统计指数的概念

统计指数简称指数，是一种表明现象数量变动的相对数。指数的概念有广义和狭义之分，广义的指数泛指表明社会经济现象数量变动的相对数，如动态相对数、比较相对数、计划完成程度相对数等。狭义的指数是用来反映不能直接相加的复杂现象总体数量综合变动的相对数。所谓复杂现象总体是指那些由于各个部分的不同性质而在研究其数量特征时不能直接进行加总或直接对比的总体。例如，不同产品或商品构成的总体，由于其具有不同的使用价值和不同的计量单位，所以在统计其实物产量、销售量、单位产品原材料消耗、单位成本、价格等数量方面时，是不能直接进行加总的。因此，由不同的产品或商品所组成的总体便是一个复杂现象总体。

从统计指数的理论和方法上看，统计学所研究的指数主要是指狭义的指数。

6.1.2　统计指数的种类

1．按反映的对象范围不同，统计指数分为个体指数和总指数

个体指数是反映个别现象数量变动的相对数，是在简单现象总体下编制的。总指数是反映复杂现象总体数量综合变动的相对数，是在复杂现象总体下编制的。例如，要研究某商场不同种类商品的价格变动情况，分别表明每种商品价格变动的相对数就是个体指数；而综合反映多种商品价格变动的相对数就是总指数。

在实际应用中，指数分析法常与统计分组法相结合，因此，在编制总指数的同时，往往还要编制组指数（类指数），借以反映总体内部各组成部分现象数量上的变动情况。例如，在编制零售物价总指数时，有时还需要编制食品类、衣着类、日用品类等类指数来深入说明问题。组指数是相对于总指数而言的，实质上它仍然是总指数，也是反映复杂现象总体数量上综合变动的相对数。

2．按指数化指标的性质不同，统计指数分为数量指标指数和质量指标指数

数量指标指数是反映现象总体总规模或总水平变动情况的指数，如工业产品产量指数、商品销售量指数等。

质量指标指数是反映现象总体内在质量变动情况的指数，如销售价格指数、单位成本指数、物价指数等。

3．按采用的基期不同，统计指数分为定基指数和环比指数

定基指数是反映现象的报告期数量与某一固定时期的数量对比的指数。

环比指数是反映现象的报告期数量与其前一时期的数量对比的指数。

4．按指数的编制方法不同，统计指数分为综合指数和平均数指数

综合指数是通过引入同度量因素，将复杂现象总体数量上不能直接加总转化为可以加总，通过对比而求得的相对数，是编制总指数的基本形式。

平均数指数是对个体指数进行加权平均计算得到的总指数，是编制总指数的另一种形式。

6.1.3 统计指数在经济分析中的作用

1．综合反映复杂现象总体数量上的变动方向和程度

运用统计指数可以反映多种产品或商品数量上的综合变动情况。例如，某地区 2012 年零售物价指数为 103.2%，说明该地区零售物价水平 2012 年比 2011 年上涨了 3.2%。

2．分析和测定现象总变动中各因素变动的影响方向和程度

现象的总变动是其内部诸多因素共同影响作用的结果。利用指数体系可以测定现象的总变动中各因素的变动对现象总变动的影响，并对现象的变化情况进行综合评价。例如，总产值的变动就是产量和产品价格两因素变动共同影响的结果，通过编制产量指数和产品价格指数，就可以分析产量和产品价格的变动对总产值变动的影响方向和程度。

3．研究复杂现象总体在较长时期内的变动趋势

对于复杂现象总体，有时需要根据连续若干个时期的统计资料编制一系列指数，形成一个指数数列，说明现象在较长时期内的发展变动趋势。

6.2 综合指数

6.2.1 综合指数的概念和特点

1．综合指数的概念

综合指数是编制总指数的一种基本形式。如果一个总量指标可分解为两个或两个以上的因素指标时，将其中的一个或一个以上的因素指标加以固定，只反映另一个因素指标的变动程度，这样编制出来的指数叫做综合指数。

2．综合指数的特点

（1）先综合后对比

编制综合指数的目的在于测定复杂现象总体数量上的变动。因此，编制综合指数时首先必须引入一个媒介因素，该媒介因素就将总体内不能同度量的指标过渡到可以同度量，统计中将引入的媒介因素称为同度量因素。例如，在分析各种产品的产量总变动时，由于各种产品使用价值、计量单位等的不同，产品的产量不能直接加总，但引入单位产品价格这个因素后，由于产品产量×单位产品价格=产品产值，而不同产品的产值是可以直接加总对比的。此时，“单位产品价格”就是同度量因素，它使不能直接相加的各种产品产量过渡到能够加总的产值。在综合各种产品产量的过程中，同度量因素除了起着同度量作用之外，还起着权衡轻重的作用，所以同度量因素又称权数。

可见，综合指数就是根据现象之间的内在联系，引入同度量因素，将不能直接加总的量过渡为可以直接加总的价值量，从而把两个不同时期的总量指标进行对比，用来反映现象的综合变动，这就是综合指数“先综合后对比”的特点。

（2）将同度量因素的时期加以固定

为了在综合对比过程中单纯反映所要研究因素即指数化指标的变动，必须把同度量因素的时期加以固定，既可以固定在基期或报告期，也可以是某一固定时期。例如，分析各种产品产量的变动，引入单位产品价格作为同度量因素，该价格必须固定在某一时期，以消除不同时期价格因素变动的影响，即假定两个时期的产品产量都是按同一时期单位产品价格计算的产值，然后再对比，用来反映产量的综合变动情况。至于同度量因素具体固定在哪一时期，要根据编制指数的性质和研究目的来确定。

6.2.2　综合指数的编制

1．数量指标指数的编制

数量指标指数的编制一般使用拉氏物量指数公式。采用基期的质量指标作为同度量因素，即编制数量指标指数时，以质量指标作为同度量因素，同时将同度量因素固定在基期上，其计算公式为

$$\overline{K}_q=\frac{\sum q_1p_0}{\sum q_0p_0}$$

式中，$\overline{K}_q$ 表示数量指标指数；q 表示数量指标；p 表示质量指标；下标 1 和 0 分别表示报告期和基期。

由于数量指标的变动，使总值指标的绝对额发生变动。其计算公式为

$$\text{总值指标变动的绝对额}=\sum q_1p_0-\sum q_0p_0$$

现以商品销售量指数为例，说明数量指标指数的编制方法。

【例 6-1】根据表 6-1 的资料，计算某商店 3 种商品销售量总指数和由于销售量变动使销售额变动的绝对额。

表 6-1　某商店 3 种商品销售量指数计算表

商品名称	计量单位	销售量		价格（元）		个体销售量	q_1p_0	q_0p_0	p_1q_1
		基期 q_0	报告期 q_1	基期 p_0	报告期 p_1	指数 $k_q=\frac{q_1}{q_0}$			
甲	个	100	120	30	35	1.2	3 600	3 000	4 200
乙	双	200	160	20	22	0.8	3 200	4 000	3 520
丙	千克	150	150	23	25	1.0	3 450	3 450	3 750
合计	—	—	—	—	—	—	10 250	10 450	11 470

3 种商品销售量总指数为

$$\overline{K}_q = \frac{\sum q_1 p_0}{\sum q_0 p_0} = \frac{10\ 250}{10\ 450} = 98.09\%$$

3 种商品销售额变动的绝对额为

$$\sum q_1 p_0 - \sum q_0 p_0 = 10\ 250 - 10\ 450 = -200 \text{（元）}$$

计算结果表明，该商店 3 种商品的销售量报告期比基期减少了 1.91%，由于销售量减少使销售额减少 200 元。

2．质量指标指数的编制

质量指标指数的编制一般使用派氏质量指数公式，采用报告期的数量指标作为同度量因素，即编制质量指标指数时，以数量指标作为同度量因素，同时将同度量因素固定在报告期上，其计算公式为

$$\overline{K}_p = \frac{\sum p_1 q_1}{\sum p_0 q_1}$$

式中，$\overline{K}_p$ 表示质量指标指数。

由于质量指标的变动，使总值指标的绝对额发生变动。其计算公式为

$$\text{总值指标变动的绝对额} = \sum p_1 q_1 - \sum p_0 q_1$$

现以商品销售价格指数为例，说明质量指标指数的编制方法。

【例 6-2】根据表 6-1 的资料，计算 3 种商品的销售价格总指数和由于价格变动使销售额变动的绝对额。

3 种商品销售价格总指数为

$$\overline{K}_p = \frac{\sum p_1 q_1}{\sum p_0 q_1} = \frac{11\ 470}{10\ 250} = 111.90\%$$

3 种商品销售额变动的绝对额为

$$\sum p_1 q_1 - \sum p_0 q_1 = 11\ 470 - 10\ 250 = 1\ 220\text{（元）}$$

计算结果表明，该商店 3 种商品的销售价格报告期比基期上涨了 11.90%，由于销售价格提高使销售额增加 1 220 元。

由例 6-1 和例 6-2 可以看出，综合指数的编制不仅可以综合表明所研究因素的变动情况，还可以从绝对量上分析其变动所带来的绝对效果。

提示

编制综合指数的关键在于合理确定同度量因素及同度量因素的固定时期。

相关链接

拉氏指数是德国经济学家拉斯佩雷斯（Laspeyre，1834—1913 年）在 1864 年首次提出的，称为拉氏公式，他主张不论是数量指标指数还是质量指标指数，都把同度量因素固定在基期水平上。

派氏指数是德国的另一位经济学家派许（Peasche，1851—1925 年）在 1874 年制定的，称为派氏公式，他主张不论是数量指标指数还是质量指标指数，都把同度量因素固定在报告期水平上。

6.3　平均数指数

运用综合指数法计算总指数，要求占有全面的统计资料，而全面资料在某些情况下却难以取得。就编制产量指数来说，要收集到不同时期的全部产品的产量和单位价格资料，在统计实践中显然有一定的困难。基于此，除在较小范围内、产品品种较少的情况下直接采用综合指数法编制总指数外，多数情况下则要采用平均数指数法来编制总指数。

6.3.1　平均数指数的概念和特点

平均数指数是总指数编制的又一种重要形式，它是从个体指数出发，对个体指数进行加权平均计算的总指数。

平均数指数的编制与综合指数不同，即先对比后综合。平均数指数是先对比计算出个体指数，然后以某一时期的总值指标为权数进行加权平均得到总指数，来测定现象的总变动方向和变动程度；平均数指数的权数既可以采用基期或报告期的总值指标，也可以采用固定权数。

6.3.2　平均数指数的编制

1. 加权算术平均数指数

加权算术平均数指数是以一定时期的总值指标为权数，对个体指数采用加权算术平均法计算的总指数。加权算术平均数指数多用于数量指标指数的编制，权数多为基期的总值指标，其计算公式为

$$\overline{K}_q=\frac{\sum k_q q_0 p_0}{\sum q_0 p_0}$$

由于数量指标的变动，使总值指标绝对额发生变动，其计算公式为

$$\text{总值指标变动的绝对额}=\sum k_q q_0 p_0-\sum q_0 p_0$$

由公式 $\overline{K}_q=\dfrac{\sum k_q q_0 p_0}{\sum q_0 p_0}=\dfrac{\sum \dfrac{q_1}{q_0} q_0 p_o}{\sum q_0 p_0}=\dfrac{\sum q_1 p_0}{\sum q_0 p_0}$ 的推导过程和结果可以看出，以基期总值指

标为权数计算的加权算术平均数指数与数量指标综合指数的计算结果是相同的，此时加权算术平均数指数是数量指标综合指数的变形，即在权数为 q_0p_0 下，加权算术平均数指数是拉氏综合指数的变形。

【例 6-3】某商场 2012 年 3 种商品销售情况如表 6-2 所示，计算 3 种商品的销售量总指数。

表 6-2　某商场 2012 年 3 种商品销售量指数计算表

商品名称	计量单位	销售量		基期销售额 p_0q_0（万元）	个体指数 $k_q=\frac{q_1}{q_0}$	$k_qp_0q_0$（万元）
		基期 q_0	报告期 q_1			
		(1)	(2)	(3)	(4) = (2) ÷ (1)	(5) = (4) × (3)
A	辆	600	720	3	1.2	3.6
B	台	400	360	5	0.9	4.5
C	个	1 000	1 100	2	1.1	2.2
合计	—	—	—	10	—	10.3

3 种商品销售量总指数为

$$\overline{K}_q=\frac{\sum k_q q_0 p_0}{\sum q_0 p_0}=\frac{10.3}{10}=103\%$$

3 种商品销售额变动的绝对额为

$$\sum k_q q_0 p_0-\sum q_0 p_0=10.3-10=0.3(\text{万元})$$

计算结果表明，该商场 3 种商品的销售量报告期比基期增加了 3%，由于销售量增加使销售额增加了 0.3 万元。

2．加权调和平均数指数

加权调和平均数指数是以一定时期的总值指标为权数，对个体指数采用加权调和平均法计算的总指数。加权调和平均数指数多用于质量指标指数的编制，权数多为报告期的总值指标。其计算公式为

$$\overline{K}_p=\frac{\sum p_1q_1}{\sum \frac{1}{k_p}p_1q_1}$$

由于质量指标的变动，使总值指标绝对额发生变动，其计算公式为

$$\text{总值指标变动的绝对额}=\sum p_1q_1-\sum \frac{1}{k_p}p_1q_1$$

例如，编制物价指数时一般不易取得销售量的资料，只掌握报告期的销售额及相关的价格资料，因此，不能直接编制物价综合指数，而要采用调和平均数指数公式计算。

由公式 $\overline{K}_p=\frac{\sum p_1q_1}{\sum \frac{1}{k_p}p_1q_1}=\frac{\sum p_1q_1}{\sum \frac{1}{\frac{p_1}{p_0}}p_1q_1}=\frac{\sum p_1q_1}{\sum p_0q_1}$ 的推导过程和结果可以看出，以报告期的总

值指标计算的加权调和平均数指数与质量指标综合指数的计算结果是相同的，此时加权调和平均数指数是质量指标综合指数的变形。即在权数为 p_1q_1 下，加权调和平均数指数是派氏综合指数的变形。

【例 6-4】某企业 3 种产品的资料如表 6-3 所示，计算 3 种产品价格总指数。

表 6-3　某企业产品价格指数计算表

产品名称	计量单位	价　格（元）		报告期产值	价格个体指数 $k_p=\frac{p_1}{p_0}$	$\frac{1}{k_p}p_1q_1$（万元）
		基期 p_0	报告期 p_1	p_1q_1（万元）		
		（1）	（2）	（3）	（4）=（2）÷（1）	（5）=（3）÷（4）
Ⅰ	辆	480	720	3.0	1.5	2
Ⅱ	台	1 300	1 430	6.6	1.1	6
Ⅲ	个	800	1 040	2.6	1.3	2
合计	—	—	—	12.2	—	10

3 种产品价格总指数为

$$\overline{K}_p=\frac{\sum p_1q_1}{\sum\frac{p_1q_1}{k_p}}=\frac{12.2}{10}=122\%$$

3 种产品总产值变动的绝对额为

$$\sum p_1q_1-\sum\frac{1}{k_p}p_1q_1=12.2-10=2.2(\text{万元})$$

计算结果表明，企业 3 种产品的价格报告期比基期提高了 22%，由于产品价格提高使总产值增加了 2.2 万元。

6.3.3　平均数指数与综合指数的比较

1．平均数指数是综合指数的变形

综合指数只适用于全面资料的计算；而平均数指数既可以根据全面资料计算，也可以根据非全面资料计算。在特定权数的情况下平均数指数作为综合指数的变形，两者只是计算形式上的不同，没有本质上的差异。

2．平均数指数是计算总指数的一种独立形式

综合指数在应用上要求掌握总体的全面资料，因而需要消耗大量的人力、物力和财力等，才能及时反映情况；而平均数指数在应用时，无需掌握全面资料，权数也无需是综合指数的子项或母项资料，可以是根据抽样资料计算并结合具体情况确定的比重即采用固定权数的形式，如我国的零售物价指数、居民消费价格指数的编制等。这充分说明了平均数指数作为总指数的一种独立形式的现实应用意义。

6.3.4 现实中的几种统计指数

1. 居民消费价格指数

居民消费价格指数（CPI）是反映居民家庭购买生活消费品和支出服务项目费用的价格变动趋势和变动程度的相对数。其目的在于观察居民生活消费品及服务项目价格的变动对城乡居民生活的影响，为各级政府掌握居民消费状况，研究和制定居民消费价格政策、工资政策，为国民经济核算体系中需要消除价格变动因素的不变价格核算提供科学依据。

从 2001 年起，我国采用国际通用做法，逐月编制并公布以 2000 年价格水平为基期的居民消费价格定基指数，并作为反映我国通货膨胀或紧缩程度的主要指标。

计算居民消费价格指数所选的商品和服务项目，大约有 300 种，主要包括食品、衣着、家庭设备及用品、医疗保健、交通和通信、娱乐教育和文化用品、居住、服务项目 8 大类商品及服务项目。在每大类中又分为若干中类、中类中又分为若干小类、小类中又分为具体商品。居民消费价格指数是采用固定权数算术平均法指数来编制的。编制居民消费价格指数的类权数和大部分商品及服务项目的权数是根据住户调查中居民的实际消费构成计算的。其计算公式为

$$\overline{K}_p = \frac{\sum kw}{\sum w}$$

式中，k 表示个体指数或类指数；w 表示固定权数。

2. 零售物价指数

零售物价指数（RPI）是反映城乡商品零售价格变动趋势的一种经济指数。零售物价的调整直接影响到城乡居民的生活支出和国家的财政收入，影响居民购买力和市场供需平衡，影响消费与积累的比例。因此，编制零售物价指数，可以对上述经济活动进行观察和分析。我国零售物价指数的编制方法与居民消费价格指数基本相同，也是采用固定权数算术平均法指数，所用的权数是根据社会消费品零售额资料计算的各类消费品零售额的构成比重。

3. 股票价格指数

股票价格指数（SPI）简称股价指数，是反映一定时期内某一证券市场上股票价格的综合变动方向和变动程度的动态相对数，一般用“点”为单位表示。目前，国内外比较有名的股票价格指数有道·琼斯股票指数、标准·普尔股票价格指数、日经股票平均指数、香港恒生指数、上证指数和深证指数等。

4. 工业生产指数

工业生产指数（IPI）是反映一个国家或地区各种工业产品产量综合变动程度的动态相对数，反映的是某一时期工业经济的景气状况和发展趋势，是衡量经济增长水平的重要指标之一。工业生产指数普遍使用平均数指数的形式来编制，其计算公式为

$$\overline{K}_q = \frac{\sum kp_0q_0}{\sum p_0q_0}$$

式中，k 表示产品的个体产量指数；p_0q_0 表示产品的基期工业增加值。

为简化指数的编制，实际工作中常以各种工业品的增加值比重 w 作为权数，并且把权数相对固定起来，连续编制各个时期的工业生产指数。简化后的计算公式为

$$\overline{K}_{q_1} = \frac{\sum kw}{\sum w}$$

检查点

在居民消费价格指数、零售物价指数、股票价格指数和工业生产指数中，哪些是数量指标指数？哪些是质量指标指数？

6.4　指数体系与因素分析

6.4.1　指数体系

1. 指数体系的概念

社会经济现象之间存在着各种各样的相互联系，有些可以通过经济方程表示出来，如

工业总产值=产量×产品价格

产品总成本=产量×单位成本

商品销售额=销售量×销售价格

这种关系也存在于指数之间，即

工业总产值指数=产量指数×产品价格指数

产品总成本指数=产量指数×单位成本指数

商品销售额指数=销售量指数×销售价格指数

同时，这种关系也体现在绝对数之间，即

工业总产值的增减额=产量变动的影响额+产品价格变动的影响额

产品总成本的增减额=产量变动的影响额+单位成本变动的影响额

商品销售额的增减额=销售量变动的影响额+销售价格变动的影响额

统计分析中，把 3 个或 3 个以上相互联系且在数量上存在一定对等关系的统计指数所组成的整体称为指数体系。

2．指数体系的作用

（1）利用指数体系，可以进行因素分析

通过指数体系，可以分析复杂现象总体总量指标或平均指标的变动受各因素变动的影响程度。

（2）利用指数体系，可以由已知指数推算未知指数

指数体系表现为一个数量对等的关系式，如工业总产值指数=产量指数×产品价格指数。在该式中，若已知工业总产值指数和产品价格指数，就可以推算产量指数。

检查点

由于物价上涨，报告期与基期相比，支出同样多的货币，购买的商品数量仅为基期的 90%，问物价是如何变化的?

（3）指数体系是因素分析的基本依据

编制指数体系的主要目的，是从相对数和绝对数两个方面来研究各个因素变动对现象总变动的影响程度和影响的绝对效果。因此，指数体系是因素分析的基本依据。

6.4.2 因素分析

1．因素分析的概念和种类

（1）因素分析的概念

因素分析就是利用指数体系，从数量方面研究现象的总变动中受各因素变动的影响程度和影响绝对效果的一种统计分析方法。

（2）因素分析的种类

1）按分析内容的不同，因素分析可分为相对数分析和绝对数分析。相对数分析是指利用指数体系所反映的乘积关系，从指数计算结果本身来说明现象总体总量指标或平均指标的变动受各因素变动的影响程度。绝对数分析是指利用指数体系的总和关系，即结果指数的分子与分母之差等于各因素指数分子与分母之差的总和，从绝对数的角度来反映现象总体总量指标或平均指标的变动受各因素变动的影响程度。

2）按研究对象包含的因素多少，因素分析可分为两因素分析和多因素分析。两因素分析是指研究对象只包含两个因素变动的分析，它是因素分析的基本方法。多因素分析是指研究对象包含 3 个或 3 个以上因素变动的分析。

3）按分析指标的性质不同，因素分析可分为总量指标因素分析和平均指标因素分析。前者是对总量指标变动中各因素变动的影响进行分析，如在销售额的总变动中，分析销售量和价格水平的影响情况；后者是对平均指标变动中各因素变动的影响进行分析，如在平均工资的总变动中，分析工资水平和工人结构的影响情况。

2. 总量指标的因素分析

(1) 总量指标的两因素分析

总量指标的两因素分析是指一个现象的总变动受两个因素的影响，利用指数体系分析每个因素的变动对总变动的影响程度的方法。下面通过例 6-5 来说明总量指标的两因素分析。

【例 6-5】 某市 3 种出口商品的统计资料如表 6-4 所示，要求对销售额的总变动进行因素分析。

表 6-4　某市 3 种出口商品的统计资料

商品名称	计量单位	销售量		销售价格（元）		销售额（万元）		
		基期 q_0	报告期 q_1	基期 p_0	报告期 p_1	p_0q_0	p_1q_1	p_0q_1
甲	万件	1 000	1 200	10	8.0	10 000	9 600	12 000
乙	万袋	5 000	5 000	4	4.5	20 000	22 500	20 000
丙	万个	1 500	2 000	8	7.0	12 000	14 000	16 000
合计	—	—	—	—	—	42 000	46 100	48 000

依据表 6-4 中的资料，建立的指数体系：商品销售额指数=销售量指数×销售价格指数。对商品销售额进行因素分析如下。

第一步：计算总量指标指数。

$$销售额指数=\frac{\sum p_1q_1}{\sum p_0q_0}=\frac{46\,100}{42\,000}=109.76\%$$

$$销售额变动的绝对额=\sum p_1q_1-\sum p_0q_0=46\,100-42\,000=4\,100\text{（万元）}$$

以上计算结果表明,3 种商品的销售额报告期比基期增长了 9.76%,增加的绝对额为 4 100 万元。

第二步：计算因素指数。

$$销售量指数\overline{K}_q=\frac{\sum q_1p_0}{\sum q_0p_0}=\frac{48\,000}{42\,000}=114.29\%$$

$$销售量变动影响的销售额绝对额=\sum q_1p_0-\sum q_0p_0=48\,000-42\,000=6\,000\text{（万元）}$$

以上计算结果表明，由于销售量报告期比基期增加了 14.29%，使销售额增加了 6 000 万元。

$$销售价格指数\overline{K}_p=\frac{\sum p_1q_1}{\sum p_0q_1}=\frac{46\,100}{48\,000}=96.04\%$$

$$销售价格变动影响的销售额绝对额=\sum p_1q_1-\sum p_0q_1=46\,100-48\,000=-1\,900\text{（万元）}$$

以上计算结果表明，由于销售价格报告期比基期降低了 3.96%，使销售额减少了 1 900 万元。

第三步：建立指数体系。

指数间关系为

$$\frac{\sum p_1q_1}{\sum p_0q_0}=\frac{\sum q_1p_0}{\sum q_0p_0}\times\frac{\sum p_1q_1}{\sum p_0q_1}$$

即 109.76% = 114.29% × 96.04%

绝对额之间的关系为

$$\sum p_1q_1 - \sum p_0q_0 = (\sum q_1p_0 - \sum q_0p_0) + (\sum p_1q_1 - \sum p_0q_1)$$

即

$$4100万元 = 6\,000万元 + (-1900万元)$$

总量指标的两因素分析说明，该市 3 种出口商品的销售额报告期比基期增长了 9.76%，绝对额增加了 4 100 万元，这是由于销售量和销售价格两个因素共同作用的结果：由于销售量增长 14.29%，使销售额增加了 6 000 万元；由于销售价格降低 3.96%，使销售额减少了 1 900 万元，两因素共同作用的结果，使销售额仅增加了 4 100 万元。

（2）总量指标的多因素分析

总量指标的多因素分析是指 3 个或 3 个以上因素指标变动对总量指标影响方向和程度的分析。要使 3 个或 3 个以上因素指数的乘积等于总量指标指数，关键问题是要合理确定同度量因素的时期。

以三因素分析为例，原材料费用总额的变动受产量 q、单位产品原材料消耗量 m 和单位原材料价格 p 三因素的影响，建立的指数体系为

原材料费用总额指数=产量指数×单位产品原材料消耗量指数×单位原材料价格指数

$$\frac{\sum q_1m_1p_1}{\sum q_0m_0p_0} = \frac{\sum q_1m_0p_0}{\sum q_0m_0p_0} \times \frac{\sum q_1m_1p_0}{\sum q_1m_0p_0} \times \frac{\sum q_1m_1p_1}{\sum q_1m_1p_0}$$

对多因素的排列顺序一般应遵循数量指标因素在前，质量指标因素在后的原则。在多因素分析中，为了分析某一因素的影响，必须要把其余因素固定下来：当分析第一个因素 q 的影响时，把其余两个因素固定下来，作为同度量因素固定在基期；当分析第二个因素 m 的影响时，把已经分析过的因素 q 固定在报告期，把没有分析过的因素 p 仍固定在基期；当分析第三个因素 p 的影响时，把已经分析过的两个因素 q、m 均固定在报告期，依此类推，完成所有因素的分析。

6.5 Excel 在统计指数中的应用

6.5.1 综合指数的计算

某商店 3 种商品销售资料如表 6-5 所示。

表 6-5 某商店 3 种商品销售资料

商品名称	计量单位	销售量		价格（元）	
		基期	报告期	基期	报告期
甲	个	100	120	30	35
乙	双	200	160	20	22
丙	公斤	150	170	23	25

利用 Excel 计算这 3 种商品的销售额总指数、销售量总指数和销售价格总指数。计算步骤如下。

第一步：新建工作表，输入表头“编制综合指数”，输入表 6-5 中的数据，如图 6-1 所示。

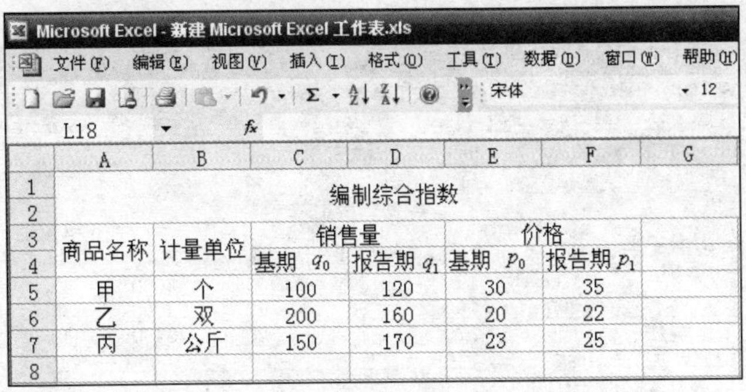

编制综合指数					
商品名称	计量单位	销售量		价格	
		基期 q_0	报告期 q_1	基期 p_0	报告期 p_1
甲	个	100	120	30	35
乙	双	200	160	20	22
丙	公斤	150	170	23	25

图 6-1　某商店 3 种商品销售资料

第二步：计算各商品的基期销售额 p_0q_0 和总销售额 $\sum p_0q_0$。单击 G4 单元格，输入“=C4*E4”，按回车键，然后利用单元格填充功能计算出 G5:G6 单元格区域的数值。单击 G7 单元格，单击“自动求和”按钮计算出总销售额 $\sum p_0q_0$，如图 6-2 所示。

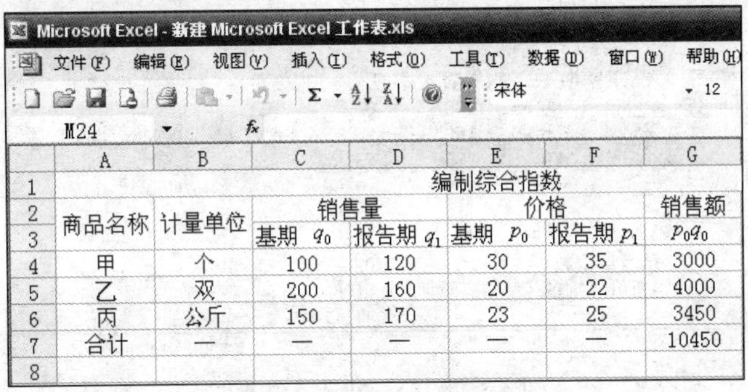

编制综合指数						
商品名称	计量单位	销售量		价格		销售额
		基期 q_0	报告期 q_1	基期 p_0	报告期 p_1	p_0q_0
甲	个	100	120	30	35	3000
乙	双	200	160	20	22	4000
丙	公斤	150	170	23	25	3450
合计	—	—	—	—	—	10450

图 6-2　计算基期销售额

第三步：同理，计算出各商品的报告期销售额 p_1q_1 和总销售额 $\sum p_1q_1$、假定商品销售额 p_0q_1 和总销售额 $\sum p_0q_1$，如图 6-3 所示。

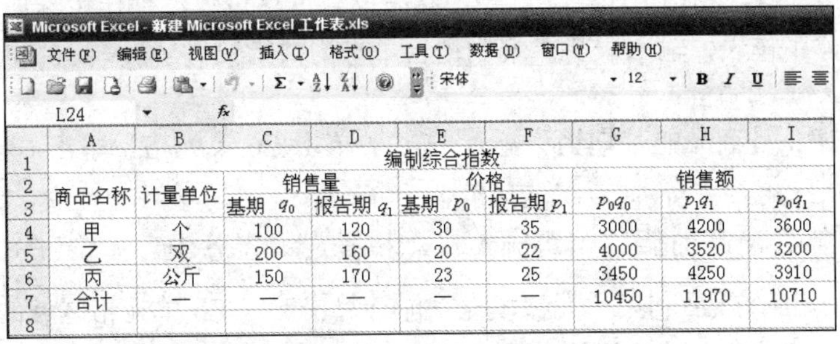

编制综合指数								
商品名称	计量单位	销售量		价格		销售额		
		基期 q_0	报告期 q_1	基期 p_0	报告期 p_1	p_0q_0	p_1q_1	p_0q_1
甲	个	100	120	30	35	3000	4200	3600
乙	双	200	160	20	22	4000	3520	3200
丙	公斤	150	170	23	25	3450	4250	3910
合计	—	—	—	—	—	10450	11970	10710

图 6-3　计算总销售额

第四步：计算销售额总指数：单击 E9 单元格，输入“=H7/G7”，按回车键，得出计算结果，如图 6-4 所示。

第五步：同理，计算销售量总指数和销售价格总指数，如图 6-5 所示，整个计算过程完成。

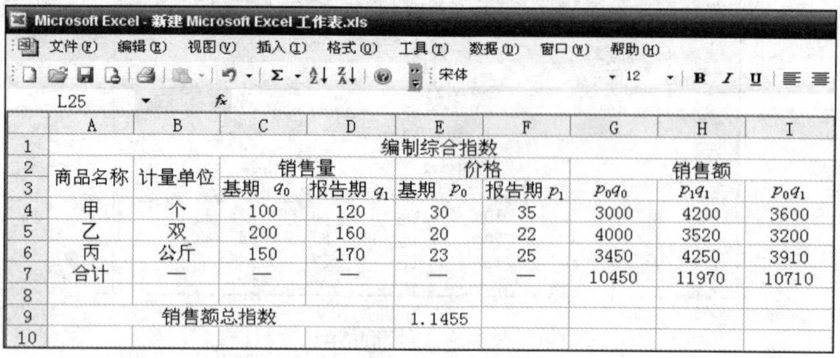

	A	B	C	D	E	F	G	H	I
1	编制综合指数								
2	商品名称	计量单位	销售量		价格		销售额		
3			基期 q_0	报告期 q_1	基期 p_0	报告期 p_1	p_0q_0	p_1q_1	p_0q_1
4	甲	个	100	120	30	35	3000	4200	3600
5	乙	双	200	160	20	22	4000	3520	3200
6	丙	公斤	150	170	23	25	3450	4250	3910
7	合计	—	—	—	—	—	10450	11970	10710
8									
9	销售额总指数				1.1455				
10									

图 6-4　编制销售额总指数

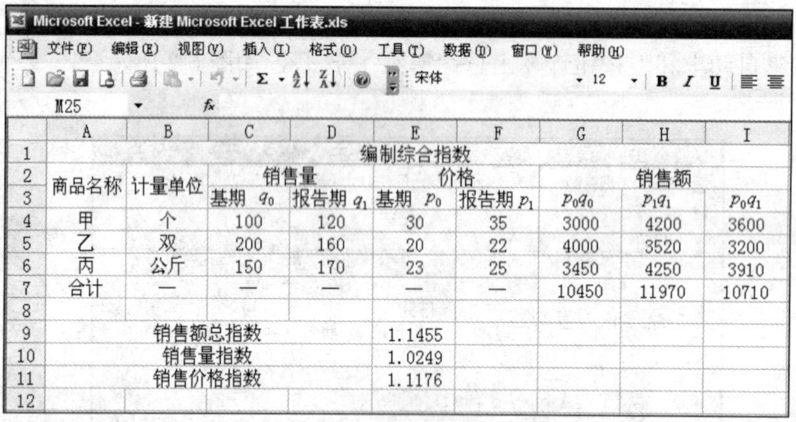

	A	B	C	D	E	F	G	H	I
1	编制综合指数								
2	商品名称	计量单位	销售量		价格		销售额		
3			基期 q_0	报告期 q_1	基期 p_0	报告期 p_1	p_0q_0	p_1q_1	p_0q_1
4	甲	个	100	120	30	35	3000	4200	3600
5	乙	双	200	160	20	22	4000	3520	3200
6	丙	公斤	150	170	23	25	3450	4250	3910
7	合计	—	—	—	—	—	10450	11970	10710
8									
9	销售额总指数				1.1455				
10	销售量指数				1.0249				
11	销售价格指数				1.1176				
12									

图 6-5　综合指数计算结果

6.5.2　平均数指数的计算

1．加权算术平均数指数的计算

根据例 6-3 的资料，利用 Excel 计算 3 种商品销售量总指数，操作步骤如下。

第一步：新建工作表，输入表头“编制销售量平均数指数”，输入表 6-2 中的数据，如图 6-6 所示。

第二步：计算 3 种商品的基期销售额 $\sum p_0q_0$。单击 C6 单元格，单击“自动求和”按钮计算得出，如图 6-7 所示。

第三步：计算各商品的假定销售额 $k_q p_0q_0$ 和假定销售总额。单击 E3 单元格，输入“=D3*C3”，按回车键，然后利用单元格填充功能计算出 E4：E5 单元格区域的数值。单击 E6 单元格，单击“自动求和”按钮计算出假定销售总额，如图 6-8 所示。

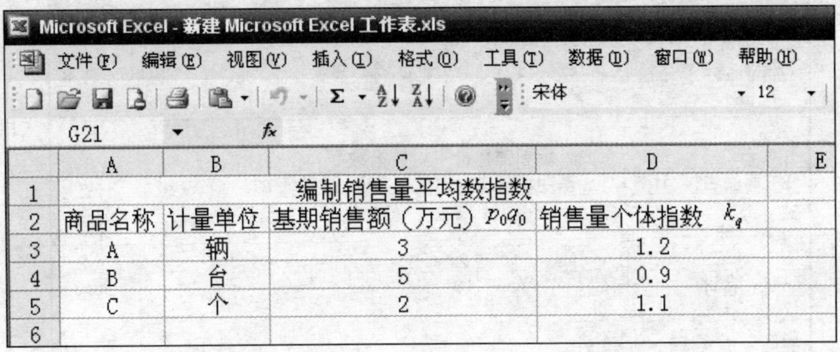

	A	B	C	D	E
1	编制销售量平均数指数				
2	商品名称	计量单位	基期销售额（万元）p_0q_0	销售量个体指数 k_q	
3	A	辆	3	1.2	
4	B	台	5	0.9	
5	C	个	2	1.1	
6					

图 6-6　某商场 3 种商品的有关资料

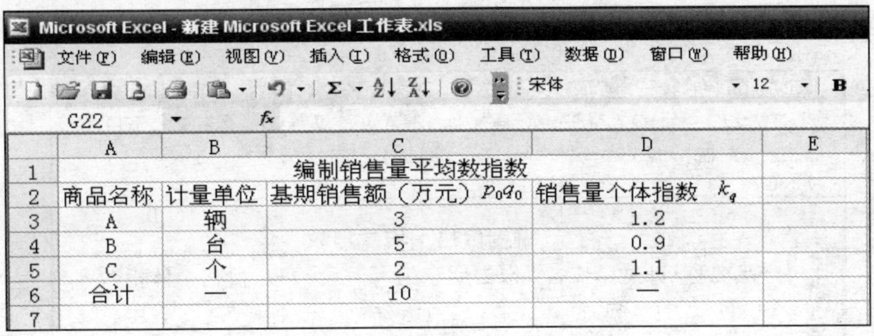

	A	B	C	D	E
1	编制销售量平均数指数				
2	商品名称	计量单位	基期销售额（万元）p_0q_0	销售量个体指数 k_q	
3	A	辆	3	1.2	
4	B	台	5	0.9	
5	C	个	2	1.1	
6	合计	—	10	—	
7					

图 6-7　计算基期销售额

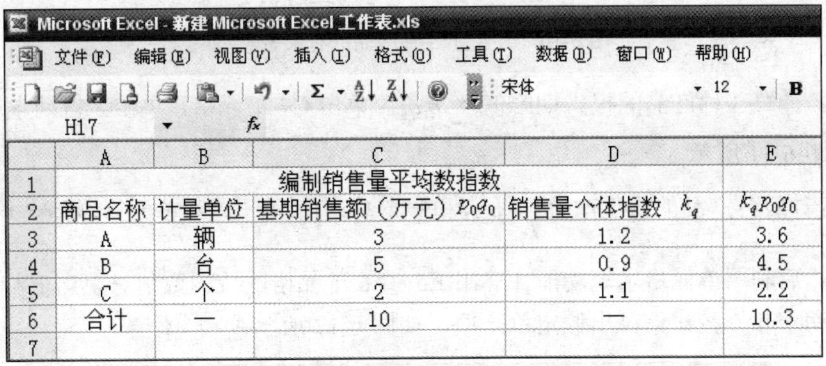

	A	B	C	D	E
1	编制销售量平均数指数				
2	商品名称	计量单位	基期销售额（万元）p_0q_0	销售量个体指数 k_q	$k_qp_0q_0$
3	A	辆	3	1.2	3.6
4	B	台	5	0.9	4.5
5	C	个	2	1.1	2.2
6	合计	—	10	—	10.3
7					

图 6-8　计算假定销售总额

第四步：计算销售量总指数 $\overline{K}_q = \sum k_q p_0 q_0 \big/ \sum p_0 q_0$。单击 D9 单元格，输入“=E6/C6”，按回车键，结果如图 6-9 所示，计算过程完成。

2．加权调和平均数指数的计算

根据例 6-4，利用 Excel 计算 3 种产品的价格总指数，操作步骤如下。

第一步：新建工作表，输入表头“编制价格平均数指数”，输入表 6-3 中的数据，如图 6-10 所示。

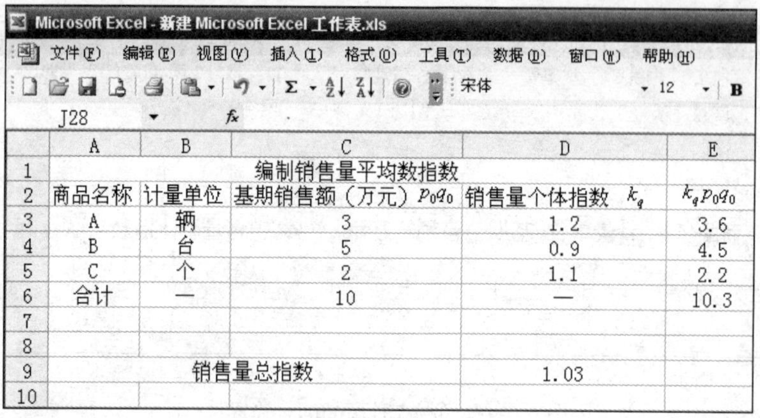

	A	B	C	D	E
1	编制销售量平均数指数				
2	商品名称	计量单位	基期销售额（万元）p_0q_0	销售量个体指数 k_q	$k_qp_0q_0$
3	A	辆	3	1.2	3.6
4	B	台	5	0.9	4.5
5	C	个	2	1.1	2.2
6	合计	—	10	—	10.3
7					
8					
9	销售量总指数			1.03	
10					

图 6-9　销售量总指数计算结果

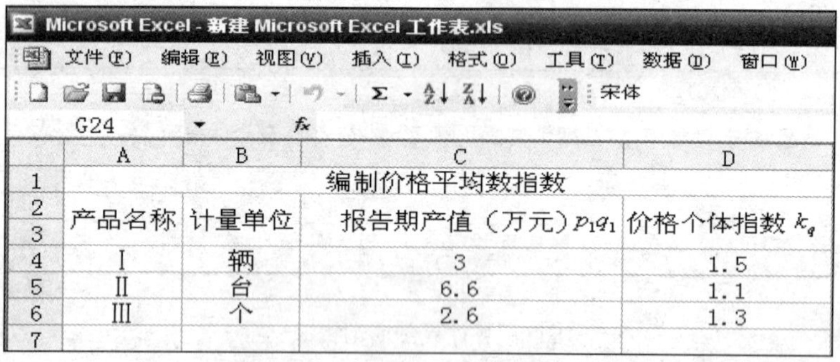

	A	B	C	D
1	编制价格平均数指数			
2–3	产品名称	计量单位	报告期产值（万元）p_1q_1	价格个体指数 k_q
4	Ⅰ	辆	3	1.5
5	Ⅱ	台	6.6	1.1
6	Ⅲ	个	2.6	1.3
7				

图 6-10　某企业 3 种产品的有关资料

第二步：计算 3 种产品的报告期产值 $\sum p_1q_1$。单击 C7 单元格，单击“自动求和”按钮计算得出，如图 6-11 所示。

第三步：计算各产品的假定产值 $\frac{1}{k_p}p_1q_1$ 和假定总产值。单击 E4 单元格，输入“=1/D4*C4”，按回车键，然后利用单元格填充功能计算出 E5：E6 单元格区域的数值。单击 E7 单元格，单击单击“自动求和”按钮计算出假定总产值，如图 6-12 所示。

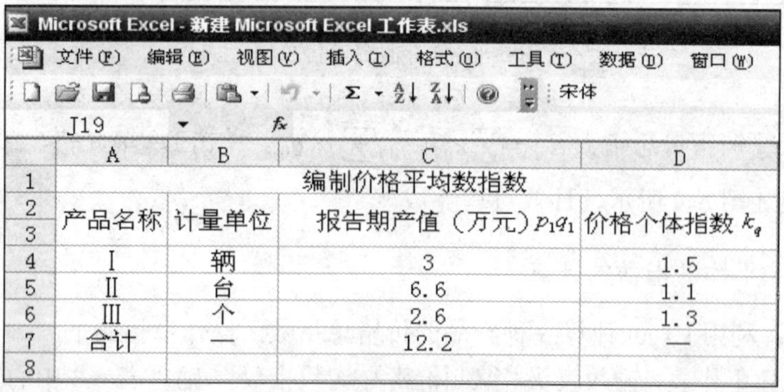

	A	B	C	D
1	编制价格平均数指数			
2–3	产品名称	计量单位	报告期产值（万元）p_1q_1	价格个体指数 k_q
4	Ⅰ	辆	3	1.5
5	Ⅱ	台	6.6	1.1
6	Ⅲ	个	2.6	1.3
7	合计	—	12.2	—
8				

图 6-11　计算报告期产值

	A	B	C	D	E
1	编制价格平均数指数				
2–3	产品名称	计量单位	报告期产值（万元）p_1q_1	价格个体指数 k_q	$\frac{1}{k_p}p_1q_1$
4	Ⅰ	辆	3	1.5	2
5	Ⅱ	台	6.6	1.1	6
6	Ⅲ	个	2.6	1.3	2
7	合计	—	12.2	—	10
8					

图 6-12　计算假定总产值

第四步：计算价格总指数 $\overline{K}_p=\sum p_1q_1\Big/\sum\frac{1}{k_p}p_1q_1$。单击 D9 单元格，输入“=C7/E7”，按回车键得出结果，如图 6-13 所示，计算过程完成。

	A	B	C	D	E
1	编制价格平均数指数				
2–3	产品名称	计量单位	报告期产值（万元）p_1q_1	价格个体指数 k_q	$\frac{1}{k_p}p_1q_1$
4	Ⅰ	辆	3	1.5	2
5	Ⅱ	台	6.6	1.1	6
6	Ⅲ	个	2.6	1.3	2
7	合计	—	12.2	—	10
8					
9	销售价格总指数			1.22	
10					

图 6-13　价格总指数计算结果

本章小结

总指数的编制包括综合指数和平均数指数两种计算方法。综合指数的基本思想是通过引入同度量因素，解决复杂现象总体数量上不能直接加总的问题，具体分为数量指标指数和质量指标指数。平均数指数分为加权算术平均数指数和加权调和平均数指数，在一定权数条件下，平均数指数是综合指数的变形。

指数体系的因素分析，一方面是从相对数的角度分析现象的总变动受各个因素变动的影响程度；另一方面是从绝对数的角度分析现象总变动增减的绝对额受各个因素变动影响的数额。

本章评估练习

1．填空题

（1）指数按其所反映的对象范围的不同，可分为________指数和________指数。

（2）总指数的计算形式有两种，一种是________指数，另一种是________指数。

（3）按照一般原则，编制数量指标指数时，同度量因素固定在________；编制质量指标指数时，同度量因素固定在________。

（4）平均数指数的计算形式包括________指数和________指数。

（5）因素分析包括________分析和________分析两方面。

2．单项选择题

（1）数量指标指数和质量指标指数的划分依据是（　　）。

A．指数化指标的性质不同　　B．所反映的对象范围不同

C．所比较的现象特征不同　　D．编制指数的方法不同

（2）加权算术平均数指数变形为综合指数时，其特定的权数是（　　）。

A．q_1p_1　　B．q_0p_1

C．q_1p_0　　D．q_0p_0

（3）某企业的职工工资水平比上年提高了 5%，职工人数增加了 2%，则企业工资总额增长了（　　）。

A．10%　　B．7.1%

C．7%　　D．11%

（4）在销售量综合指数 $\frac{\sum q_1p_0}{\sum q_0p_0}$ 中，$\sum q_1p_0-\sum q_0p_0$ 表示（　　）。

A．商品价格变动引起销售额变动的绝对额

B．价格不变的情况下，销售量变动引起销售额变动的绝对额

C．价格不变的情况下，销售量变动的绝对额

D．销售量和价格变动引起销售额变动的绝对额

（5）按个体价格指数和报告期销售额计算的价格总指数是（　　）。

A．平均指标指数　　B．加权算术平均法总指数

C．综合法总指数　　D．加权调和平均法总指数

3．多项选择题

（1）下列属于质量指标指数的是（　　）。

A．工业总产值指数　　B．劳动生产率指数

C．职工人数指数　　D．产品总成本指数

E．产品单位成本指数

（2）某商店9月份商品销售量是8月份的110%，这个指数是（　　）。

A．个体指数　　B．总指数

C．数量指标指数　　D．质量指标指数

E．平均指标指数

（3）加权算术平均数指数是（　　）。

A．综合指数　　B．总指数

C．平均指标指数　　D．个体指数的加权平均数

E．质量指标指数

（4）编制综合指数时，其中的同度量因素（　　）。

A．和指数化指标相乘有意义，相乘结果一般表现为价值量

B．既有同度量作用又有权数作用

C．只有权数作用

D．必须固定在同一时期

E．其时期可以不固定

（5）某企业根据多种产品的单位成本个体指数和报告期的总成本编制的单位成本指数属于（　　）。

A．总指数　　B．综合指数　　C．平均数指数　　D．固定权数指数

E．调和平均数指数

4．判断题

（1）数量指标指数反映总体的总规模和总水平，质量指标指数反映总体的相对水平或平均水平。（　　）

（2）数量指标作为同度量因素，时期一般固定在报告期。（　　）

（3）在单位成本指数 $\frac{\sum q_1 p_1}{\sum q_1 p_0}$ 中，$\sum q_1 p_1 - \sum q_1 p_0$ 表示产量增减的绝对额。（　　）

（4）平均数指数也是编制总指数的一种重要形式，有它的独立应用意义。（　　）

（5）因素分析的内容包括相对数和平均数分析。（　　）

5．简答题

（1）指数的作用有哪些?

（2）什么是同度量因素？在编制综合指数时，一般如何确定同度量因素所属的时期?

（3）综合指数与平均数指数有何区别与联系?

（4）平均数指数在什么条件下才能成为综合指数的变形？试列式证明二者之间的关系。

（5）阐述总量指标的两因素分析步骤。

6. 计算题

（1）某企业生产两种产品的有关资料如表6-6所示。

表6-6　某企业生产两种产品的资料

产品名称	计量单位	产　量		单位成本（元）	
		基　期	报告期	基　期	报告期
Ⅰ	瓶	200	300	10	12
Ⅱ	个	1 500	2 000	20	21

要求：

1）计算两种产品产量总指数以及由于产量变动使总成本变动的绝对额。

2）计算两种产品单位成本总指数以及由于单位成本变动使总成本变动的绝对额。

（2）某集团公司销售的3种商品的销售额及价格降低百分比资料如表6-7所示。

表6-7　某集团公司销售的3种商品的销售额及价格降低百分比

商品名称	计量单位	销售额（万元）		价格降低（%）
		上　月	本　月	
甲	件	4	5	3
乙	台	20	18	2
丙	套	18	21	1

计算3种商品的价格总指数。

（3）某企业产品的总成本和产量如表6-8所示。

表6-8　某企业产品的总成本和产量

产品名称	计量单位	总成本（万元）		产量增减（%）
		基　期	报告期	
A	件	4	5	+10
B	台	20	18	+20
C	套	18	21	−1

计算总成本指数和产量总指数。

（4）某商店3种商品的销售量如表6-9所示。

表6-9　某商店3种商品的销售量

商品名称	计量单位	销售量		价格（元）	
		基　期	报告期	基　期	报告期
甲	万件	300	360	0.42	0.45
乙	万盒	200	200	0.30	0.36
丙	万个	1 400	1 600	0.20	0.28

要求：分别计算销售额指数、销售量指数和价格指数，并进行因素分析。

（5）某企业单位产品成本和产量如表 6-10 所示。

表 6-10　某企业单位产品成本和产量

产品名称	计量单位	产　量		单位成本（元）	
		基　期	报告期	基　期	报告期
甲	件	240	250	10	12
乙	盒	150	180	8	6
丙	千克	320	340	9	7

要求：

1）计算丙产品的单位成本指数。

2）计算全部产品的单位成本总指数。

3）计算由于单位成本变动而增加或减少的总成本。

实训材料

阅读中华人民共和国国家统计局网站（http://www.stats.gov.cn）——指标解释——物价指数的内容，指出当前我国社会经济研究中使用的主要统计指数有哪些？这些指数是如何计算的？

第 7 章

抽样推断分析

学习目标

① 理解抽样推断的概念和特点；
② 掌握抽样推断中涉及的基本概念；
③ 知道如何采用重复抽样和不重复抽样方法选取样本；
④ 能结合有关实际资料进行点估计和区间估计，并能确定必要样本容量；
⑤ 熟练应用 Excel 进行抽样推断。

关键术语

抽样推断　抽样平均误差　抽样极限误差　点估计　区间估计

引导案例

国家旅游局自 1993 年起，每年委托国家统计局城市社会经济调查总队（现为国家统计局城市社会经济调查司）对国内旅游情况进行抽样调查（2006 年以前未将西藏纳入调查范围）。抽样调查结果表明，2011 年，我国国内旅游人数继续平稳增长，国内旅游收入突破 19 000 亿元；国内旅游总人数为 26.41 亿人次，比上年增长 13.2%；国内旅游总收入为 19 305.39 亿元，比上年增长 23.6%；国内游客人均花费 731.0 元/人次，比上年增长 9.2%。

思考题：为什么采取抽样调查这种非全面调查方式同样可以取得反映全国国内旅游情况的资料？案例中的数据是采用何种方法估计推断的？

7.1　抽样推断

7.1.1　抽样推断的概念和特点

1．抽样推断的概念

抽样推断就是按照随机原则，从总体中抽取一部分单位作为样本，并利用样本的实际资料计算样本指标值，然后根据样本指标对总体指标（数量特征）做出具有一定可靠程度的估计和判断的一种统计分析方法。例如，用 1%的人口抽样结果推断全国人口的变动情况；根据部分产品质量推断全部产品质量等。抽样推断使统计研究从原来单纯的描述转向由局部推断总体、由已知推断未知方面发展，大大拓宽了统计研究的范围。

2．抽样推断的特点

抽样推断与依据全面资料来描述总体的数量特征的方法有着明显的不同。抽样推断在理论与方法上有着自身显著的特点。

（1）遵循随机原则

按随机原则抽取样本单位是抽样推断的前提。随机原则是指从全部总体中抽取样本时，排除主观因素的干扰，使总体中每个单位被抽中的机会是均等的，都有被抽中的可能，从而能够保证形成的样本分布与总体分布相似，对估计的总体有更大的代表性。

（2）由部分资料推算总体的数量特征

抽样推断的目的是根据一部分单位的指标数值来估计和判断有关总体的规模、水平、结构等数量特征。没有这种估计和判断，抽样推断也就失去了意义。

（3）抽样误差可以事先计算和控制

虽然抽样误差在抽样推断中是不可避免的，但这一误差可以事先计算出来，并且可以根据推断的要求，如通过扩充样本、采取更恰当的抽样组织形式等一系列措施对误差进行控制，使抽样结果达到一定的准确性和可靠程度要求。这一特点充分体现了抽样推断方法的科学性，这是其他非全面调查和估计方法所不及的。

7.1.2　抽样推断中的基本概念

1．全及总体和样本总体

（1）全及总体

全及总体又称母体，简称总体，是指所要认识的研究对象的全体。全及总体要涉及研究对象的每个单位，是所要认识的、具有某种共同性质的许多单位的集合体。总体单位总数用“N”表示。在抽样推断中，全及总体是客观存在的、唯一确定的。

（2）样本总体

样本总体又称子样，简称样本，是从全及总体中随机抽取出来，作为代表这一总体的那部分单位组成的集合体。样本总体的单位数通常用“n”来表示。由于从一个总体中可抽取多个样本，所以样本不是唯一确定的，而是随机的。

2．样本容量和样本个数

（1）样本容量

样本所容纳的单位个数称为样本容量，即样本容量是一个样本所包含的单位数。样本容量总是有限的，它的大小要根据推断的要求和总体标志变异情况及推断的方法考虑而定，通常 $n \geqslant 30$ 为大样本，$n < 30$ 为小样本。社会经济统计中的抽样推断一般要求使用大样本。

（2）样本个数

样本个数又称样本可能数目，是指有多少个样本是从一个全及总体中可能抽取的样本数目。一个总体可能抽取多少个样本，与样本容量及抽样方法等因素有关。

3．全及指标和样本指标

（1）全及指标（参数）

全及指标是指根据全及总体各个单位的标志值或标志属性计算的，反映总体某种特征或属性的统计指标。全及指标是总体变量的函数，其数值是由总体各单位的标志值或标志属性决定的。由于一个全及指标的指标值是确定的、唯一的，所以称为参数。常用的全及指标包括总体平均数和总体标准差、总体成数和总体成数标准差。

1）总体平均数和总体标准差。

总体平均数是总体各单位某一数量标志值的算术平均数，一般用 $\overline{X}$ 来表示，计算公式为

$$\overline{X} = \frac{\sum X}{N} \quad 或 \quad \overline{X} = \frac{\sum XF}{\sum F}$$

总体标准差是用来测定总体各单位标志值差异程度的指标，一般用 σ 来表示，计算公式为

$$\sigma_{\overline{X}} = \sqrt{\frac{\sum (X-\overline{X})^2}{N}} \quad 或 \quad \sigma_{\overline{X}} = \sqrt{\frac{\sum (X-\overline{X})^2 F}{\sum F}}$$

2）总体成数和总体成数标准差。

对于品质标志，由于各单位的标志表现不能用数量来表示，因此，总体参数常以成数指标 P 来表示总体中具有某种属性的单位数在总体全部单位数中所占的比重，以 Q 表示总体中不具有某种属性的单位数在总体全部单位数中所占的比重。可见，总体成数是指总体中具有某一标志表现的单位数占总体全部单位数的比重。

设总体 N 个单位中，有 N_1 个单位具有某种属性，N_0 个单位不具有某种属性，则总体成数计算公式为

$$P=\frac{N_1}{N} \qquad Q=\frac{N_0}{N}=1-P$$

如果品质标志表现只有是、非两种，如产品质量标志表现为合格和不合格，性别标志表现为男性和女性，则可以把“是”的标志表现表示为1，而“非”的标志表现表示为0。那么成数就可以视为（0，1）分布的平均数。

总体成数的算术平均数计算公式为

$$\overline{X}_P=\frac{0\times N_0+1\times N_1}{N}=\frac{N_1}{N}=P$$

总体成数标准差计算公式为

$$\sigma_P=\sqrt{\frac{(0-P)^2N_0+(1-P)^2N_1}{N}}=\sqrt{\frac{P^2N_0+Q^2N_1}{N}}$$
$$=\sqrt{P^2Q+Q^2P}=\sqrt{PQ(P+Q)}=\sqrt{PQ}=\sqrt{P(1-P)}$$

讨论

全及指标虽然是客观存在的，为什么在抽样推断中是不可能直接计算的，只能推断得出？

（2）样本指标（统计量）

样本指标又称抽样指标，是根据样本各单位标志值或标志属性计算的。它是样本变量的函数，是用来估计总体指标的，又称统计量。常用的样本指标包括样本平均数、样本成数、样本标准差（或样本方差）等。样本指标以小写字母表示。

1）样本平均数和样本标准差。

样本平均数是反映样本各单位某一数量标志值的算术平均数，用$\bar{x}$表示，计算公式为

$$\bar{x}=\frac{\sum x}{n}\text{（样本未分组）或 }\bar{x}=\frac{\sum xf}{\sum f}\text{（样本分组）}$$

样本标准差是用来测定样本各单位标志值变异程度的指标，用$s_{\bar{x}}$表示，计算公式为

$$s_{\bar{x}}=\sqrt{\frac{\sum(x-\bar{x})^2}{n}}\text{（样本未分组）}$$

$$s_{\bar{x}}=\sqrt{\frac{\sum(x-\bar{x})^2f}{\sum f}}\text{（样本分组）}$$

2）样本成数和样本成数标准差。

样本成数是样本中具有某一标志表现的单位数占全部样本单位数的比重。设样本 n 个单位中，有 n_1 个单位具有某种属性，n_0 个单位不具有某种属性，则样本成数计算公式为

$$p=\frac{n_1}{n} \qquad q=\frac{n_0}{n}=1-p$$

样本成数标准差用 s_p 表示，计算公式为

$$s_p = \sqrt{pq} = \sqrt{p(1-p)}$$

抽取一个样本后，这个样本的指标数值是可以确定的，但不同的样本有不同的指标数值。因此，样本指标是一个随机变量。抽样推断就是用已知的样本指标，对总体指标进行科学的估计和推断。

提示

全及总体是唯一确定的，反映全及总体数量特征的全及指标也是定值。从一个总体中可抽取多个样本，样本总体不唯一，样本指标是随机变量。

7.1.3 抽样方法

1．重复抽样

重复抽样又称回置抽样，是从总体 N 个单位中随机抽取一个容量为 n 的样本，每次从总体中抽取一个单位，并把它看做一次试验，把结果登记下来后，又重新放回，参加下一次抽选，连续进行 n 次试验构成一个样本。每个单位可能不止一次被抽中，但所有的单位每次被抽中的机会相同。

从总体 N 个单位中，用重复抽样的方法，随机抽取 n 个单位构成一个样本，则共可抽取 N^n 个样本。

例如，总体有 A、B、C、D 4 个单位，用重复抽样的方法抽取 2 个单位构成样本。全部可能抽取的样本数目为 4^2=16 个，它们是：AA、AB、AC、AD、BA、BB、BC、BD、CA、CB、CC、CD、DA、DB、DC、DD。

2．不重复抽样

不重复抽样又称不回置抽样，是从总体 N 个单位中抽取一个容量为 n 的样本，每次从总体中抽取一个单位，但每次抽出一个单位后就不再将其放回参加下一次的抽选，连续进行 n 次抽取构成一个样本。每抽一次总体单位数就少一个，因而每个单位的中选机会在各次是不相同的。

从总体 N 个单位中，用不重复抽样的方法，抽取 n 个单位构成一个样本，全部可能抽取的样本数目为 $N(N-1)(N-2)\cdots(N-n+1)$ 个。

例如，从 A、B、C、D 4 个单位中，用不重复抽样的方法抽取 2 个单位构成样本，第一次抽取 1 个，共有 4 种取法；第二次再从留下的 3 个单位中取 1 个，共有 3 种取法。前后两次的抽取构成一个样本，全部可能抽取的样本数目为 4×3=12 个，它们是：AB、AC、AD、BA、BC、BD、CA、CB、CD、DA、DB、DC。

由此可见，在相同样本容量的要求下，重复抽样的样本个数总是大于不重复抽样的样本个数。

7.1.4　抽样组织方式

抽样组织方式是指在抽样时对总体的加工整理形式。在遵守随机原则的条件下，合理组织抽样，是提高抽样推断效果的一个重要途径。常用的抽样组织方式有以下几种。

1．简单随机抽样

简单随机抽样又称纯随机抽样。它是对总体各单位不做任何加工整理，直接从总体中随机抽取调查单位的抽样调查方式，是最基本也是最简单的一种抽样组织方式。从理论上讲，这种方式是最符合随机原则的，但在统计实践中却受到很大限制。当总体很大即单位数很多时，对每个单位进行编号很困难，甚至不可能，此时就不宜采用这种方式。

2．类型抽样

类型抽样又称分层抽样或分类抽样。它是先对总体各单位按某一标志加以分组，然后再从各组中按随机原则抽取一定单位构成样本的抽样组织方式。 这种方式一般应用于总体各单位在被研究标志上有明显差别的情况下。类型抽样一方面提高了样本的代表性，另一方面降低了影响抽样平均误差的总体方差。因此，通过这种组织方式获得的样本统计量的精度，比相同样本容量下通过简单随机抽样获得的要高。

3．等距抽样

等距抽样又称机械抽样或系统抽样。它是先将总体各单位按某一标志排序，然后按照固定的顺序和相同的间隔来抽选样本单位的抽样组织方式。按这种方式抽取样本单位，能保证样本单位均匀分布于总体中，其抽样误差一般比简单随机抽样的要小，特别是当研究对象的标志变异程度较大时，更能显示等距抽样的优越性。

4．整群抽样

整群抽样也称分群抽样或集团抽样。它是将总体划分为若干群，然后以群为单位从中随机抽取部分群，对中选群中的所有单位进行全面调查的抽样组织方式。在大规模的抽样调查中，如果总体单位多且分布区域广，缺少进行抽样的抽样框，或按经济效益原则不宜编制抽样框的情况下，宜采用这种方式。

7.2　抽样误差

7.2.1　抽样误差的概念

抽样误差是指按随机原则抽取的样本计算的样本指标，在代表总体指标时产生的离差，即样本平均数与总体平均数的离差（$\bar{x}-\bar{X}$）和样本成数与总体成数的离差（$p-P$）。这种误差是抽样推断所特有的，用部分单位资料估计总体数量特征不可避免的误差。由于总体指标是未知的，而样本指标又是随机变量，不是唯一的，所以，抽样误差也是一个随机变量，即有多少种可能的样本就有多少种可能的实际抽样误差。因此，在抽样推断中，要结合所有可能的样本来研究所有可能的实际抽样误差。但在现实的抽样推断中，抽样实际误差是不可能得到的，我们只能通过数理关系推算可能的误差范围，而这一可能的误差范围是以抽样平均误差为基础获得的。

7.2.2 抽样平均误差

1. 抽样平均误差的理论计算公式

抽样平均误差是反映抽样误差一般水平的指标。以 $\mu_{\bar{x}}$ 表示平均数的抽样平均误差，μ_p 表示成数的抽样平均误差，M 表示全部可能的样本数目。

（1）样本平均数的抽样平均误差的计算公式

$$\mu_{\bar{x}} = \sqrt{\frac{\sum(\bar{x}-\overline{X})^2}{M}}$$

（2）样本成数的抽样平均误差的计算公式

$$\mu_p = \sqrt{\frac{\sum(p-P)^2}{M}}$$

提示

上述公式仅是计算抽样平均误差的理论公式，它只能表明抽样平均误差的意义，在实际抽样推断中不能用它们来计算抽样平均误差。因为在抽样推断中，作为总体的指标 $\overline{X}$ 或 P 是事先不知道的，是需要推断才能得到的；另外，还需知道所有可能的样本平均数或样本成数，这实际上也很难办到。

2. 抽样平均误差的实际计算公式

（1）在重复抽样的条件下，抽样平均误差和总体的变异程度及样本容量的大小两个因素有关，它们的具体关系如下：

平均数的抽样平均误差 $\mu_{\bar{x}} = \sqrt{\dfrac{\sigma^2}{n}}$

成数的抽样平均误差 $\mu_p = \sqrt{\dfrac{P(1-P)}{n}}$

从上面两式可以看出，抽样平均误差和总体变异程度的大小成正比，和样本容量成反比。

检查点

某电视台想了解观众对某个电视专题栏目的喜欢程度，假定总体变异程度不变，如样本容量减少 1/2 或增加 1 倍，抽样平均误差将会如何变化？

（2）在不重复抽样的条件下，平均数的抽样平均误差不但和总体变异程度及样本容量有关，而且还要考虑总体单位数的多少。它们的关系如下：

$$\text{平均数的抽样平均误差}\ \mu_{\bar{x}}=\sqrt{\frac{\sigma^2}{n}\left(\frac{N-n}{N-1}\right)}=\sqrt{\frac{\sigma^2}{n}\left(1-\frac{n}{N}\right)}$$

$$\text{成数的抽样平均误差}\ \mu_{\bar{p}}=\sqrt{\frac{P(1-P)}{n}\left(\frac{N-n}{N-1}\right)}=\sqrt{\frac{P(1-P)}{n}\left(1-\frac{n}{N}\right)}$$

式中，$\frac{N-n}{N-1}$ 为修正系数，当 N 很大时，$\frac{N-n}{N-1}=\frac{N-n}{N}=1-\frac{n}{N}$。

比较一下两种抽样条件下抽样平均误差的计算公式，由于修正系数永远是个小于 1 的正数，因此，在同样的情况下，不重复抽样条件下的抽样平均误差小于重复抽样条件下的抽样平均误差。不过，当 N 很大时，修正系数接近于 1，这时重复抽样和不重复抽样的抽样平均误差几乎没有差别。因此，在实际应用时，多采取重复抽样方式。为了计算简便，对不重复抽样也往往采用重复抽样的公式计算抽样平均误差。

提示

应用公式计算抽样平均误差时，一般总体方差 σ^2 或 $P(1-P)$ 是未知的，通常使用样本方差 s^2 和 $p(1-p)$ 来代替，有时也可用小规模的试验性调查资料来代替。

【例 7-1】某高等职业技术学院 2012 年 9 月从 1 000 名新生中随机抽取 100 名进行英语口语测试，测得平均成绩为 76 分，标准差为 11.2 分，其中 60 分以上的学生有 94 名。根据上述资料，计算该校新生英语口语平均成绩和及格率的抽样平均误差。

已知 N=1 000，n=100，$\bar{x}=76$，$s_{\bar{x}}=11.2$，及格率 $p=\frac{94}{100}=94\%$，由于总体方差不知道，需用 $s_{\bar{x}}^2$ 代替 σ^2 ；用 $p(1-p)$ 代替 $P(1-P)$。

1）在重复抽样条件下：

$$\text{平均成绩的抽样平均误差}\quad \mu_{\bar{x}}=\sqrt{\frac{\sigma^2}{n}}=\sqrt{\frac{11.2^2}{100}}=1.12（\text{分}）$$

$$\text{及格率的抽样平均误差}\quad \mu_p=\sqrt{\frac{P(1-P)}{n}}=\sqrt{\frac{94\%\times(1-94\%)}{100}}=2.37\%$$

2）在不重复抽样的条件下：

$$\text{平均成绩的抽样平均误差 } \mu_{\bar{x}}=\sqrt{\frac{\sigma^2}{n}(1-\frac{n}{N})}=\sqrt{\frac{11.2^2}{100}\times(1-\frac{100}{1000})}=1.06\text{（分）}$$

$$\text{及格率的抽样平均误差 } \mu_p=\sqrt{\frac{P(1-P)}{n}(1-\frac{n}{N})}=\sqrt{\frac{94\%\times(1-94\%)}{100}\times(1-\frac{100}{1000})}=2.25\%$$

上述结果表明，从 1 000 名新生中，无论抽到哪 100 名新生进行英语口试，其平均成绩的抽样误差平均来说为 1.12（或 1.06）分；及格率的抽样误差平均来说为 2.37%（或 2.25%）。这就是抽样平均误差的实际意义，它不是一个具体实际的抽样误差，只是为抽样推断提供一个衡量误差范围的尺度。

提示

平均数的抽样平均误差的计量单位与平均数的计量单位相同，成数的抽样平均误差一般用百分数来表示。

3．影响抽样平均误差大小的因素

由抽样平均误差的计算公式可以看出，影响抽样误差大小的因素主要有以下几种。

（1）总体各单位标志值的差异程度

总体被研究标志的差异程度越大，则样本指标与总体指标的误差也越大；反之，总体被研究标志的差异程度越小，则样本指标与总体指标的误差也越小。假定总体各单位的标志值都相等，即变异程度为零，此时样本指标就完全等于总体指标，抽样误差就不存在了。

（2）样本的单位数

在其他条件相同的情况下，样本的单位数越多，样本单位数在全及总体中所占的比例就越高，样本就越能反映总体，抽样误差就越小。当样本单位数接近总体单位数时，抽样调查就越接近于全面调查，此时形成的误差也就越接近于零；反之，样本单位数越少，样本指标与总体指标之间的抽样误差就越大。

（3）抽样方法

抽样方法不同，抽样误差也不同。在重复抽样条件下，有的单位可能被多次抽中，当极端数值或相邻数值频繁出现时，样本的代表性就会降低，抽样误差会加大。因此，对于一个特定的研究总体，在样本容量相同的情况下，一般来讲，重复抽样的抽样平均误差比不重复抽样的抽样平误差要大些。

（4）抽样调查的组织形式

不同的抽样组织形式，所抽出的样本对全及总体的代表性不同，从而产生的抽样误差也不同。例如，采用等距抽样或类型抽样，由于总体事先按一定的标志经过了排队或分类，使样本单位的分布渐趋均匀，提高了样本的代表性，在样本容量相同的情况下，其抽样误差就比简单随机抽样或整群抽样小。

7.2.3　抽样极限误差

1．抽样极限误差的概念

抽样极限误差是指联系一定可靠程度的抽样误差的可能范围，它是在进行抽样估计时，根据研究对象的变异程度和分析任务的要求所确定的样本指标与总体指标之间可允许的最大误差范围，也就是进行抽样推断时可以允许的误差范围，故又称允许误差。抽样极限误差等于样本指标可允许变动的上限或下限与总体指标离差的绝对值。用 Δ 来表示，$\Delta_{\bar{x}}$ 和 Δ_p 分别表示抽样平均数的抽样极限误差和抽样成数的抽样极限误差。

$$\Delta_{\bar{x}} = \left|\bar{x} - \bar{X}\right| \qquad \Delta_p = \left|p - P\right|$$

确定抽样误差范围，与抽样平均误差（μ）的大小及要求抽样的可靠程度密切相关。在 μ 一定的条件下，扩大极限误差的范围，可以提高抽样推断的可靠程度。这个可靠程度在统计中叫做概率。数理统计证明，与概率有联系的一个数值叫做概率度，用 t 表示。概率度与可靠程度（概率）之间保持一定的函数关系，即概率是概率度的函数。其函数关系可表示为 $P=\varphi(t)$，其概率分布如图 7-1 所示。

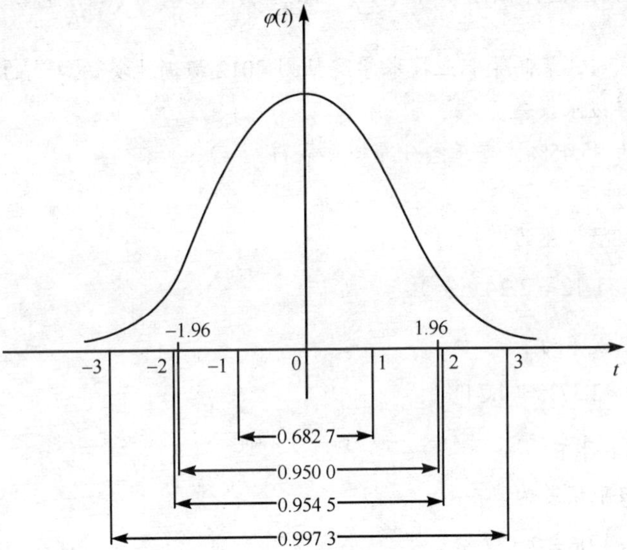

图 7-1　标准正态分布主要概率

需要指出的是，上述概率度 t 和概率 $\varphi(t)$ 之间的数值对应关系，只有在大样本（$n \geqslant 30$）的条件下才成立。这时概率度越大，概率也越大；概率度越小，概率也越小。

计算抽样极限误差时，根据可靠程度的要求，抽样极限误差 Δ 与抽样平均误差 μ 之间的关系式为

$$\Delta_{\bar{x}} = t\mu_{\bar{x}} \qquad \Delta_p = t\mu_p$$

因此，抽样极限误差是以抽样平均误差为标准单位衡量的，用 t 倍的抽样平均误差计算。

在 μ 一定的条件下，t 的值增大，抽样误差范围 Δ 随之增大，总体平均数或总体成数落在估计区间范围内的概率就越大，可靠程度会相应提高，但推断的精确度却要降低；反之，t 的值减小，抽样误差范围 Δ 随之减小，总体平均数或总体成数落在估计区间范围内的概率就越小，可靠程度会相应降低，但推断的精确度则会提高。

2．抽样极限误差的计算

（1）在重复抽样条件下

平均数的抽样极限误差 $\Delta_{\bar{x}} = t\mu_{\bar{x}} = t\sqrt{\dfrac{\sigma^2}{n}}$

成数的抽样极限误差 $\Delta_p = t\mu_p = t\sqrt{\dfrac{P(1-P)}{n}}$

（2）在不重复抽样条件下

平均数的抽样极限误差 $\Delta_{\bar{x}} = t\mu_{\bar{x}} = t\sqrt{\dfrac{\sigma^2}{n}(1-\dfrac{n}{N})}$

成数的抽样极限误差 $\Delta_p = t\mu_p = t\sqrt{\dfrac{P(1-P)}{n}(1-\dfrac{n}{N})}$

【例 7-2】根据例 7-1，某高等职业技术学院抽测 2012 级新生英语口试的资料，以 95.45%的概率保证程度计算抽样极限误差。

由题可知，概率为 95.45%，查正态分布概率表得 $t=2$。

1）在重复抽样条件下

平均成绩的抽样极限误差为

$$\Delta_{\bar{x}} = t\mu_{\bar{x}} = 2\times1.12 = 2.24\text{（分）}$$

及格率的抽样极限误差为

$$\Delta_p = t\mu_p = 2\times2.37\% = 4.74\%$$

2）在不重复抽样条件下

平均成绩的抽样极限误差为

$$\Delta_{\bar{x}} = t\mu_{\bar{x}} = 2\times1.06 = 2.12\text{（分）}$$

及格率的抽样极限误差为

$$\Delta_p = t\mu_p = 2\times2.25\% = 4.50\%$$

计算结果表明，以 95.45%的概率保证程度，该校新生英语口试平均成绩误差范围为 2.24（或 2.12）分；及格率的误差范围为 4.74%（或 4.50%）。也就是说，如果进行重复抽样，抽取 100 次进行测试，英语口试平均成绩的误差就会有 95.45 次在（−2.24 分，2.24 分）之间；及格率的误差在（−4.74%，4.74%）之间。

提示

抽样极限误差是一个可能的误差范围，而不是一个必然的误差范围。因为样本是随机的，抽样误差也是随机的，因而，不能保证每一次的抽样误差一定不会超出这个范围，只能说有多大的可能，即有多大的保证程度不会超出这个误差范围。

7.3　抽样估计

抽样估计就是利用实际调查计算的样本指标值来估计相应的总体指标数值，即用样本统计量来估计总体参数，以达到抽样推断的目的。抽样估计有点估计和区间估计两种方法。

7.3.1　点估计

点估计又称定值估计，是用样本指标直接代替总体指标的估计方法，即总体平均数的点估计值就是样本平均数，总体成数的点估计值就是样本成数。在点估计中，总体指标和样本指标之间的关系为

$$\overline{X}=\overline{x} \qquad P=p$$

【例 7-3】根据例 7-1 的资料，抽测 100 名新生英语口试的平均成绩为 76 分，及格率为 94%。用点估计则可得出，全院 1 000 名新生英语口语测试的平均成绩和及格率分别为

$$\overline{X}=\overline{x}=76\text{分} \qquad P=p=94\%$$

点估计的方法简便易行，但由于点估计不考虑抽样误差及估计的可靠程度，一般只适用于对推断的准确程度与可靠程度要求不高的情况，或者是对问题进行粗略分析时采用。

7.3.2　区间估计

1. 区间估计的概念

区间估计是根据点估计值，联系一定的极限误差，设置一个区间，指出被估计的总体参数落在这个区间内的可能性有多大的一种估计方法。这种方法能表明总体参数落在一定误差范围内的准确性及可靠程度。因此，它是利用样本指标推断总体指标的主要方法。

总体参数区间估计必须同时具备点估计值、抽样误差范围和概率保证程度三个要素。在对总体平均数和总体成数进行区间估计时，首先可根据点估计值和抽样极限误差表示估计值的上限和下限，形成下列关系式：

由 $\Delta_x \leqslant \left|\overline{x}-\overline{X}\right|$ 得

$$\bar{x}-\Delta_{\bar{x}} \leqslant \bar{X} \leqslant \bar{x}+\Delta_{\bar{x}}$$

由 $\Delta_P \leqslant |p-P|$ 得

$$p-\Delta_p \leqslant P \leqslant p+\Delta_p$$

关系式中 $\bar{x}-\Delta_{\bar{x}}$ 和 $p-\Delta_p$ 分别是两个区间的下限；$\bar{x}+\Delta_{\bar{x}}$ 和 $p+\Delta_p$ 分别是两个区间的上限。再结合估计的置信度（概率保证程度），表明总体参数 $\bar{X}$ 和 P 落在区间（$\bar{x}-\Delta_{\bar{x}}$，$\bar{x}+\Delta_{\bar{x}}$）和 $(p-\Delta_p，p+\Delta_p)$ 内的概率为 $P=\varphi(t)$。

【例 7-4】仍以某高等职业学院抽测新生英语口试的资料为例，试以 95.45%的概率保证程度，按重复抽样的要求，对全校 1 000 名新生英语口试水平和及格率做出区间估计。

已知 $\bar{x}=76$分，$p=94\%$，$\varphi(t)=95.45\%$，查正态分布概率表得 $t=2$。

在重复抽样条件下 $\Delta_{\bar{x}}=2.24$，$\Delta_p=4.74\%$

已知关系式

$$\bar{x}-\Delta_{\bar{x}} \leqslant \bar{X} \leqslant \bar{x}+\Delta_{\bar{x}} \qquad p-\Delta_p \leqslant P \leqslant p+\Delta_p$$

代入相应数据，得

$$76-2.24 \leqslant \bar{X} \leqslant 76+2.24 \qquad 94\%-4.74\% \leqslant P \leqslant 94+4.74$$

即

$$73.76 \leqslant \bar{X} \leqslant 78.24 \qquad 89.26\% \leqslant P \leqslant 98.74\%$$

计算结果表明，在 95.45%的概率保证程度下，该学院新生英语口试平均成绩会落在区间（73.76，78.24），及格率落在区间（89.26%，98.74%），即平均分在 73.76～78.24 分；及格率在 89.26%～98.74%。

2．总体平均数和总体成数的区间估计

从全及总体中抽取一个容量为 n 的样本，在置信度一定的情况下，可以采取如下步骤进行区间估计。

第一步：抽取样本，计算样本指标和抽样平均误差；

第二步：根据给定的概率保证程度，查正态分布概率表得概率度 t 的值；

第三步：根据 t 的值和抽样平均误差计算抽样极限误差，并做出区间估计。

【例 7-5】某厂对生产的 5 000 只灯泡进行质量检验，随机抽取 100 只，对其使用寿命进行测试，所得资料如例 4-27 所示。要求以 95.45%的概率保证程度估计该批灯泡的平均使用寿命。

已知 $N=5\,000$，$n=100$，$\varphi(t)=95.45\%$，查正态分布概率表得 $t=2$。

样本指标灯泡平均使用寿命为

$$\bar{x}=\frac{\sum xf}{\sum f}=\frac{33\,400}{100}=3\,340 \text{（小时）}$$

样本标准差为

$$s_{\bar{x}}=\sqrt{\frac{\sum(x-\bar{x})^2 f}{\sum f}}=\sqrt{\frac{53\,440\,000}{100}}=731.03\text{（小时）}$$

样本平均使用寿命的抽样平均误差为

$$\mu_{\bar{x}}=\sqrt{\frac{\sigma^2}{n}}=\sqrt{\frac{731.03^2}{100}}=73.1\text{（小时）}$$

样本平均使用寿命的抽样极限误差为

$$\Delta_{\bar{x}}=t\mu_{\bar{x}}=2\times73.1=146.2\text{（小时）}$$

5 000 只灯泡平均使用寿命所在的置信区间为

$$3\,340-146.2\leqslant\overline{X}\leqslant3\,340+146.2$$

即

$$3\,193.8\leqslant\overline{X}\leqslant3\,486.2$$

以 95.45%的概率保证程度，估计出该批灯泡的平均使用寿命为 3 193.8～3 486.2 小时。

讨论

在例 7-5 中，假定概率保证程度提高到 99.73%，则该批灯泡的平均使用寿命的区间如何变动？

【例 7-6】 对某批 4 000 件成品按不重复抽样方法抽选 200 件检查，其中合格品 192 件，要求以 95%的概率保证程度估计该批成品的合格率范围。

已知 $N=4\,000$，$n=200$，$n_1=192$，$\varphi(t)=95\%$，查正态分布概率表得 $t=1.96$。

样本合格率为

$$p=\frac{n_1}{n}=\frac{192}{200}=96\%$$

样本合格率的抽样平均误差为

$$\mu_p=\sqrt{\frac{P(1-P)}{n}(1-\frac{n}{N})}=\sqrt{\frac{96\%(1-96\%)}{200}(1-\frac{200}{4\,000})}=1.35\%$$

样本合格率的抽样极限误差为

$$\Delta_p=t\mu_p=1.96\times1.35\%=2.65\%$$

则该批产品合格率的置信区间为

$$p-\Delta_p\leqslant P\leqslant p+\Delta_p$$

$$96\%-2.65\%\leqslant P\leqslant96\%+2.65\%$$

$$93.35\%\leqslant P\leqslant98.65\%$$

以 95%的概率保证程度估计出该批成品合格率的所在区间为（93.35%，98.65%）。

检查点

在例 7-6 中，如果按重复抽样方法抽取样本，试推断该批成品的合格率范围。

7.4 必要样本容量的确定

在实际抽样调查中，选定了适合研究对象特点的抽样组织方式后，还必须确定从总体中抽取多少个必要的样本单位数目，即确定一个合适的样本容量，这是一个很重要的问题。因为样本容量过多，必然会增加人力、物力、财力的支出，造成不必要的浪费；而样本容量过少，又会导致抽样误差增大，达不到抽样所要求的准确程度，影响抽样效果。可见，必要样本容量就是为确保抽样推断的可靠程度和精确度要求、在一定费用条件下所需的最少样本单位数目。

7.4.1 影响必要样本容量的因素

1．总体各单位标志变异程度，即总体方差或标准差

其数值大小与必要样本容量成正比，即总体的标志变异程度越大，所需样本容量就越多；总体的标志变异程度越小，所需样本容量越少。

2．允许的抽样极限误差的大小

在其他条件不变的情况下，若抽样极限误差越大，要求样本容量则越少；若抽样极限误差越小，要求样本容量则越多。

3．抽样推断的概率保证程度

其概率越大，概率保证程度越高，要求样本容量就越大；反之样本容量就会减少。

4．抽样方法和抽样组织方式

在其他条件相同时，重复抽样比不重复抽样要求样本容量大些。整群抽样所需的样本容量较大，而分类抽样或等距抽样所需的样本容量较少。

7.4.2 必要样本容量的确定方法

在抽样设计阶段，调查者要根据调查目的和条件，先确定两个问题：一是抽样调查的允许误差，即 $\Delta_{\bar{x}}$ 或 Δ_p；二是抽样推断的把握程度，即规定概率度 t 的值。由此可见，必要样本容量的确定是从 $\Delta = t\mu$ 中推导出来的。

1. 在重复抽样条件下

（1）平均数的样本容量，由

$$\Delta_{\bar{x}} = t\mu_{\bar{x}} = t\sqrt{\frac{\sigma^2}{n}}$$

得必要样本容量为

$$n = \frac{t^2\sigma^2}{\Delta_{\bar{x}}^2}$$

（2）成数的样本容量，由

$$\Delta_p = t\mu_p = t\sqrt{\frac{P(1-P)}{n}}$$

得必要样本容量为

$$n = \frac{t^2 P(1-P)}{\Delta_p^2}$$

2. 在不重复抽样条件下

（1）平均数的样本容量，由

$$\Delta_{\bar{x}} = t\mu_{\bar{x}} = t\sqrt{\frac{\sigma^2}{n}(1-\frac{n}{N})}$$

得必要样本容量为

$$n = \frac{Nt^2\sigma^2}{N\Delta_{\bar{x}}^2 + t^2\sigma^2}$$

（2）成数的样本容量，由

$$\Delta_p = t\mu_p = t\sqrt{\frac{P(1-P)}{n}(1-\frac{n}{N})}$$

得必要样本容量为

$$n = \frac{Nt^2 P(1-P)}{N\Delta_p^2 + t^2 P(1-P)}$$

检查点

在重复抽样条件下，若允许误差减少一半，样本容量如何变动？若允许误差扩大一倍，样本容量又如何变动？

【例 7-7】推算零售商平均每次进货额，根据历史资料进货额的标准差为 1 500 元，假定到批发站进货的零售商为 2 000 人，若要求概率保证程度为 95.45%，允许误差不超过 250 元，分别计算重复抽样和不重复抽样条件下，至少要抽取多少零售商？

由概率保证程度为 95.45%查正态分布概率表得 $t=2$。

1）在重复抽样条件下，必要样本容量为

$$n=\frac{t^2\sigma^2}{\Delta_x^2}=\frac{2^2\times 1\,500^2}{250^2}=144\text{（人）}$$

2）在不重复抽样条件下，必要样本容量为

$$n=\frac{Nt^2\sigma^2}{N\Delta_x^2+t^2\sigma^2}=\frac{2\,000\times 2^2\times 1\,500^2}{2\,000\times 250^2+2^2\times 1\,500^2}=134.33=135\text{（人）}$$

提示

计算样本容量 n 时，计算结果不能舍零取整。

7.4.3 计算必要样本容量应注意的问题

按照样本容量计算公式确定的样本容量，是在保证已知条件下的必要样本容量，是一个最低限度的数目。在一次抽样调查中，若同时要推断总体平均数和总体成数，运用计算公式可计算出两个样本容量，为同时满足两方面的要求，以较大的数值作为抽样调查所需的样本容量即可。在确定样本容量时，总体方差和成数在调查之前是未知的，可用以前资料或做一些试验性调查来代替。

提示

在计算必要样本容量时，如果有若干个方差可供选择，取其最大值；在缺乏资料的情况下，成数方差也可使用其最大值 0.25。

【例 7-8】某社区通过抽样调查了解居民参加体育活动的比率，如果把误差范围设定在 5%，问如果以 95%的概率保证程度进行参数估计，需要多大的样本？

由概率保证程度为 95%查正态分布概率表得 t=1.96。

根据公式，可得

$$n=\frac{t^2P(1-P)}{\varDelta_p^2}=\frac{1.96^2\times 0.25}{5\%^2}=384.16=385\text{（人）}$$

检查点

在例 7-8 中，确定样本容量时缺少哪项资料？是如何解决的？

7.5 Excel 在抽样推断中的应用

根据例 7-5，得出样本平均数 $\bar{x}=3\,340$元，标准差 $\sigma=731.03$小时。运用 Excel 进行区间估计的操作步骤如下。

第一步：打开 Excel 工作簿，在工作表中，输入已知资料样本平均数 3 340 小时，标准差 731.03 小时，需计算的抽样平均误差、总体平均数下限和总体平均数上限，如图 7-2 所示。

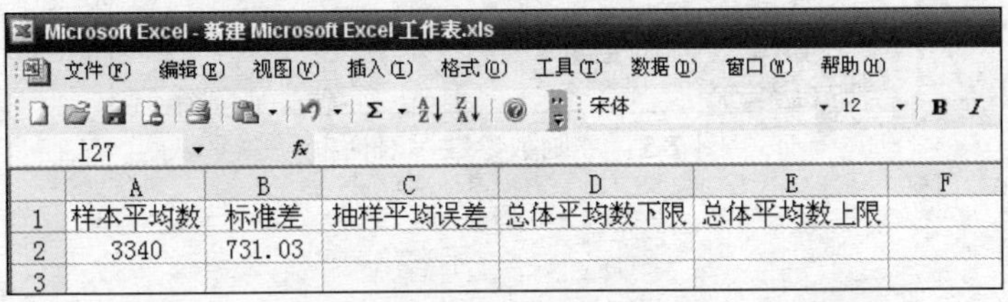

图 7-2 资料显示图

第二步：单击 C2 单元格，输入“=B2/SQRT(100)”，得出抽样平均误差为 73.103 小时，如图 7-3 所示。

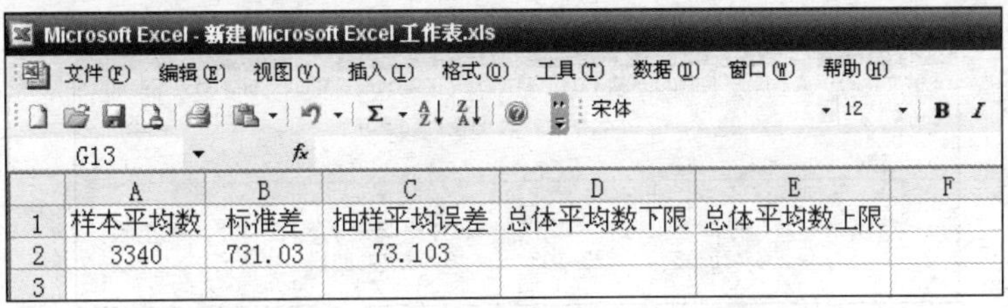

图 7-3 抽样平均误差计算结果

第三步：单击“D2 单元格后”，打开“插入”菜单，选择“函数”选项，弹出“插入函数”对话框，在“选择类别”中，选择“统计”，在“选择函数”中，选择“NORMINV（区间点)”函数，如图 7-4 所示。

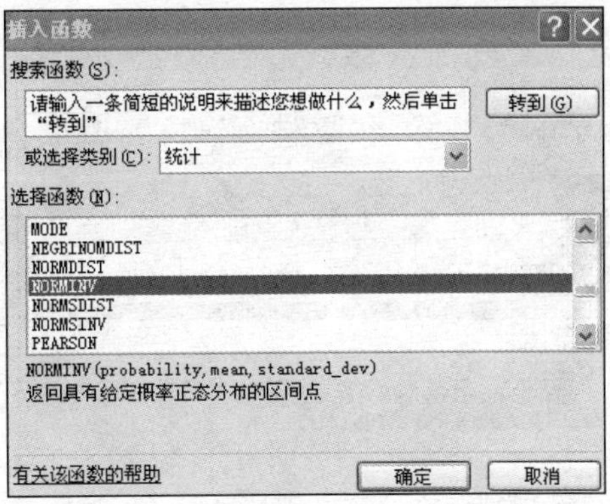

图 7-4 “插入函数”对话框

第四步：单击“确定”按钮，弹出“函数参数”对话框，选择数据区域，如图 7-5 所示，在对话框的左下角，同时输出计算结果 3193.793821。

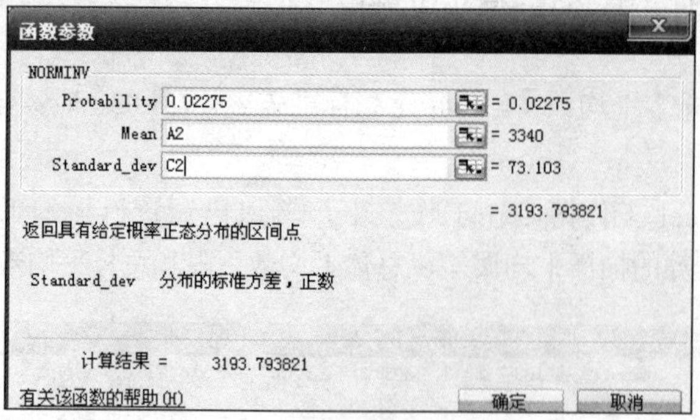

图 7-5 “函数参数”对话框

提示

计算总体指标所在区间下限时，在 Probability 项中输入（1–概率保证程度）/2；本例中给定的概率保证程度为 95.45%，应输入（1–95.45%）/2，即 0.02275。

第五步：单击“确定”按钮，该总体平均数的下限就出现在第三步选中的“D2 单元格”中，如图 7-6 所示。

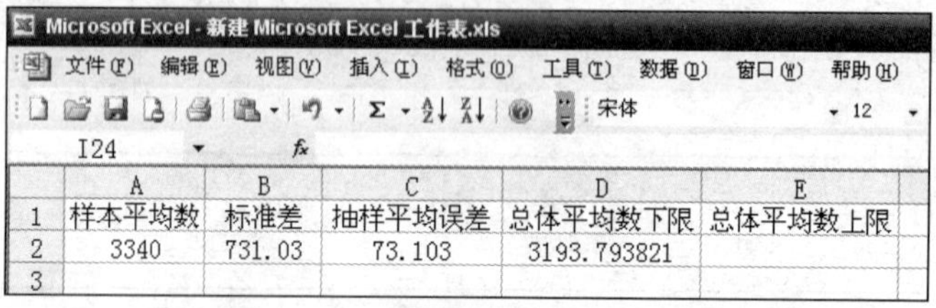

图 7-6 总体平均数下限显示结果

第六步：单击“E2 单元格”后，打开“插入”菜单，选择“函数”选项，弹出“插入函数”对话框，在“选择类别”中，选择“统计”，在“选择函数”中，选择“NORMINV（区间点）”函数，如图 7-7 所示。

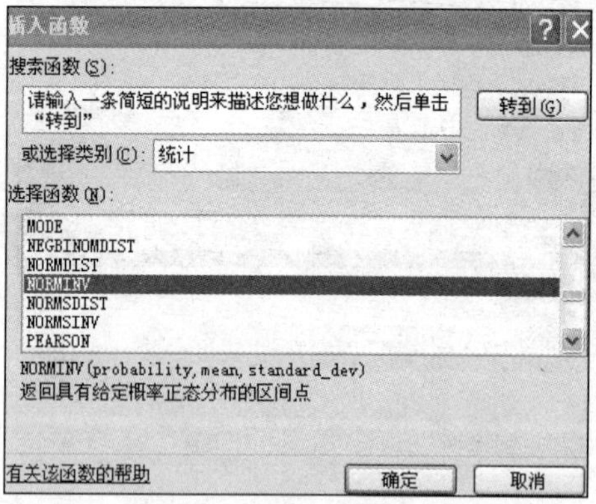

图 7-7 “插入函数”对话框

第七步：单击“确定”按钮，弹出“函数参数”对话框，选择数据区域，如图 7-8 所示，在对话框的左下角，同时输出计算结果 3486.206179。

提示

计算总体指标所在区间上限时，在 Probability 项中输入概率保证程度+（1−概率保证程度）/2；本例中给定的概率保证程度为 95.45%，应输入 95.45%+(1−95.45%)/2，即 0.97725。

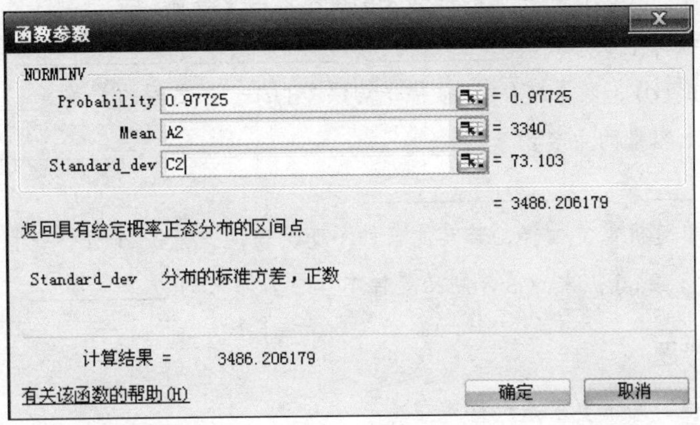

图 7-8　“函数参数”对话框

第八步：单击“确定”按钮，该总体平均数的上限就出现在第六步选中的“E2 单元格”中，如图 7-9 所示，整个操作过程至此完成。

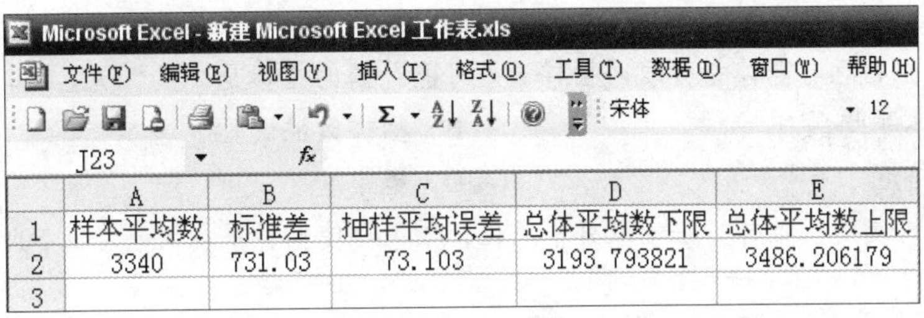

	A	B	C	D	E
1	样本平均数	标准差	抽样平均误差	总体平均数下限	总体平均数上限
2	3340	731.03	73.103	3193.793821	3486.206179
3					

图 7-9　总体平均数上限显示结果

本章小结

抽样推断是按照随机原则，根据样本指标对总体指标做出估计和推断的一种统计分析方法。抽样推断涉及简单随机抽样、等距抽样、类型抽样和整群抽样 4 种主要组织方式，可采用重复抽样和不重复抽样两种抽样方法选取样本。

在简单随机抽样条件下，抽样平均误差与总体变异程度成正比，与样本容量成反比。抽样极限误差是由概率度和抽样平均误差来确定的。抽样估计有点估计和区间估计两种方法。区间估计必须具备点估计量、误差范围和概率保证程度 3 个基本要素。影响样本容量的因素包括总体各单位标志变异程度、抽样误差范围、概率保证程度、抽样方法及抽样组织方式。

本章评估练习

1. 填空题

（1）________是指所要认识的研究对象的全体。________是从全及总体中随机抽取出来，作为代表这一总体的那部分单位组成的集合体。

（2）常用的抽样组织形式有______、______、______和______。

（3）误差范围 (Δ)、概率度 (t)、抽样平均误差 (μ) 三者之间的关系是______。

（4）影响样本容量的主要因素：__________、__________、__________、__________。

（5）对于简单随机重复抽样，若其他条件不变，当误差范围 Δ 缩小一半，必要样本容量为原来的______；若 Δ 扩大一倍，则必要样本容量为原来的______。

2. 单项选择题

（1）随机抽样的基本要求是严格遵守（　　）。

A．准确性原则　　B．随机原则

C．代表性原则　　D．可靠性原则

（2）抽样调查的主要目的是（　　）。

A．广泛运用数学方法　　B．计算和控制抽样误差

C．修正普查的资料　　D．用样本指标来推算总体指标

（3）反映样本指标与总体指标之间抽样误差可能范围的指标是（　　）。

A．样本平均误差　　B．抽样极限误差

C．可信度　　D．概率度

（4）用简单重复随机抽样方法抽取样本单位，如果要使抽样平均误差降低 50%，则样本容量需扩大到原来的（　　）。

A．2 倍　　B．3 倍

C．4 倍　　D．5 倍

（5）在区间估计中，有 3 个基本要素，它们是（　　）。

A．概率度、抽样平均误差、抽样数目

B．概率度、点估计值、误差范围

C．点估计值、抽样平均误差、概率度

3. 多项选择题

（1）抽样推断中的抽样误差（　　）。

A．是不可避免要产生的　　B．是可以通过改进调查方法来消除的

C．是可以事先计算出来的　　D．只能在调查结束后计算出来

E．其大小是可以控制的

（2）在总体1 000个单位中，抽取100个单位组成样本，下列说法错误的是（　　）。

A．样本可能数目是100个　　B．样本容量是100个

C．是一个大样本　　D．是一个小样本

E．一个样本有100个单位

（3）在其他条件不变的情况下，抽样极限误差的大小和概率保证程度的关系是（　　）。

A．允许误差范围越小，概率保证程度越大

B．允许误差范围越小，概率保证程度越小

C．允许误差范围越大，概率保证程度越大

D．成正比关系

E．成反比关系

（4）在抽样推断中，常用的总体参数有（　　）。

A．总体平均数　　B．总体成数

C．总体方差　　D．总体标准差

（5）在抽样推断中，下列说法正确的是（　　）。

A．全及总体是唯一的　　B．样本总体是唯一的

C．全及指标是可以计算出的　　D．样本指标是一个随机变量

4．判断题

（1）重复抽样的抽样平均误差比不重复抽样的抽样平误差要小。（　　）

（2）样本容量是从一个总体中可能抽取的样本个数。（　　）

（3）极限误差是样本指标与总体参数之间的平均误差。（　　）

（4）抽样极限误差可以小于、大于或等于抽样平均误差。（　　）

（5）点估计是用样本的统计量直接估计和代表总体参数。（　　）

5．简答题

（1）什么是随机原则？在抽样调查中为什么要遵循随机原则？

（2）抽样推断的特点有哪些？

（3）什么是抽样误差？影响抽样误差的因素有哪些？

（4）假定必要样本容量增加4倍、1.5倍时，随机重复抽样平均误差是如何变化的？当必要样本容量减少50%或减少30%时，抽样平均误差又如何变化？

（5）解释区间估计的含义。

6．计算题

（1）某项调查对市区300户居民家庭的抽样调查资料显示，2013年1月份居民家庭人均收入为3 318元，标准差为152.1元。

计算：

1）该市居民家庭人均收入的抽样平均误差。

2）以95.45%的概率保证程度估计该市居民家庭人均收入的范围。

（2）某公司有职工3 000人，现从中随机抽取60人调查其工资收入情况，得到有关资料如表7-1所示。

表7-1　某公司职工工资收入情况

月收入（元）	1 000	1 200	1 600	1 800	2 000	2 400	2 600	2 800
工人数（人）	6	7	9	10	9	8	7	4

计算：

1）以95%的概率保证程度估计该公司工人的月平均工资所在范围。

2）以95.45%的概率保证程度估计该公司月收入在2 000元及以上工人所占的比重。

（3）某电子元件厂日产10 000只元件，经多次检测一等品率为92%。现拟采用随机抽样方式进行抽检，如要求误差范围在2%之内，可靠程度为95.45%，试求需要抽取多少只电子元件？

（4）对某型号电子元件10 000只进行耐用性能检查，根据以往抽样测定，求得耐用时数的标准差为51.91小时，合格率的标准差为28.62%。

计算：

1）概率保证程度为68.27%，元件平均耐用时数的误差范围不超过9小时，在重复抽样条件下，要抽取多少元件检查？

2）概率保证程度为99.73%，合格率的极限误差不超过5%，在重复抽样条件下，要抽取多少元件检查？

3）在重复抽样条件下，要同时满足1）、2）的要求，需要抽多少元件检查？

（5）某企业对一批产品进行质量检验，这批产品的总数为5 000件，过去几次同类调查所得的产品合格率分别为93%、95%和96%，为了使合格率的允许误差不超过3%，在99.73%的概率保证程度下应抽查多少件产品？

实训材料

城市住户调查

城市住户调查，又称城市家计调查，是收集各种社会经济资料而组织的各项调查的总称。其主要作用是反映城市居民家庭人口、就业、收入、消费、储蓄、年存现金、商品需求和住房等变化情况，为政府研究制定劳动力就业、工资和奖金、社会福利、货币流通、商品生产和供应等政策提供依据；为确定居民消费价格指数权数、确定城市贫困线、计算社会商品购买力、国民收入分配比例及国民经济核算等提供依据。

城市住户调查的调查对象是在城市和县城的部分非农业居民家庭及其成员，包括单身户，但不包括集体户口中的单身者。

城市住户调查采用抽样调查方法选取调查户。我国城市有约 1.3 亿户家庭，如果采用普查方式，要对所有家庭无一遗漏地进行调查，工作量非常大，耗时、费力，调查结果时效性差，准确性也不一定很高。重点调查能节省人力、物力、财力和时间，但它仅限于调查内容单一、调查的标志值总量相对集中于少数单位的情况。典型调查主要用于对调查总体有了初步了解后，再选择若干典型单位进行深入调查，其缺点是带有主观性，如果样本选偏，则会发生推断错误。可见，城市住户调查不适宜采用普查、重点调查及典型调查的方式。抽样调查是按照随机原则，从总体中抽选一部分单位进行观察，运用数理统计原理和方法，在实际观察的基础上，对总体做出数量上的推断。城市住户调查采用抽样调查方式最合适，这种方式也是国际上用来进行住户调查的主要方式。

我国城市住户调查，市、县的样本抽选方法如下：第一步，把全国所有城市分为特大、大、中、小四个类型，然后在各类型城市中，按东北、华北、华东、中南、西南、西北六大区域进行分组；第二步，在各组内（即各大区域内），以职工年平均工资为标志从高到低排队，并逐一累计各个城市的非农业人口数；第三步，确定抽选距，每隔固定的抽选距选取一个样本，按照人口数进行等距抽样，大城市可能被抽中多次，不管城市被抽中几次，只要被抽中一次，它就作为调查城市，调查城市调查样本量按照抽中次数乘以 100 户确定；第四步，调查县是在全国所有县按六大区域分组的基础上，随机等距选取，每一调查县固定调查 50 户，全国共有 550 多个调查市、县，计 39 000 个调查户。

根据资料，回答下列问题。

（1）说明城市住户调查采用抽样调查最合适的原因。

（2）选取样本有哪几种抽样组织方式？材料中样本的选取运用了哪几种？

（3）材料中城市住户调查的样本容量是多少？

第 8 章 相关分析与回归分析

学习目标

① 了解相关分析的概念和种类、回归分析的概念和特点；
② 理解相关分析与回归分析的区别和联系；
③ 掌握相关系数的计算和一元线性回归方程的建立；
④ 掌握估计标准误差的计算方法，并能够对实际问题进行分析；
⑤ 熟练应用 Excel 进行相关分析和回归分析。

关键术语

相关关系　相关表　相关图　相关系数　回归方程
估计标准误差

引导案例

据国家统计局的资料显示，2004—2011 年我国城镇单位就业人员平均劳动报酬由 15 920 元增加到 41 799 元，城镇居民家庭人均可支配收入由 9 422 元增加到 21 810 元。根据资料可判定两现象之间呈现高度直线正相关关系，建立的回归方程为 $\hat{y}=1924+0.475x$。将城镇单位就业人员平均劳动报酬代入该方程，可推断出居民家庭人均可支配收入的数值。

思考题： 为什么城镇单位就业人员平均劳动报酬与城镇居民人均可支配收入之间是高度直线正相关关系？判定的依据是什么？回归方程又是如何建立的？

8.1　相关分析

8.1.1　相关关系的概念和特点

1．相关关系的概念

客观世界中的许多现象，彼此之间是相互联系和相互制约的，一种现象的变化往往依存于其他现象的变化，表现在数量关系上就是一种现象发生数量上的变化，会导致与其有关的另一种或另几种现象也发生某种程度的数量上的变化。例如，商品销售额与商品销售量之间，商品销售额与广告费之间，收入水平与受教育程度之间等，都存在一定的数量上的依存关系。

客观现象之间数量上的依存关系可以分为两种不同的类型，即函数关系和相关关系。

（1）函数关系

函数关系反映现象之间存在着严格的数量上的依存关系。在这种关系中，对于某一变量的每个数值，都会有另一个变量的唯一确定的值与之相对应。例如，在价格一定的情况下，商品销售额与商品销售量之间就会有一种一一对应的确定性的数量关系，这种关系就属于函数关系。

（2）相关关系

相关关系反映现象之间确实存在的，但关系数值不确定的相互依存关系。在这种关系中，当一个变量发生变化时，另一个变量相应地发生变化，但其变动的数值是不确定的。也就是说，作为变化原因的自变量和作为变化结果的因变量，其数值之间不是一一对应的关系。例如，居民收入与消费支出之间的关系，人的身高与体重之间的关系等，都属于相关关系。

2．相关关系的特点

（1）现象之间确实存在数量上的相互依存关系

一个现象发生数量上的变化，另一个现象也会相应地发生数量上的变化。一般来讲，增加广告费用投入，商品销售额就会增加；居民收入越高，消费支出也会越大。

（2）现象之间数量上的依存关系所表现出的具体关系值是不确定的

一个现象发生数量上的变化，另一个现象可能出现若干个数值与之相对应，而不是有唯一确定的数值与之相对应。例如，居民增加一定的收入，并非一定增加多少消费支出，因为对于居民消费支出来讲，除了受收入多少这一个因素的影响之外，还要受到市场环境、居民储蓄额、消费习惯和消费心理等诸多因素的影响。类似于居民收入与消费支出之间的这种非确定性的数量上的依存关系就属于相关关系。

由此可见，相关关系和函数关系既有区别，又有联系。在现实生活中，许多现象之间存在着相关关系。

提示

相关关系与函数关系的区别在于表明两者数量依存关系的关系值是否确定，关系数值确定的是函数关系，关系数值不确定的是相关关系。

8.1.2 相关关系的种类

现象之间的相互关系是很复杂的，它们以不同的方向、不同的程度相互作用着，并表现出不同的类型和特征，如图 8-1 所示。

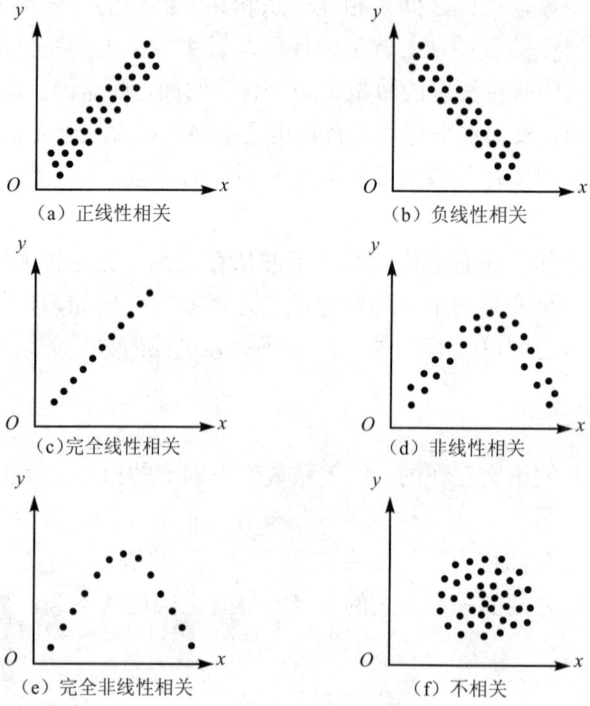

图 8-1　相关关系的种类

1. 按现象之间相关关系的程度不同，可分为完全相关、不完全相关和不相关

（1）完全相关

如果相关的变量之间，一个变量的数值完全由另一个或另一些变量的数值所确定，则变量之间的这种关系为完全相关，实际上也就是函数关系，如图 8-1（c）和（e）所示。

（2）不相关

如果变量之间互不影响，彼此独立，则属于不相关（零相关），如图 8-1（f）所示。

（3）不完全相关

如果变量之间的关系介于完全相关和不相关之间，则属于不完全相关，如图 8-1（a）、（b）和（d）所示。多数的相关现象都是这种不完全相关关系，这是相关分析的主要内容。

2．按现象之间相关方向的不同，可分为正相关和负相关

（1）正相关

当相关的变量有着相同的变动方向，即同时增加或同时减少，这种相关关系为正相关，如图 8-1（a）所示。例如，广告费用增加，销售额也随之增加，广告费与销售额之间呈正相关关系。

（2）负相关

当相关变量的变动方向相反，即一个变量递增（递减）会引起另一变量递减（递增），这样的相关关系为负相关，如图 8-1（b）所示。例如，劳动生产率提高，单位成本会随之减少，劳动生产率与单位成本之间呈负相关关系。

3．按现象之间相关关系表现形式的不同，可分为线性相关和非线性相关

（1）线性相关

当一个变量的数值发生变化，另一个变量随之发生大致均等的变化，变量之间的关系近似地表现为一条直线，则变量之间为线性关系（直线相关），如图 8-1（a）和（b）所示。

（2）非线性相关

当一个变量的数值发生变化，另一个变量随之发生不均等的变化，变量之间的关系近似地表现为某种曲线，则变量之间为非线性关系（曲线相关），如图 8-1（d）所示。

4．按相关关系涉及影响因素多少（即自变量多少）的不同，可分为单相关和复相关

（1）单相关

若一个因变量只与一个自变量有关系，则两个变量之间的相关关系称为单相关。例如，居民消费支出与收入水平之间的关系就属于单相关。

（2）复相关

若一个因变量与两个以上的自变量有关系，则多个变量之间的相关关系称为复相关。例如，利润水平与成本水平、商品销售额之间的关系就属于复相关。

8.1.3　相关关系的判断

1．相关关系的一般判断

在进行相关分析之前，首先要判定现象之间是否存在相关关系，是何种形式的相关关系。对此可从两个方面进行判断：一是借助专业知识和实践经验，对研究现象进行定性分析；二是在初步确定现象之间存在相关关系之后，运用大量的实际观察资料，编制相关表、绘制相关图，利用相关图表，进一步判断相关关系的形式，为相关分析打下基础。

（1）定性分析

任何事物都有质的规定性，质的规定性表明了事物自身和其他事物之间的区别和联系。定性分析就是对事物质的规定性的认识和分析。在对客观现象进行定性分析时，需借助理论知识、专业知识和实践经验等。如果经过定性分析判定事物间没有关系，那么就不需要进行相关分析了。

（2）相关表

相关表是根据所掌握的有关变量一定数量的原始对应数据编制而成的统计表。该表可清晰地表明变量之间的相关关系。例如，经过定性分析，判定城镇单位就业人员平均劳动报酬与城镇居民家庭人均可支配收入之间存在相关关系。据此，可根据调查资料编制相关表，如表 8-1 所示。

表 8-1　平均劳动报酬与居民家庭人均可支配收入相关表

年　份	平均劳动报酬（元）	人均可支配收入（元）
2004	15 920	9 421.6
2005	18 200	10 493.0
2006	20 856	11 759.5
2007	24 721	13 785.8
2008	28 898	15 780.8
2009	32 244	17 174.7
2010	36 539	19 109.4
2011	41 799	21 809.8

（资料来源：中华人民共和国国家统计局网站）

相关表可分为简单相关表和分组相关表。将自变量和因变量的数值按一定顺序简单排列而形成的统计表称为简单相关表。若将有关资料分为若干组，在此基础上编制的相关表则称为分组相关表，表 8-1 为简单相关表。

（3）相关图

相关图又称散点图，是反映变量间相关关系的统计图。它是把相关表中的原始对应数据在平面直角坐标系中用坐标点描绘出来。具体方法是，以横轴代表自变量 x，以纵轴代表因变量 y，将相关表中两个变量的对应数值，在坐标系中绘制出坐标点。其中的每个坐标点称为相关点，所有相关点组成的统计图称为相关图或散点图。通过相关点的分布情况，可以大致判断出两个变量之间存在的关系类型和密切程度。

根据表 8-1 的资料绘制相关图，如图 8-2 所示。

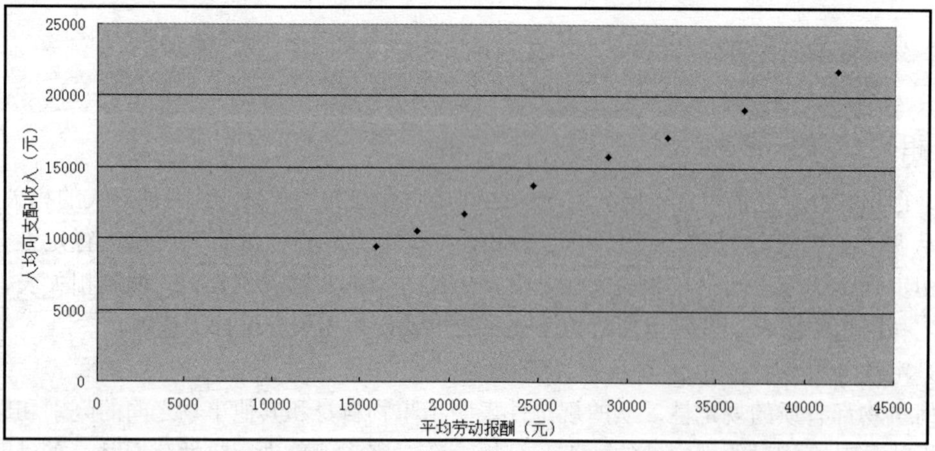

图 8-2　城镇职工平均劳动报酬和城镇居民家庭人均可支配收入相关图

检查点

根据图 8-2，说明城镇职工平均劳动报酬和城镇居民家庭人均可支配收入之间的相关形式。

2. 相关系数

（1）相关系数的概念

依据相关表或相关图，可以判断两种现象是否相关及相关的类型，但不能准确判断相关关系的密切程度。为了从数量上具体说明现象之间相关的方向和程度，需要计算相关系数。

相关系数是在线性相关条件下，说明两个现象之间相关关系密切程度的统计指标，用 r 表示。

（2）相关系数的计算

积差法是计算相关系数最简单的方法，它是通过两变量的协方差与两变量标准差的乘积相比来计算相关系数的。其计算公式为

$$r=\frac{\sigma_{xy}^2}{\sigma_x\sigma_y} \tag{8-1}$$

式中，r 表示相关系数，σ_{xy}^2 表示变量 x 与变量 y 的协方差；σ_x 表示变量 x 的标准差；σ_y 表示变量 y 的标准差。

$$\sigma_x=\sqrt{\frac{\sum(x-\bar{x})^2}{n}}$$

$$\sigma_y=\sqrt{\frac{\sum(y-\bar{y})^2}{n}}$$

$$\sigma_{xy}^2=\frac{\sum(x-\bar{x})(y-\bar{y})}{n}$$

将 σ_x、σ_y、$\sigma^2{}_{xy}$ 代入式（8-1），得

$$r=\frac{\sum(x-\bar{x})(y-\bar{y})}{\sqrt{\sum(x-\bar{x})^2(y-\bar{y})^2}} \tag{8-2}$$

再将 $\bar{x}=\frac{\sum x}{n}$、$\bar{y}=\frac{\sum y}{n}$ 代入式（8-2），得

$$r=\frac{n\sum xy-\sum x\sum y}{\sqrt{n\sum x^2-(\sum x)^2}\sqrt{n\sum y^2-(\sum y)^2}} \tag{8-3}$$

（3）相关系数的取值范围及意义

1）r 的取值范围在-1 和$+1$ 之间，即 $-1 \leqslant r \leqslant 1$。

2）$r>0$ 表示两变量正相关，$r<0$ 表示两变量负相关。

3）$|r|$ 越接近于 1，表示相关程度越强；$|r|$ 越接近于 0，表示相关程度越弱。

4）当 $r=\pm 1$ 时，表示变量之间为完全相关，即函数关系；$r=0$ 则表示完全不相关，即两变量之间不存在直线相关关系。

5）根据经验，一般情况下，当 $|r| \leqslant 0.3$ 时表明两变量之间相关程度微弱，可认为不相关；$0.3<|r| \leqslant 0.5$ 是低度相关；$0.5<|r| \leqslant 0.8$ 是中度（显著）相关；$0.8<|r|<1$ 是高度相关。

【例 8-1】 某企业 2003—2012 年广告费支出与商品销售额如表 8-2 所示。

表 8-2　某企业 2003—2012 年广告费支出与商品销售额

单位：万元

年　份	2003	2004	2005	2006	2007	2008	2009	2010	2011	2012
广 告 费	10	12	15	20	30	40	30	25	28	40
销 售 额	80	100	150	160	220	250	200	180	200	240

根据表 8-2 编制相关系数计算表，如表 8-3 所示。

表 8-3　相关系数计算表

年　份	广告费 x（万元）	销售额 y（万元）	x^2	y^2	xy
2003	10	80	100	6 400	800
2004	12	100	144	10 000	1 200
2005	15	150	225	22 500	2 250
2006	20	160	400	25 600	3 200
2007	30	220	900	48 400	6 600
2008	40	250	1600	62 500	10 000
2009	30	200	900	40 000	6 000
2010	25	180	625	32 400	4 500
2011	28	200	784	40 000	5 600
2012	40	240	1 600	57 600	9 600
合计	250	1 780	7 278	345 400	49 750

根据表 8-2 中的数据计算：

$$r=\frac{n\sum xy-\sum x\sum y}{\sqrt{n\sum x^2-(\sum x)^2}\sqrt{n\sum y^2-(\sum y)^2}}$$

$$=\frac{10\times 49\,750-250\times 1\,780}{\sqrt{10\times 7\,278-250^2}\sqrt{10\times 345\,400-1\,780^2}}=0.966\,9$$

计算结果表明，广告费支出与商品销售额之间存在高度正相关关系，即随着企业广告费投入的加大，商品销售额会相应增加。

3．利用相关系数进行相关分析的特点

相关分析主要通过计算相关系数来反映现象之间的相关密切程度；在进行相关分析时，两个变量的地位是对等的，不区分哪个是自变量，哪个是因变量，在进行定性研究之后可根据资料直接计算相关系数；在存在互为因果关系的条件下，相关系数只有一个；计算相关系数的两个变量都是随机的。

8.2　回归分析

8.2.1　回归分析概述

1．回归分析的概念

回归一词最早起源于生物学。研究人员通过对遗传现象的大量观察，发现子女身高与其父母身高有一定的关系，但父母很高或很矮，他们的孩子并不像其父母那样高或那样矮，而是趋于人类的平均身高，这种现象就是回归。

回归分析是根据相关表和相关图所表现出来的有关变量之间相关关系的表现形式和数据，建立相应的数学方程式，用以反映变量之间数量变化的一般关系，并通过给定自变量的数值估计因变量的可能值的统计分析方法。回归分析中所建立的方程称为回归方程。

2．回归分析的种类

（1）根据研究时所涉及的变量的多少，可分为一元回归分析和多元回归分析

分析时只涉及一个自变量和一个因变量的回归分析，称为一元回归分析；涉及多个自变量和一个因变量的回归分析则为多元回归分析。

（2）根据变量之间相关关系的表现形式，可分为线性回归分析和非线性回归分析

变量之间的相关关系为直线相关的，在此基础上进行的回归分析则为线性回归分析；变量之间的相关关系为曲线相关的，在此基础上进行的回归分析则为非线性回归分析。

3．回归分析的特点

1）变量之间不是对等关系，必须明确自变量和因变量。

2）若变量间存在明显的因果关系，则作为原因的现象为自变量，作为结果的现象为因变量；若变量之间不存在明显的因果关系，则要根据研究目的确定自变量和因变量。

3）若变量之间存在互为因果关系的情况，则回归分析需建立两个回归方程。

4）利用回归方程，可以根据自变量的数值，估计、预测因变量的可能值。

5）利用回归方程进行分析时，其中的自变量是确定性的，给定或可以控制的，而因变量是随机的。

讨论

结合相关分析的特点，总结相关分析和回归分析的区别。

8.2.2 一元线性回归分析

回归分析建立的前提条件是变量之间确实存在相关关系，并且至少是显著相关。一元线性回归分析是用直线方程来表明两个变量之间的数量关系，并进行估计推算的一种统计分析方法，是回归分析中变量最少、最简单的一种。其方程的基本形式为

$$\hat{y}=a+bx$$

式中，$\hat{y}$ 表示因变量的估计值；a 是回归直线的起点值，表示直线的纵轴截距；b 是回归直线的斜率，称为回归系数，表示自变量每增加或减少一个单位时，因变量平均增加或减少的数值。

方程中的 a 和 b 为待定参数，是需要根据实际资料求解的数值。建立直线回归方程的过程实际上就是求解方程中 a、b 两个参数的过程。

确定 a、b 常用的方法是最小平方法。用最小平方法配合的直线方程，必须满足两个条件：一是因变量的实际观察值 y 与所对应的估计值 $\hat{y}$ 的离差之和为零，即 $\sum(y-\hat{y})=0$；二是因变量的实际观察值 y 与所对应的因变量的估计值 $\hat{y}$ 的离差平方和为最小值，即 $\sum(y-\hat{y})^2$ 为最小值。

上述两个条件中的第二个条件是最基本的。据此，通过数学方法可以得出两个方程式并形成最小平方法的标准方程组：

$$\begin{cases}\sum y=na+b\sum x\\ \sum y^2=a\sum x+b\sum x^2\end{cases}$$

解上述方程组，可得

$$b=\frac{n\sum xy-\sum x\sum y}{n\sum x^2-(\sum x)^2}$$

$$a=\frac{\sum y}{n}-b\frac{\sum x}{n}=\overline{y}-b\overline{x}$$

根据实际资料，利用上述公式，求出 a 和 b 的值，代入 $\hat{y}=a+bx$ 方程式中，就可以确定一个具体的直线回归方程。应用此方程，每当给定自变量 x 的一个数值时，就可以求得一个相应的因变量 y 的估计值，据此可绘出一条回归直线。

现仍以表 8-3 中的数据为例，建立销售额 y 对广告费 x 的回归方程：

$$b=\frac{n\sum xy-\sum x\sum y}{n\sum x^2-(\sum x)^2}=\frac{10\times 49\,750-250\times 1\,780}{10\times 7\,278-(250)^2}=5.107$$

$$a=\frac{\sum y}{n}-b\frac{\sum x}{n}=\frac{1780}{10}-5.107\times\frac{250}{10}=50.325$$

销售额 y 对广告费 x 的回归方程为

$$\hat{y}=50.325+5.107x$$

根据上述方程，将广告费 x 的实际值逐一代入，就可求得销售额 y 的估计值。

检查点

根据上述回归直线方程中 a 和 b 的具体数值，说明 a 和 b 的含义。如果已知该企业2013年的广告费支出为48万元，预测其销售额会达到怎样的水平。

8.2.3 估计标准误差

根据回归方程推算出的因变量的数值，只是一个估计值（理论值）。在多数情况下，因变量的估计值与实际观察值不可能一致，两者之间有一定的离差，而且有正、有负。要根据离差情况判断回归方程的代表性，就需要计算估计标准误差。

1. 估计标准误差的概念

估计标准误差，是用来说明回归方程代表性大小的统计分析指标，是实际值与估计值的平均离差。它一方面说明实际观察值与估计值之间离差的大小，另一方面也说明回归方程代表性的大小。估计标准误差与回归方程的代表性成反比，即估计标准误差越大，回归方程的代表性越弱；估计标准误差越小，回归方程的代表性越强。

2. 估计标准误差的计算公式

估计标准误差的计算公式为

$$S_{yx}=\sqrt{\frac{\sum(y-\hat{y})^2}{n-2}}$$

式中，S_{yx} 表示估计标准误差，其下标 yx 表示 y 对 x 回归；n–2 表示自由度，在一元回归方程中，有 a、b 两个参数，所以 n–2 表示估计的回归线已经失去两个自由度。

估计标准误差的计量单位与因变量 y 的计量单位相同。在大样本条件下（$n\geqslant 30$），为了计算简便，在分母中常用 n 代替 n–2，此时定义公式为

$$S_{yx}=\sqrt{\frac{\sum(y-\hat{y})^2}{n}} \tag{8-4}$$

把 $\hat{y}=a+bx$ 代入上述公式中，可得

$$S_{yx}=\sqrt{\frac{\sum y^2-a\sum y-b\sum xy}{n}} \tag{8-5}$$

3．估计标准误差的计算方法

（1）根据理论公式计算估计标准误差

结合表 8-2 中某企业 10 年的商品销售额与广告费支出的资料，计算估计标准误差。

首先，编制估计标准误差计算表，如表 8-4 所示。

表 8-4　估计标准误差计算表

年　份	广告支出（万元）	商品销售额（万元）	$\hat{y}$	$y-\hat{y}$	$(y-\overline{y})^2$
2003	10	80	101.4	–21.4	457.96
2004	12	100	111.6	–11.6	134.56
2005	15	150	126.9	23.1	533.61
2006	20	160	152.5	7.2	56.25
2007	30	220	203.5	16.5	272.25
2008	40	250	254.6	–4.6	21.16
2009	30	200	203.5	–3.5	12.25
2010	25	180	178.0	2.0	4.00
2011	28	200	193.3	6.7	44.89
2012	40	240	254.6	–14.6	213.16
合计	250	1 780	—	—	1 750.09

其次，将表 8-4 中有关数据代入计算公式：

$$S_{yx}=\sqrt{\frac{\sum(y-\hat{y})^2}{n-2}}=\sqrt{\frac{1\,750.09}{10-2}}=14.791（万元）$$

（2）根据简化公式计算估计标准误差

将回归方程 $\hat{y}=50.325+5.107x$ 中的 a、b 两个参数值和表 8-3 中的有关数据代入简化公式：

$$S_{yx}=\sqrt{\frac{\sum y^2-a\sum y-b\sum xy}{n-2}}\sqrt{\frac{345\,400-50.325\times1\,780-5.107\times49\,750}{10-2}}=14.783（万元）$$

讨论

用简化公式计算的估计标准误差与用理论公式计算的估计标准误差的结果应该相同，上述例题为何产生了 0.008 万元的误差？

估计标准误差的数值越小，即实际值与估计值的离差越小，表明回归直线拟合得越好；反之，则表明回归直线拟合得越差。如果估计标准误差为 0，则说明实际值与估计值完全相同，因变量的所有观察值都落在回归直线上，回归直线拟合得最优，回归方程的代表性也就越强。

4．估计标准误差与相关系数的关系

估计标准误差与相关系数的绝对值成反比，即$|r|$越大，S_{yx}越小；反之亦然。$|r|$越大，说明两个变量之间相关的程度越密切，这时S_{yx}越小，即相关点离回归直线的距离越近；反之，$|r|$越小，说明两个变量之间相关的程度越不密切，这时S_{yx}越大，也就是相关点离回归直线的距离越远。当$|r|=1$时，也就是两个变量完全相关，这时$S_{yx}=0$，说明所有的相关点完全落在回归直线上。

8.3　Excel 在相关分析与回归分析中的应用

1．相关系数的计算

利用相关系数函数计算相关系数，操作步骤如下。

第一步：打开 Excel 工作簿，在 Sheet1 工作表中输入表 8-2 中的数据，如图 8-3 所示。

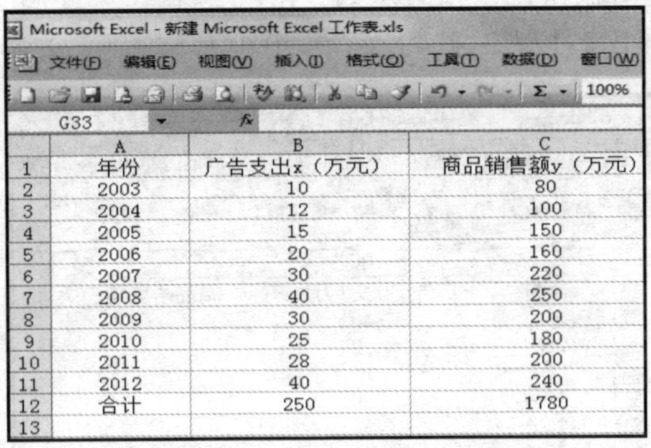

	A	B	C
1	年份	广告支出x（万元）	商品销售额y（万元）
2	2003	10	80
3	2004	12	100
4	2005	15	150
5	2006	20	160
6	2007	30	220
7	2008	40	250
8	2009	30	200
9	2010	25	180
10	2011	28	200
11	2012	40	240
12	合计	250	1780
13			

图 8-3　广告费和商品销售额

第二步：单击任一空白单元格（如 C14）后，打开“插入”菜单，选择“函数”选项，弹出“插入函数”对话框，在“选择类别”中，选择“统计”，在“选择函数”中，选择“CORREL（相关系数）”函数，如图 8-4 所示。

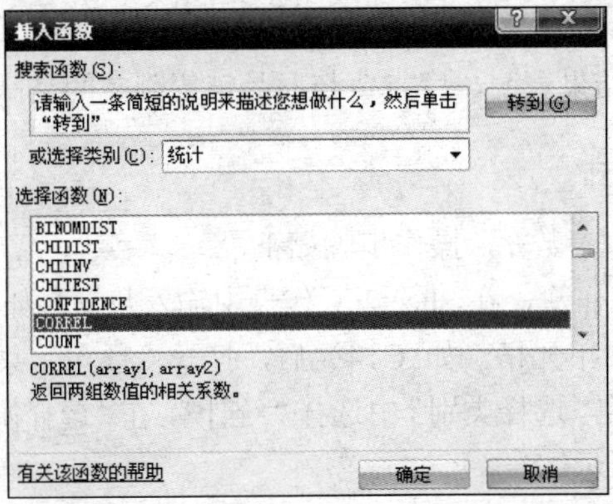

图 8-4　“插入函数”对话框

第三步：单击“确定”按钮，弹出“函数参数”对话框，选择数据区域，如图 8-5 所示，在对话框的左下角，同时输出计算结果。

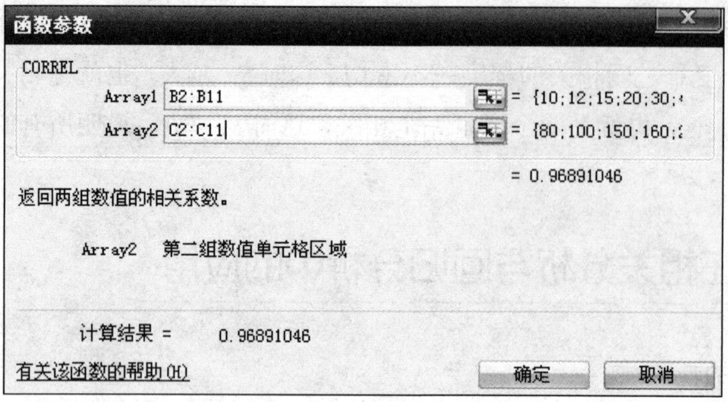

图 8-5 “函数参数”对话框

第四步：单击“确定”按钮，该相关系数就出现在第二步选中的“任一空白单元 C14”中，如图 8-6 所示，整个计算过程完成。

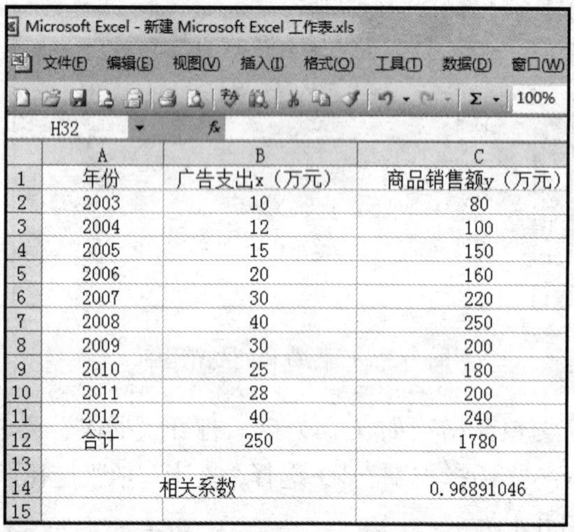

	A	B	C
1	年份	广告支出x（万元）	商品销售额y（万元）
2	2003	10	80
3	2004	12	100
4	2005	15	150
5	2006	20	160
6	2007	30	220
7	2008	40	250
8	2009	30	200
9	2010	25	180
10	2011	28	200
11	2012	40	240
12	合计	250	1780
13			
14		相关系数	0.96891046
15			

图 8-6 相关系数计算结果

r=0.968 910 46，计算结果表明，广告费与商品销售额之间是高度正相关关系。

2. 回归直线方程的建立

（1）利用统计函数计算参数 a，操作步骤如下。

第一步：打开 Excel 工作簿，在 Sheet2 工作表中输入数据，如图 8-3 所示。

第二步：单击任一空白单元格（如 C14）后，打开“插入”菜单，选择“函数”选项，弹出“插入函数”对话框，在“选择类别”中选择“统计”，在“选择函数”中选择“INTERCEPT（截距）”函数，如图 8-7 所示。

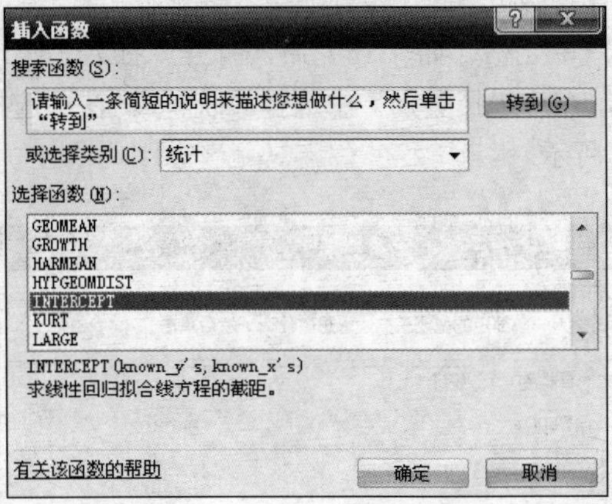

图 8-7　“插入函数”对话框

第三步：单击“确定”按钮，弹出“函数参数”对话框，选择数据区域，如图 8-8 所示，在对话框的左下角，同时输出计算结果。

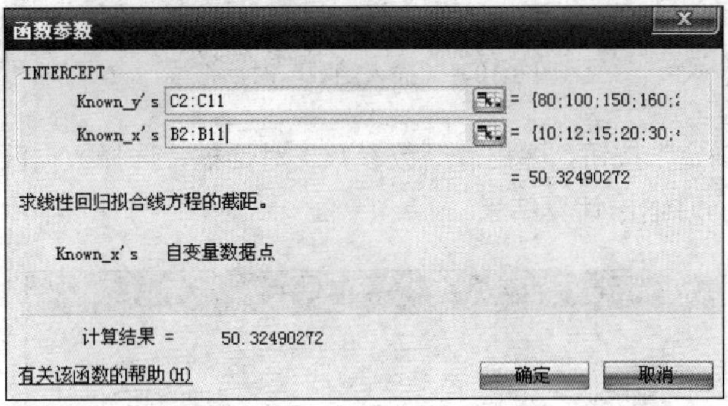

图 8-8　“函数参数”对话框

第四步：单击“确定”按钮，该数值就出现在第二步选中的“任一空白单元格 C14”中，如图 8-9 所示。

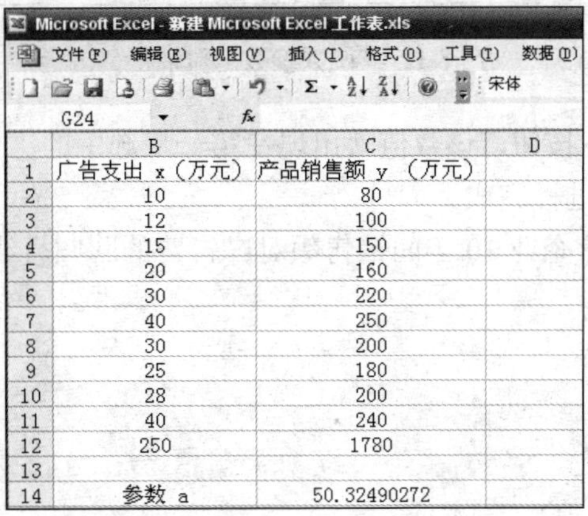

	B	C	D
1	广告支出 x（万元）	产品销售额 y （万元）	
2	10	80	
3	12	100	
4	15	150	
5	20	160	
6	30	220	
7	40	250	
8	30	200	
9	25	180	
10	28	200	
11	40	240	
12	250	1780	
13			
14	参数 a	50.32490272	

图 8-9　截距（参数 a）计算结果

（2）利用统计函数计算参数 b，操作步骤如下。

第一步：单击任一空白单元格（如 C15）后，打开“插入”菜单，选择“函数”选项，弹出“插入函数”对话框，在“选择类别”中选择“统计”，在“选择函数”中选择“SLOPE（斜率）”函数，如图 8-10 所示。

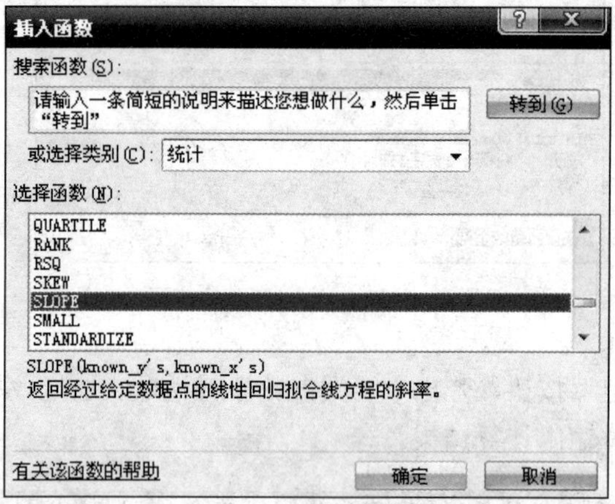

图 8-10　“插入函数”对话框

第二步：单击“确定”按钮，弹出“函数参数”对话框，选择数据区域，如图 8-11 所示，在对话框的左下角，同时输出计算结果。

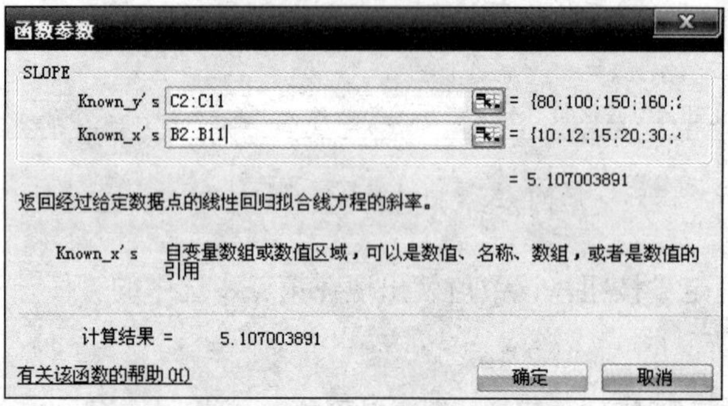

图 8-11　“函数参数”对话框

第三步：单击“确定”按钮，该数值就出现在第一步选中的“任一空白单元格 C15”中，如图 8-12 所示，整个计算过程完成。

根据上述操作结果，该企业 10 年间销售额对广告费的回归直线方程为

$$\hat{y} = 50.325 + 5.107x$$

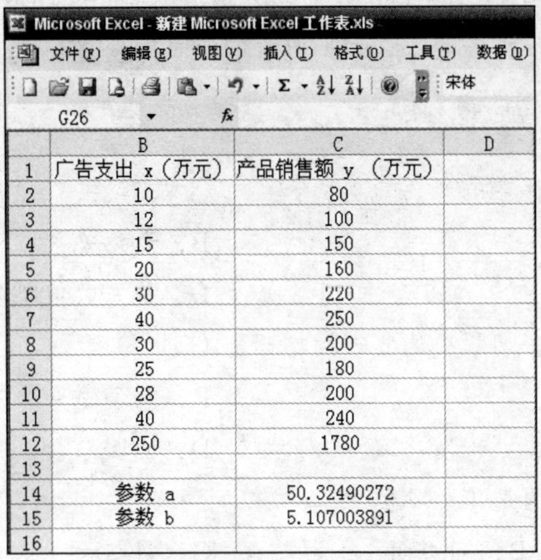

	B	C	D
1	广告支出 x（万元）	产品销售额 y（万元）	
2	10	80	
3	12	100	
4	15	150	
5	20	160	
6	30	220	
7	40	250	
8	30	200	
9	25	180	
10	28	200	
11	40	240	
12	250	1780	
13			
14	参数 a	50.32490272	
15	参数 b	5.107003891	
16			

图 8-12　斜率（参数 b）计算结果

本章小结

相关关系是反映现象之间确实存在的但关系数值不确定的相互依存关系。相关表是一种反映变量之间相关关系的统计表。相关图又称散点图，它是将相关表中的观察值在平面直角坐标系中用坐标点描绘出来，以表明相关点的分布状况。相关系数是用来说明变量之间在直线相关条件下相关关系密切程度和方向的统计分析指标，用 r 表示，其取值在–1 到+1 之间。

回归分析是根据相关表和相关图所表现出来的有关变量之间相关关系的表现形式和数据，建立相应的数学方程式，用以反映变量之间数量变化的一般关系，并通过给定自变量的数值估计因变量的可能值的统计分析方法。一元线性回归分析是用直线方程来表明两个变量间的数量关系，并进行估计推算的分析方法。一元线性回归方程的一般形式为 $\hat{y}=a+bx$ 。估计标准误差是用来说明回归方程代表性大小的统计分析指标，其数值的大小与回归方程的代表性成反比。

本章评估练习

1．填空题

（1）客观现象之间的数量依存关系可以分为两种，即__________和__________。

（2）当相关变量有相同的变动方向时，相关关系属于__________；当相关变量的变动方向相反时，相关关系属于__________。

（3）相关图又称__________，根据它可以判定相关关系的__________。

（4）一元线性回归分析，要求两个变量具有__________关系；进行回归分析时，应首先根据研究目的确定__________和__________。

（5）估计标准误差与回归直线的代表性__________，即估计标准误差越大，回归方程的代表性__________；估计标准误差越小，回归方程的代表性__________。

2. 单项选择题

（1）相关关系是现象间存在的（　　）。

A．严格的依存关系　　B．数量关系

C．不确定关系　　D．关系数值不确定的数量上的依存关系

（2）测定变量之间相关密切程度的代表性指标是（　　）。

A．估计标准误差　　B．两个变量的协方差

C．相关系数　　D．回归系数

（3）相关系数的取值范围是（　　）。

A．$0 \leqslant r \leqslant 1$　　B．$-1<r<1$　　C．$-1 \leqslant r \leqslant 1$　　D．$-1 \leqslant r \leqslant 0$

（4）回归分析中的两个变量（　　）。

A．都是随机变量　　B．关系是对等的

C．都是给定的　　D．自变量是给定的，因变量是随机的

（5）回归分析中估计标准误差的计量单位与（　　）相同。

A．自变量　　B．因变量　　C．两个变量　　D．相关系数

3. 多项选择题

（1）测定现象之间有无相关关系的方法可采用（　　）。

A．对客观现象做定性分析　　B．编制相关表

C．绘制相关图　　D．计算估计标准误差

E．配合回归方程

（2）下列现象之间存在相关关系的是（　　）。

A．家庭收入与消费支出　　B．产品产量与工人劳动生产率

C．流通费用率与商品销售额　　D．股民数量与券商收入

E．商品销售额与商品价格和销售量

（3）计算相关系数时（　　）。

A．相关的两个变量都是随机的

B．相关的两个变量是对等的关系

C．相关的两个变量一个是随机的，另一个是可控制的

D．可以计算自变量和因变量两个相关系数

E．相关系数有正负号，可判断相关方向

（4）在直线回归方程 $\hat{y}=a+bx$ 中（　　）。

A．必须确定自变量和因变量，即自变量是给定的，因变量是随机的

B．回归系数既可以是正值，也可以是负值

C．既可以由自变量推算因变量的估计值，也可以由因变量的值计算自变量的值

D．两个变量都是随机的

E．两个变量存在线性相关关系，而且相关密切程度在显著以上

（5）某产品的单位成本（元）与工人劳动生产率（元/人）之间的回归方程为 $\hat{y}=50.44-0.82x$，则（　　）。

A．0.82 为回归系数

B．50.44 为回归直线的起点值

C．劳动生产率每增加一个单位，单位成本平均提高 0.82 元

D．劳动生产率每增加一个单位，单位成本平均下降 0.82 元

4．判断题

（1）回归系数 b 和相关系数 r 都可以判断现象之间相关关系的密切程度。(　　)

（2）回归系数可用来判断现象之间的相关方向。(　　)

（3）计算相关系数的两个变量都是给定的。(　　)

（4）对于具有互为因果关系的两个变量，可以求得两个回归方程。(　　)

（5）只有在两变量之间确实存在线性相关关系且相关的密切程度在显著以上时，拟合回归方程 $\hat{y}=a+bx$ 才是有意义的。(　　)

5．简答题

（1）说明相关关系与函数关系的区别。

（2）相关分析的特点有哪些？

（3）说明回归方程中参数 a、b 的经济含义。

（4）分析估计标准误差与回归方程的关系。

（5）相关分析与回归分析的区别是什么？

6．计算题

（1）根据下列已知条件，计算相关系数，并说明相关方向和程度。

$$\sigma_x^2=4,\sigma_y^2=36,\sigma_{xy}^2=9$$

（2）某地区 2004—2012 年的人均收入和商品销售额如表 8-5 所示。

表 8-5　某地区 2004—2012 年各年的人均收入和商品销售额

年　份	人均收入（元/月）	商品销售额（亿元）
2004	1 560	87
2005	1 680	93
2006	1 696	99
2007	1 712	105
2008	1 750	112
2009	1 800	120
2010	1 820	132
2011	1 850	140
2012	1 900	150

要求：

1）绘制相关图。

2）计算相关系数。

3）建立以商品销售额为因变量的直线回归方程。

4）估计当人均收入达到 2 000 元时，该地区的商品销售额。

（3）某商场 2003—2012 年年均商品销售额 $\overline{x}=700$ 万元，年均商业利润 $\overline{y}=80$ 万元，$\sum xy=676\,010$，$\sum x^2=6\,016\,800$，$\sum y^2=76\,760$。

试就以上资料：

1）计算相关系数并解释其含义。

2）估计当商品销售额为 600 万元时，商业利润可能为多少万元？

（4）假设某地区住宅建筑面积与建造成本的有关资料如表 8-6 所示。

表 8-6　某地区住宅建筑面积与建造成本

建筑地编号	建筑面积（万平方米）	建造成本（万元）
1	4	14.8
2	2	12.8
3	3	13.3
4	5	15.4
5	4	14.3
6	5	15.9

要求：

1）建立建筑面积与建造成本的回归方程。

2）解释回归系数的经济意义。

3）估计当建筑面积为 4.5 万平方米时，建造成本可能为多少？

（5）某企业的科研经费支出与公司利润如表 8-7 所示。

表 8-7　某企业的科研经费支出与公司利润

单位：万元

科研经费	50	90	40	70	50	30	40	60
利润额	310	400	300	380	340	250	290	360

要求应用 Excel：

1）计算相关系数。

2）建立直线回归方程，指出科研经费支出每增加 10 000 元时，利润额的平均变动情况。

3）假定科研经费支出为 80 万元，估计该公司的利润额达到多少万元。

实训材料

2012 年长三角地区 16 城市居民人均收入与消费支出比较分析

据长三角地区 16 城市社会经济调查交换资料显示：2012 年，长三角地区积极应对各种挑战，加快经济发展方式转变和结构调整，全年经济运行总体保持稳定发展态势。16 城市的城市居民人均可支配收入 34 033 元，增长 12.1%；人均消费支出 21 595 元，增长 9.4%。

2012 年，长三角地区 16 城市的居民人均可支配收入平均为 34 033 元，增长 12.1%。排位依次是：上海（40 188 元）、宁波（37 902 元）、苏州（37 531 元）、杭州（37 511 元）、南京（36 322 元）、台州市（35 926 元）、无锡（34 740 元）、绍兴（34 563 元）、舟山（34 224 元）、嘉兴（33 626 元）、常州（33 587 元）、湖州（33 293 元）、南通（30 206 元）、镇江（29 454 元）、扬州（28 001 元）、泰州（27 460 元）。

2012 年，长三角地区 16 城市的居民消费与收入同步增长，城市居民人均消费支出平均水平为 21 595 元，增长 9.4%。人均消费支出排位依次是上海（26 253 元）、台州市（24 170 元）、南京（23 493 元）、宁波（23 288 元）、苏州（23 092 元）、杭州（22 800 元）、无锡（22 682 元）、绍兴（22 635 元）、湖州（21 869 元）、嘉兴（21 641 元）、舟山（20 958 元）、常州（20 519 元）、南通（18 981 元）、镇江（18 519 元）、扬州（17 550 元）、泰州（17 071 元）。

（资料来源：扬州市统计局）

根据资料，回答下列问题。

（1）资料中哪些现象之间存在相关关系？

（2）根据资料中的有关数据，编制相关表、绘制相关图。

（3）根据相关图表，说明现象之间的相关方向、形式和密切程度。

附录 A

随机数字表（节选）

16	76	62	27	66	56	50	26	71	07	32	90	79	78	53	13	55	38	58	59	88	97	54	14
10	12	56	85	99	26	96	96	68	27	31	05	03	72	93	15	57	12	10	14	21	88	26	49
81	76	55	59	56	35	64	38	54	82	46	22	31	62	43	09	90	06	18	44	32	53	23	83
01	30	30	16	22	77	94	39	49	54	43	54	82	17	37	93	23	78	87	35	20	96	43	84
26	34	91	64	84	42	17	53	31	57	24	55	06	88	77	04	74	47	67	21	76	33	50	25
83	92	12	06	76	63	01	63	78	59	16	95	55	67	19	98	10	50	71	75	12	86	73	58
07	44	39	52	38	79	26	62	38	97	75	84	16	07	44	99	83	11	46	32	24	20	14	85
88	45	10	93	72	88	23	42	40	64	74	82	97	77	77	81	07	45	32	14	08	32	98	94
07	77	93	79	10	75	52	36	28	19	95	50	92	26	11	97	56	76	31	38	80	22	02	53
53	86	60	42	04	53	37	85	94	35	12	83	39	50	08	30	42	34	07	96	88	54	42	06
87	98	35	85	29	48	39	70	29	17	12	13	40	33	20	38	26	13	89	51	03	74	17	76
37	04	07	74	21	19	30	56	62	18	37	35	96	85	87	75	97	12	25	93	47	70	33	24
03	54	97	77	46	44	80	99	49	57	22	77	88	42	95	45	72	16	64	36	16	04	13	18
66	79	94	77	24	21	90	16	08	15	04	72	33	27	14	34	09	15	59	34	68	49	12	72
07	34	45	99	27	72	95	14	31	16	93	32	43	50	27	89	87	19	20	15	37	49	52	85
66	60	44	38	68	88	11	80	68	34	30	13	70	55	74	30	77	40	44	22	78	84	26	04
33	46	09	52	68	07	97	06	57	57	25	65	76	59	29	97	68	60	71	91	38	67	54	13
58	18	24	76	15	54	55	95	52	27	42	37	86	53	48	55	90	65	72	96	57	69	36	10
96	46	92	42	45	97	60	49	04	91	39	68	29	61	66	37	32	20	30	77	84	57	03	29
10	45	65	04	26	11	04	96	67	24	29	94	98	94	24	68	49	69	10	82	53	75	91	93
30	34	25	20	57	27	40	48	73	51	92	16	90	82	66	59	83	62	64	11	12	67	19	71
74	60	47	21	29	68	02	02	37	03	31	11	27	94	75	06	06	09	19	74	66	02	94	37
34	02	76	70	90	30	86	38	45	94	30	38	35	24	10	16	20	33	32	51	26	38	79	78

45	04	91	16	92	53	56	16	02	45	50	95	98	38	23	16	86	38	42	38	97	01	70	87
75	66	81	41	40	01	74	91	62	48	51	84	08	32	31	96	25	91	47	76	44	33	49	13
34	86	82	53	91	52	43	48	85	27	55	26	89	62	66	67	40	67	14	05	71	95	86	11
05	65	09	68	76	83	20	47	90	57	16	18	82	27	41	36	35	25	01	14	75	32	14	68
03	47	43	73	86	36	96	47	36	61	46	99	69	81	62	25	47	69	02	13	35	78	08	69
12	54	77	58	96	35	12	45	57	65	47	85	25	36	21	14	90	85	75	45	63	25	65	20
14	41	75	84	52	32	54	47	95	86	38	67	29	84	15	85	74	32	15	45	62	58	83	95
52	54	47	97	74	24	67	62	42	81	17	14	57	20	42	53	32	37	32	50	26	71	07	32
90	79	78	53	56	66	27	02	76	16	12	56	85	99	26	96	96	48	27	31	05	03	72	75
93	55	59	56	35	64	38	54	82	09	90	22	31	62	46	16	22	25	45	75	87	02	36	54
25	36	58	84	10	24	74	76	85	54	78	92	96	35	84	14	12	20	25	56	86	74	36	54
45	74	85	21	02	26	58	96	63	35	25	74	84	41	52	96	88	87	52	11	47	85	63	32
14	15	85	65	27	63	54	74	85	25	14	85	36	25	85	41	75	25	65	47	85	77	52	14
15	68	52	47	14	48	79	33	36	25	48	75	41	25	69	85	63	25	10	15	42	03	66	14
74	10	21	55	84	21	65	87	96	54	12	36	58	74	15	48	75	69	63	25	74	12	54	65
87	95	86	52	55	48	75	65	20	15	47	89	32	15	86	52	48	58	81	25	86	14	58	63
25	48	79	26	53	11	55	14	25	86	25	48	92	65	37	15	55	36	58	74	25	25	41	74
36	25	41	87	95	01	25	47	85	74	96	36	25	84	98	79	96	92	15	68	41	42	16	38
25	45	84	74	96	85	62	35	14	54	63	25	58	47	15	56	36	20	36	75	84	85	65	32
21	02	05	85	74	79	63	32	52	41	14	48	52	06	65	95	32	14	78	85	20	36	32	54
74	85	15	47	02	14	47	05	08	01	52	52	32	37	36	39	85	47	71	12	15	48	86	65
65	85	45	21	25	32	36	36	35	45	48	74	14	20	47	52	58	69	98	74	32	56	47	56
65	74	85	52	47	78	62	32	12	02	08	89	74	71	12	25	23	36	65	47	75	25	85	21
45	42	47	65	25	14	19	18	75	83	25	45	41	47	56	83	63	58	47	75	14	25	25	65
48	85	52	31	21	54	14	47	74	15	65	85	36	39	98	91	47	41	48	85	25	14	23	23
65	48	47	15	14	65	12	55	45	78	96	25	45	56	54	84	81	32	31	56	48	89	12	14

附录 B

正态分布概率表

t	$\varphi(t)$	t	$\varphi(t)$	t	$\varphi(t)$	t	$\varphi(t)$
0.00	0.000 0	0.20	0.158 5	0.40	0.310 8	0.60	0.451 5
0.01	0.008 0	0.21	0.166 3	0.41	0.318 2	0.61	0.458 1
0.02	0.016 0	0.22	0.174 1	0.42	0.325 5	0.62	0.464 7
0.03	0.023 9	0.23	0.181 9	0.43	0.332 8	0.63	0.471 3
0.04	0.031 9	0.24	0.189 7	0.44	0.340 1	0.64	0.477 8
0.05	0.039 9	0.25	0.197 4	0.45	0.347 3	0.65	0.484 3
0.06	0.047 8	0.26	0.205 1	0.46	0.354 5	0.66	0.490 7
0.07	0.055 8	0.27	0.212 8	0.47	0.361 6	0.67	0.497 1
0.08	0.063 8	0.28	0.220 5	0.48	0.368 8	0.68	0.503 5
0.09	0.071 7	0.29	0.228 2	0.49	0.375 9	0.69	0.509 8
0.10	0.079 7	0.30	0.235 8	0.50	0.382 9	0.70	0.516 1
0.11	0.087 6	0.31	0.243 4	0.51	0.389 9	0.71	0.522 3
0.12	0.095 5	0.32	0.251 0	0.52	0.396 9	0.72	0.528 5
0.13	0.010 3	0.33	0.258 6	0.53	0.403 9	0.73	0.534 6
0.14	0.011 1	0.34	0.266 1	0.54	0.410 8	0.74	0.540 7
0.15	0.119 2	0.35	0.273 7	0.55	0.417 7	0.75	0.546 7
0.16	0.127 1	0.36	0.281 2	0.56	0.424 5	0.76	0.552 7
0.17	0.135 0	0.37	0.288 6	0.57	0.431 3	0.77	0.558 7
0.18	0.142 8	0.38	0.296 1	0.58	0.438 1	0.78	0.564 6
0.19	0.150 7	0.39	0.303 5	0.59	0.444 8	0.79	0.570 5

续表

t	$\varphi(t)$	t	$\varphi(t)$	t	$\varphi(t)$	t	$\varphi(t)$
0.80	0.576 3	1.10	0.728 7	1.40	0.838 5	1.70	0.910 9
0.81	0.582 1	1.11	0.733 0	1.41	0.841 5	1.71	0.912 7
0.82	0.587 8	1.12	0.737 3	1.42	0.844 4	1.72	0.914 6
0.83	0.593 5	1.13	0.741 5	1.43	0.847 3	1.73	0.916 4
0.84	0.599 1	1.14	0.745 7	1.44	0.850 1	1.74	0.918 1
0.85	0.604 7	1.15	0.749 9	1.45	0.852 9	1.75	0.919 9
0.86	0.610 2	1.16	0.754 0	1.46	0.855 7	1.76	0.921 6
0.87	0.615 7	1.17	0.758 0	1.47	0.858 4	1.77	0.923 3
0.88	0.621 1	1.18	0.762 0	1.48	0.861 1	1.78	0.924 9
0.89	0.626 5	1.19	0.766 0	1.49	0.863 8	1.79	0.926 5
0.90	0.631 9	1.20	0.769 9	1.50	0.866 4	1.80	0.928 1
0.91	0.637 2	1.21	0.773 7	1.51	0.869 0	1.81	0.929 7
0.92	0.642 4	1.22	0.777 5	1.52	0.871 5	1.82	0.931 2
0.93	0.647 6	1.23	0.781 3	1.53	0.874 0	1.83	0.932 8
0.94	0.652 8	1.24	0.785 0	1.54	0.876 4	1.84	0.934 2
0.95	0.657 9	1.25	0.788 7	1.55	0.878 9	1.85	0.935 7
0.96	0.692 9	1.26	0.792 3	1.56	0.881 2	1.86	0.937 1
0.97	0.668 0	1.27	0.795 9	1.57	0.883 6	1.87	0.938 5
0.98	0.672 9	1.28	0.799 5	1.58	0.885 9	1.88	0.939 9
0.99	0.677 8	1.29	0.803 0	1.59	0.888 2	1.89	0.941 2
1.00	0.682 7	1.30	0.806 4	1.60	0.890 4	1.90	0.942 6
1.01	0.687 5	1.31	0.809 8	1.61	0.892 6	1.91	0.943 9
1.02	0.692 3	1.32	0.813 2	1.62	0.894 8	1.92	0.945 1
1.03	0.697 0	1.33	0.816 5	1.63	0.896 9	1.93	0.946 4
1.04	0.701 7	1.34	0.819 8	1.64	0.899 0	1.94	0.947 6
1.05	0.706 3	1.35	0.823 0	1.65	0.901 1	1.95	0.948 8
1.06	0.710 9	1.36	0.826 2	1.66	0.903 1	1.96	0.950 0
1.07	0.715 4	1.37	0.829 3	1.67	0.905 1	1.97	0.951 2
1.08	0.719 9	1.38	0.832 4	1.68	0.907 0	1.98	0.952 3
1.09	0.724 3	1.39	0.835 5	1.69	0.909 0	1.99	0.953 4

续表

t	$\varphi(t)$	t	$\varphi(t)$	t	$\varphi(t)$	t	$\varphi(t)$
2.00	0.954 5	2.30	0.978 6	2.60	0.990 7	2.90	0.996 2
2.02	0.956 6	2.32	0.979 7	2.62	0.991 2	2.92	0.996 5
2.04	0.958 7	2.34	0.980 7	2.64	0.991 7	2.94	0.996 7
2.06	0.960 6	2.36	0.981 7	2.66	0.992 2	2.96	0.996 9
2.08	0.962 5	2.38	0.982 7	2.68	0.992 6	2.98	0.997 1
2.10	0.964 3	2.40	0.983 6	2.70	0.993 1	3.00	0.997 3
2.12	0.966 0	2.42	0.984 5	2.72	0.993 5	3.20	0.998 6
2.14	0.967 6	2.44	0.985 3	2.74	0.993 9	3.40	0.999 3
2.16	0.969 2	2.46	0.986 1	2.76	0.994 2	3.60	0.999 68
2.18	0.970 7	2.48	0.986 9	2.78	0.994 6	3.80	0.999 86
2.20	0.972 2	2.50	0.987 6	2.80	0.994 9	4.00	0.999 94
2.22	0.973 6	2.52	0.988 3	2.82	0.995 2	4.50	0.999 993
2.24	0.974 9	2.54	0.988 9	2.84	0.995 5	5.00	0.999 999
2.26	0.976 2	2.56	0.989 5	2.86	0.995 8		
2.28	0.977 4	2.58	0.990 1	2.88	0.996 0		

参考文献

[1] 姚增明. 统计学[M]. 北京：北京理工大学出版社，2007.

[2] 余群英. 现代统计技术[M]. 北京：机械工业出版社，2006.

[3] 黄良文，曾五一. 统计学原理[M]. 北京：中国统计出版社，2000.

[4] 李洁明，祁新娥. 统计学原理[M]. 上海：复旦大学出版社，2005.

[5] 黄良文，陈仁恩. 统计学原理[M]（第 4 版）. 北京：中央广播电视大学出版社，2006.

[6] 梁俊平，施燕萍. 统计学原理[M]. 北京：电子工业出版社，2009.

[7] 张淑莲. 应用统计教程[M]. 北京：对外经济贸易大学出版社，2008.

[8] 杜家龙. 统计学[M]. 北京：高等教育出版社，2007.

[9] 穆慧萍. 统计学[M]. 上海：立信会计出版社，2008.

[10] 张清太. 统计学教程[M]. 上海：立信会计出版社，2004.

[11] 全国统计专业技术资格考试用书编写委员会. 统计基础理论及相关知识[M]. 北京：中国统计出版社，2004.

[12] 国家统计局网站：http://www.stats.gov.cn.

反侵权盗版声明